KI, Statistik und Anwendungen

Bernd-Jürgen Falkowski

KI, Statistik und Anwendungen

Springer Gabler

Bernd-Jürgen Falkowski
München, Deutschland

ISBN 978-3-658-49449-0 ISBN 978-3-658-49450-6 (eBook)
https://doi.org/10.1007/978-3-658-49450-6

Die Deutsche Nationalbibliothek verzeichnet diese Publikation in der Deutschen Nationalbibliografie; detaillierte bibliografische Daten sind im Internet über https://portal.dnb.de abrufbar.

Springer Gabler ist ein Imprint der eingetragenen Gesellschaft Springer Fachmedien Wiesbaden GmbH und ist ein Teil von Springer Nature.
Die Anschrift der Gesellschaft ist: Abraham-Lincoln-Str. 46, 65189 Wiesbaden, Germany

Vorwort

Warum dieses Buch?

Diese Frage scheint durchaus sinnvoll. Es gibt momentan nämlich viele Bücher, die sich mit der KI (künstlichen Intelligenz) beschäftigen. Das ist möglicherweise auch der schnellen Entwicklung der LLMs (Large Language Models) geschuldet. Standardwerke aus der Statistik existieren hingegen seit langer Zeit. Allerdings werden Anwendungen in diesem Zusammenhang häufig vernachlässigt. Beide Wissensgebiete erfordern einigen Platz, um eine angemessene Einführung bieten zu können. Als Konsequenz bot sich an, ein kompaktes Lehrbuch zu schreiben. Als Zielgruppe dienten zunächst Wirtschaftsinformatiker/-innen.

Allerdings sollte auch anderen interessierten Lesern die Möglichkeit geboten werden, sich über die Grundlagen der KI zu informieren. Da in dieser Hinsicht viel Unsinn verbreitet wird, erschien dies nicht ganz unwichtig. Man denke etwa an England, wo entsprechende kritische Texte (etwa Bücher des Nobelpreisträgers und Oxfordprofessors Sir Roger Penrose) monatelang auf den Bestsellerlisten für Sachbücher stehen.

Ich habe deshalb versucht, möglichst im Rahmen der Schulmathematik zu bleiben. Dies hat sich nicht immer als möglich erwiesen. Insbesondere war eine kurze Einführung in R unerlässlich. Sie wurde jedoch in einen Anhang verwiesen (Anhang A). Die Matrizenmultiplikation wird zur Erklärung des Perceptron-Paradigmas benötigt. Bei dieser Gelegenheit wird auch nochmals das Induktionsprinzip erläutert, da beide Themen in der Schule nicht zwingend abgedeckt werden und so häufig Verwirrung entsteht (Anhang B). Darüber hinaus zeigte sich in vielen Vorlesungen, dass Excel von den Studierenden nicht immer sicher gehandhabt werden konnte. Bei der Programmierung von Turing-Maschinen wurden auch Grundkenntnisse in VBA *(**V**isual **B**asic for **A**pplications)* benötigt, die in einem Lösungsschema dargestellt werden. Daraus resultierte Anhang C. Die Behandlungen in den Anhängen sind keineswegs als vollständig zu betrachten. Vielmehr beschränken sie sich auf das zum Verständnis des Buches absolut Notwendige.

Angesichts der obigen Bemerkungen sollte für Studierende der Wirtschaftsinformatik oder der BWL das vorliegende Buch nicht zu hohe Ansprüche stellen. Allerdings sind bisweilen mathematische Fähigkeiten und insbesondere abstraktes Denken gefordert. Ich möchte mich hierfür nicht entschuldigen. Vielmehr bin ich der Ansicht, dass solche Fähigkeiten heute, jedenfalls in Berufen, die mit der Informatik zusammenhängen, unerlässlich sind. Deren Fehlen, mit dem sich ja manche Politiker brüsten, kann durchaus zu schwerwiegenden Fehlern führen.

Zum besseren Verständnis sind zahlreiche Übungen vorhanden. Es wird empfohlen, sie zunächst selbstständig zu erarbeiten und erst danach die Lösung zu konsultieren.

Um den Wald vor lauter Bäumen nicht aus den Augen zu verlieren, soll hier ein „roter Faden“ für den Inhalt aufgezeigt werden.

Am Anfang steht eine Reihe von Excel-Beispielen, die bereits im letzten Jahrhundert gelöst werden konnten. Sie führen schon zu interessanten Ergebnissen. Heute können hier jedoch große Datenmengen behandelt werden („Big Data“).

Im zweiten Kapitel findet eine Formalisierung der natürlichen Sprache (unserer Umgangssprache) statt. Sie wird begründet durch einige Ambiguitäten (Doppeldeutigkeiten) der natürlichen Sprache und ist für den Umgang mit einem Rechner unerlässlich. Das Kapitel schließt mit einer Beschreibung von Turing-Maschinen. Als Folgerung wird eine bahnbrechende Arbeit von Gödel, kombiniert mit dem Halteproblem bei Turing-Maschinen, genutzt, um Zweifel an „Superintelligenz-Fantasien“ von LLM-Produzenten zu wecken. Zweifellos können aber LLMs von erheblichem Nutzen sein. Beispielsweise werden in diesem Buch Beschreibungen von Bildern unter Verwendung einer vom Verlag zur Verfügung gestellten App erzeugt, die auf einem LLM basiert. Allerdings muss immer noch der Mensch (Autor) eingebunden werden, um die Korrektheit der Bildbeschreibungen zu verifizieren.

Das dritte Kapitel enthält eine Beschreibung des Perceptron-Paradigmas. Dabei wird von elementaren geometrischen Grundbegriffen (Länge und Winkel) in zwei und drei Dimensionen ausgegangen. Es wird gezeigt, dass sich diese Grundbegriffe mit dem Skalarprodukt rein algebraisch charakterisieren lassen und so zu endlichdimensionalen Vektorräumen führen. Der Perceptron-Trainingsalgorithmus (PTA) wird eingeführt und bewiesen. Damit kann über einen zentralen Algorithmus des überwachten Lernens die künstliche Intelligenz der weitgehenden Aura des Geheimnisvollen beraubt werden. Der geneigte Leser kann mittels eines einfachen Excel-Programms den erfolgreichen Abschluss des Algorithmus an einem Beispiel nachvollziehen.

Im vierten Kapitel werden mögliche Anwendungen der Theorie angegeben. Zu erwähnen sind hier zwei Patente des Autors, die mittels Pseudo-Code beschrieben werden. Sie wurden insbesondere bei der Bonitätsprüfung bei einer großen deutschen Bank eingesetzt. Das Kapitel beschreibt weiterhin verschiedene Anwendungsmöglichkeiten.

Im fünften Kapitel beginnt der Statistik-Teil mit der beschreibenden Statistik. Dies wird motiviert durch für die bis jetzt fehlenden Wahrscheinlichkeiten in der Theorie. Eine Bank wüsste etwa gern nicht nur, ob ein Kunde einen Kredit nicht zurückzahlen kann. Wertvoller wäre es, zu wissen, mit welcher Wahrscheinlichkeit ein Kunde seinen Verpflichtungen nicht nachkommen kann. Hierzu muss allerdings weiter ausgeholt werden. Das schadet aber nicht, da so ja bereits einige später benötigte Grundbegriffe eingeführt werden können. Insbesondere werden statistische Zusammenhänge und anschließend auch die lineare Regression im Rahmen einer Fallstudie behandelt.

Die Wahrscheinlichkeitstheorie findet man im sechsten Kapitel. Sie erlaubt den Übergang zur klassischen Normalverteilung mittels des *zentralen Grenzwertsatzes*. Zusätzlich werden bedingte Verteilungen beschrieben. Als später sehr wichtige Anwendung wird der *Satz von Bayes* präsentiert. Seine Bedeutung zeigt sich an zwei überraschenden Beispielen.

Der Vorteil der Näherungsverfahren des sechsten Kapitels wird deutlich im siebten Kapitel. Sie führen zu einigen statistischen Standardmethoden (Konstruktion von Konfidenzintervallen, Schätzungen von Stichprobengrößen, speziellen Tests). Zusätzlich wird auf Methoden des Yield-Managements eingegangen. Dabei geht es aber hauptsächlich um Grundlagen, um nicht durch zu viele Einzelheiten den Überblick zu verlieren.

Im achten Kapitel wird die Bedeutung des Satzes von Bayes offensichtlich. Seine Anwendung führt zur Interpretation des Outputs neuronaler Netze als Wahrscheinlichkeit, wo immer das möglich ist. Eine besondere Rolle kommt in diesem Zusammenhang der *Exponentialfamilie* zu. Es werden zunächst 2 Klassen als einfachstes Beispiel behandelt. Später wird auch auf das *Ranking* für mehr als 2 Klassen eingegangen.

Im neunten Kapitel findet ein Paradigmenwechsel statt: Vom überwachten Lernen geht man über zu nicht überwachtem Lernen. Das sogenannte *Clustering* erfordert die Einführung gewisser *Ähnlichkeitsmaße*, die bei der Segmentierung von Kunden für Online-Shops wichtig sind. Zwei Modelle, die beim klassischen *Information Retrieval* seit langem bekannt sind, werden vorgestellt. Am Ende des Kapitels wird Dudas ursprünglicher iterativer k-Means-Algorithmus mittels Pseudo-Code beschrieben und verifiziert.

Das zehnte Kapitel beginnt mit einer Verallgemeinerung des Skalarprodukts. Sie wird durch *Kerne* beschrieben. Durch Kerne wird eine effiziente Einbettung in einen hochdimensionalen *Feature-Raum* ermöglicht. Entscheidend hierbei ist unter praktischen Gesichtspunkten, dass die Einbettungsfunktion immer eliminiert werden kann. In diesem Zusammenhang wird als abstrakte Konstruktion der *Reproducing Kernel Hilbert Space* benötigt. Als einfaches Beispiel wird eine Kern-Version des PTA für einen speziellen Kern angegeben. Mithilfe des Satzes von Bayes lassen sich in diesem Spezialfall sogar Wahrscheinlichkeiten angeben. Das Kapitel schließt mit der Beschreibung einer Kern-Version des iterativen k-Means-Algorithmus von Duda und so mit einem neuesten Forschungsergebnis.

Die R-Programme zu den Übungen sind in Form von digitalem Zusatzmaterial online auf SpringerLink abrufbar. Das Zusatzmaterial ist auf der Produktseite zum Buch unter der Vorschau zu Kap. 1 zu finden.

Die Arbeit an diesem Buch begann vor etwa drei Jahren. In der Zwischenzeit hat man weitgehend verstanden, dass verschiedene Regeln beachtet werden müssten. Dies kommt insbesondere in einer kürzlich erschienen Enzyklika des Papstes Leo, XIV, zum Ausdruck. Nahezu gleichzeitig hat die KI-Firma Anthropic für ein Innehalten aller KI-Firmen weltweit plädiert. Dies wurde begründet, da gesellschaftliche Strukturen und KI-Sicherheitsforschung mit der technologischen Entwicklung schritthalten sollten. Im Licht dieser Äußerungen erscheint das ungehemmte Voranschreiten der großen KI-Firmen unter Präsident Trump sehr bedenklich. Umso mehr sollte ein Regelwerk innerhalb der EU gefördert werden. Diese Anmerkungen aus aktuellem Anlass erschienen mir doch notwendig. Darüber hinaus möchte ich diese Gelegenheit nutzen, um Frau Rosenbaum und Frau Schäfer für Ihre freundliche Unterstützung beim mühevollen Schreiben der Grobversion des Skripts zu danken. Das Gleiche gilt für die Damen aus Leipzig und Heidelberg, nämlich Frau Felka und Frau Kern, die den Produktionsprozess begleitet haben.

Inhaltsverzeichnis

Historischer Rückblick

1

Zusammenfassung

In diesem Kapitel soll kurz auf einige bereits im vorigen Jahrhundert verfügbare Techniken eingegangen werden, die aber wegen fehlender Software- oder Hardwareunterstützung noch nicht in großem Stil genutzt werden konnten. Insbesondere wird en détail auf zwei Beispiele eingegangen, die mittels Excel behandelt werden. Auch auf die relative Referenzierung, die beispielsweise für die Verkaufsplanung von Bedeutung ist, wird kurz eingegangen bzw. auf den Anhang B verwiesen, da in der Erfahrung des Autors nicht immer vorausgesetzt werden kann, dass Excel von den Studierenden sicher gehandhabt wird.

1.1 Einführung

Bereits im letzten Jahrhundert verfügten große Institutionen verschiedenster Branchen über große Datenmengen (man denke etwa an Krankenkassen oder Banken). Allerdings dienten diese Daten hauptsächlich dem operativen Tagesgeschäft, ohne sie z. B. für werbliche Zwecke oder Risikoanalysen zu nutzen. Dies war einerseits den hauptsächlich genutzten hierarchischen Datenbanken geschuldet, die hinsichtlich schneller Antwortzeiten optimiert waren. Andererseits war die damals verfügbare Hardware nicht schnell genug, um etwa extensive Nutzung relationaler Datenbanken für dispositive Zwecke zu gestatten. Somit handelte es sich bei den verfügbaren großen Datenmengen häufig um „Datenfriedhöfe", die nicht wirklich im Sinne von *Business Intelligence* genutzt wurden.

Ergänzende Information Die elektronische Version dieses Kapitels enthält Zusatzmaterial, auf das über folgenden Link zugegriffen werden kann https://doi.org/10.1007/978-3-658-49450-6_1.

B.-J. Falkowski, *KI, Statistik und Anwendungen*,
https://doi.org/10.1007/978-3-658-49450-6_1

Allerdings wurde die Tabellenkalkulation bereits häufig für sog. Entscheidungsunterstützende Systeme (EUS) im Management eingesetzt. Dabei traten jedoch erhebliche Einschränkungen hinsichtlich der Menge der verarbeitbaren Daten auf. Die verfügbare Funktionalität umfasste u. a. Methoden der (Finanz-)Mathematik wie auch grundlegende Statistikverfahren. Letztere antizipierten bereits den KI-Einsatz für die Behandlung von *Big Data.* Im Folgenden sollen deshalb auch zwei Anwendungen (What-if-Szenarien und eine Investitionsentscheidung) behandelt werden.

Weitere Einschränkungen: Die Nutzung relationaler Datenbanken für werbliche Zwecke war bereits bekannt. Allerdings führten die Ambiguitäten der natürlichen Sprache oft zu überraschenden Resultaten. Diese waren keineswegs immer beabsichtigt. Die Suche nach Bildern, Videosequenzen oder Musikstücken gestaltete sich sehr schwierig und wurde erst in letzter Zeit durch neue Datenbankmodelle erleichtert. Darüber hinaus war die Nutzung von Large Language Models (LLMs) natürlich noch nicht möglich, da zum Training riesige Datenmengen benötigt werden.

1.2 Beispiele aus der Vergangenheit

Bei der üblichen Was-wäre-wenn-Analyse werden verschiedene Szenarien durchgespielt. Insbesondere wird geprüft, welche Auswirkungen die Veränderung gewisser Einflussgrößen auf die Ergebnisse hat. Als Beispiele wären hier zu nennen: Veränderung einer Verkaufsplanung bei Veränderung der Kosten oder des Preises, Veränderung eines Endkapitals unter Zinseszins bei Veränderung des Zinssatzes oder der Laufzeit etc. Solche oder ähnliche Fragestellungen lassen sich durch geschickte Programmierung verhältnismäßig leicht beantworten.

Interessant ist aber auch oft die umgekehrte Fragestellung, nämlich beispielsweise, welcher Absatz notwendig ist, um einen vorgegebenen Gewinn zu erzielen; welche Laufzeit notwendig ist, um ein vorgegebenes Endkapital zu erreichen. Zur Lösung dieser (und analoger) Probleme bietet Excel Unterstützung durch die *Zielwertsuche.* (Befehlsmenü: *Daten-Was-wäre-wenn-Analyse*).

Beispiel 1.1: Zielwertsuche (Verkaufsplanung)

Es soll folgende hypothetische Situation betrachtet werden, s. [1, S. 151]:

In einem Betrieb wird ein bestimmtes Produkt produziert, dessen Herstellungskosten pro Stück (3 EUR) unabhängig von der hergestellten Anzahl seien. Der Verkaufspreis pro Stück (5 EUR) sei ebenfalls unabhängig von der produzierten Stückzahl. Es werde eine Maschine zur Produktion benötigt, die nur für eine feste Steigerung der Stückzahl (Inkrement: 10.000) umgerüstet werden kann. Die Lagerhaltungskosten (LhK) steigen linear in Abhängigkeit von der produzierten Stückzahl (StZ), ($\text{LhK(StZ)} := 7500\ \text{EUR} + 0{,}25 \times \text{StZ EUR}$). Man rechnet mit einem festen Prozentsatz (25 %) der Herstellungskosten pro Stück als Vertriebskosten. ◄

Abb. 1.1 Verkaufsplanung. (Quelle: In Anlehnung an Falkowski [1, S. 152])

Verkaufsplanung			
2. Quartal			
Verkaufspreis/Stück	5,00 €		
Herstellungskosten/Stück	3,00 €		
Vertriebskosten/Prozent	0,25		
Vertriebskosten/Stück	0,75		
Stückzahl Inkrement	10000		
	April	Mai	Juni
Stückzahl	10000	20000	30000
Herstellungskosten	30.000,00 €	60.000,00 €	90.000,00 €
Vertriebskosten	7.500,00 €	15.000,00 €	22.500,00 €
Lagerhaltungskosten	10.000,00 €	12.500,00 €	15.000,00 €
Umsatzerlöse	50.000,00 €	100.000,00 €	150.000,00 €
Gewinne	2.500,00 €	12.500,00 €	22.500,00 €
Gesamtgewinn	37.500,00 €		

Dann kann zunächst der Quartalsgewinn (37.500 EUR) nach Eingabe der Parameterwerte mittels dem in Abb. 1.1 dargestellten Programm berechnet werden. Allerdings ist bei der Eingabe auf Effizienz zu achten („Ziehen mit der Maus"). Man vergleiche hierzu die in Abb. 1.2 dargestellte Formelsicht des Programms.

Interessant sind jedoch auch die beiden folgenden Fragestellungen:

1. Es soll der geplante Gewinn von 37.500 EUR auf 50.000 EUR gesteigert werden. Dabei soll zunächst angenommen werden, dass man im Vergleich mit der Konkurrenz preislich noch recht günstig liegt und deswegen eine nicht allzu hohe Preiserhöhung ohne Absatzeinbußen möglich ist.
2. Es soll jetzt der geplante Gewinn wiederum von 37.500 EUR auf 50.000 EUR gesteigert werden. Dabei soll aber angenommen werden, dass man starke Konkurrenz zu befürchten hat, sodass eine Steigerung des Verkaufspreises nicht möglich erscheint,

Verkaufsplanung			
2. Quartal			
Verkaufspreis/Stück	5		
Herstellungskosten/Stück	3		
Vertriebskosten/Prozent	0,25		
Vertriebskosten/Stück	=B4*B5		
Stückzahl Inkrement	10000		
	April	Mai	Juni
Stückzahl	=B7	=B10+$B$7	=C10+$B$7
Herstellungskosten	=B10*$B$4	=C10*$B$4	=D10*$B$4
Vertriebskosten	=B10*$B$6	=C10*$B$6	=D10*$B$6
Lagerhaltungskosten	=7500+0,25*B10	=7500+0,25*C10	=7500+0,25*D10
Umsatzerlöse	=$B$3*B10	=$B$3*C10	=$B$3*D10
Gewinne	=B14-SUMME(B11:B13)	=C14-SUMME(C11:C13)	=D14-SUMME(D11:D13)
Gesamtgewinn	=SUMME(B15:D15)		

Abb. 1.2 Formelsicht Verkaufsplanung. (Quelle: Formelsicht Verkaufsplanung in Anlehnung an Falkowski [1, S. 151])

Verkaufsplanung			
2. Quartal			
Verkaufspreis/Stück	5,21 €		
Herstellungskosten/Stück	3,00 €		
Vertriebskosten/Prozent	0,25		
Vertriebskosten/Stück	0,75		
Stückzahl Inkrement	10000		
	April	Mai	Juni
Stückzahl	10000	20000	30000
Herstellungskosten	30.000,00 €	60.000,00 €	90.000,00 €
Vertriebskosten	7.500,00 €	15.000,00 €	22.500,00 €
Lagerhaltungskosten	10.000,00 €	12.500,00 €	15.000,00 €
Umsatzerlöse	52.083,33 €	104.166,67 €	156.250,00 €
Gewinne	4.583,33 €	16.666,67 €	28.750,00 €
Gesamtgewinn	50.000,00 €		

Status der Zielwertsuche ? ×
Zielwertsuche hat für die Zelle B17 eine Lösung gefunden.
Zielwert: 50000
Aktueller Wert: 50.000,00 €
Schritt
Pause
OK
Abbrechen

Abb. 1.3 Zielwertsuche: Gewinn auf 50.000 EUR steigern durch Erhöhung des Verkaufspreises. (Quelle: Zielwertsuche durch Erhöhung des Verkaufspreises in Anlehnung an Falkowski [1, S. 153])

Verkaufsplanung			
2. Quartal			
Verkaufspreis/Stück	5,00 €		
Herstellungskosten/Stück	2,83 €		
Vertriebskosten/Prozent	0,25		
Vertriebskosten/Stück	0,71		
Stückzahl Inkrement	10000		
	April	Mai	Juni
Stückzahl	10000	20000	30000
Herstellungskosten	28.333,33 €	56.666,67 €	85.000,00 €
Vertriebskosten	7.083,33 €	14.166,67 €	21.250,00 €
Lagerhaltungskosten	10.000,00 €	12.500,00 €	15.000,00 €
Umsatzerlöse	50.000,00 €	100.000,00 €	150.000,00 €
Gewinne	4.583,33 €	16.666,67 €	28.750,00 €
Gesamtgewinn	50.000,00 €		

Status der Zielwertsuche ? ×
Zielwertsuche hat für die Zelle B17 eine Lösung gefunden.
Zielwert: 50000
Aktueller Wert: 50.000,00 €
Schritt
Pause
OK
Abbrechen

Abb. 1.4 Zielwertsuche: Gewinn auf 50.000 EUR steigern durch Verringerung der Herstellungskosten. (Quelle: Zielwertsuche durch Verringerung der Herstellungskosten in Anlehnung an Falkowski [1, S. 154])

ohne größere Absatzeinbußen zu erleiden. Folglich bleibt in diesem Fall nur eine Verringerung der Herstellungskosten.

Beide Fragen lassen sich unmittelbar mittels Zielwertsuche in Excel beantworten. Die Lösungen sind in Abb. 1.3 und 1.4 dargestellt.

Natürlich hätte man auch ohne Excel zu Lösungen kommen können. Allerdings wäre der Aufwand unvergleichlich viel höher gewesen.

Es soll nicht verschwiegen werden, dass das vorliegende Programm technisch gesehen keineswegs optimal ist. Es kann z. B. hinsichtlich der Lagerhaltungskosten wesentlich flexibler gestaltet werden, indem etwa bei der linearen Funktion zwei Parameter neu eingeführt werden mit aktuellen Werten 7500 und 0,25 z. B. an den Stellen E17 und E18, s. Übung 1.1.

Bemerkung: Es ist möglich, auch ganze Spalten/Zeilen absolut oder relativ zu referenzieren. Aus Bequemlichkeitsgründen wurde hier darauf verzichtet.

Man beachte auch, dass die Unterscheidung zwischen absoluter (mit Dollarzeichen) und relativer Referenzierung (ohne Dollarzeichen) hier wesentlich ist, da ansonsten nicht effizient durch „Ziehen mit der Maus" gearbeitet werden kann. Sollte diese Technik dem Leser nicht mehr vertraut sein, so sei auf den Anhang verwiesen Abschn. 13.1, wo sie nochmals mit Beispielen erläutert wird.

Da die entsprechenden Beschreibungen der Bilder doch kompliziert scheinen, sei hier auch noch die Beurteilung eines Mitglieds des Accessibility-Enablement-Teams des Verlags zitiert. Unter anderem wurde moniert:

> "The screen shot is likely to violate WCAG2.x Success Criterion 1.4.5 Images of Text (AA): If the technologies being used can achieve the visual presentation, *text* is used to convey *information* rather than *images of text* except for the following
>
> **Customizable**
> The image of the text can be visually customized to the user's requirements.
>
> **Essential**
> A particular presentation is essential to the information being conveyed."

Bei der Beschreibung der Bilder scheint es unvermeidlich, auf die Unterscheidung zwischen absoluter und relativer Referenzierung einzugehen. Bei der Anwendung des KI-Tools musste der Autor korrigierend eingreifen, da das Tool diesen wesentlichen Unterschied nicht herausarbeiten konnte.

Der Verkaufspreis wurde hier für die Zielwertsuche als variabel angegeben. Die Durchführung der Zielwertsuche ergab 5,21 EUR.

Hier wurden die Herstellungskosten als variabel angegeben. Die Durchführung der Zielwertsuche ergab 2,83 EUR als neuen, reduzierten Preis der Herstellungskosten.

Übung 1.1: Excel-Übung
Man ergänze das Excel-Programm wie oben vorgeschlagen, s. Abb. 1.5, und passe die Formeln in geeigneter Weise an.

Hier handelt es sich keineswegs nur um eine Verschönerung des Programms aus programmiertechnischer Sicht. Vielmehr besteht im Zeitalter der Big Data die Möglichkeit mit Hilfsmitteln der klassischen Statistik gegebenenfalls die relevanten Parameter zu schätzen und anzupassen ohne Änderungen im Programm vornehmen zu müssen.

Die mathematische Grundlage für das Beispiel 1.2 stammt aus dem Bereich der Zinseszinsrechnung, wobei allerdings die relevante mathematische Formel nur informativen Zwecken dient, da im Excel-System bereits eine entsprechende Funktion vorhanden ist.

Abb. 1.5 Weiter parametrisierte Verkaufsplanung

Herstellungskosten/Stück	3,00 €			
Vertriebskosten/Prozent	0,25			
Vertriebskosten/Stück	0,75			
Stückzahl Inkrement	10000			
	April	Mai	Juni	
Stückzahl	10000	20000	30000	
Herstellungskosten	30.000,00 €	60.000,00 €	90.000,00 €	
Vertriebskosten	7.500,00 €	15.000,00 €	22.500,00 €	
Lagerhaltungskosten	10.000,00 €	12.500,00 €	15.000,00 €	
Umsatzerlöse	50.000,00 €	100.000,00 €	150.000,00 €	
Gewinne	2.500,00 €	12.500,00 €	22.500,00 €	
Gesamtgewinn	37.500,00 €		p_1:	7500
			p_2:	0,25

Beispiel 1.2: Zielwertsuche (Kapitalwiedergewinnung)

Zunächst sei also folgendes Problem betrachtet: Ein Sparer zahle ein Anfangskapital K_0 (10.000 EUR) auf einem Bankkonto zum Zeitpunkt 0 ein. Dieser Betrag vermehre sich durch Zinseszins bei m (12) unterjährigen Zinsperioden und einem Jahreszinssatz i (6 %). Am Ende jeder Zinsperiode werde zusätzlich ein Betrag r (250 EUR) auf das Konto eingezahlt, der sich ebenfalls durch Zinseszins, wie eben beschrieben, vermehre. Über welchen Gesamtbetrag kann der Sparer nach n (24) Zinsperioden verfügen?

Es gilt die folgende Formel:

$$K_n + S_n = \begin{cases} K_0 * \left(1 + \frac{i}{m}\right)^n + r * \dfrac{\left[\left(1+\frac{i}{m}\right)^n - 1\right]}{\left(\frac{i}{m}\right)} & \text{für} \quad i \neq 0 \\ K_0 + r * n \quad \text{für} \quad i = 0 \end{cases}$$

Dabei haben die Symbole die folgende Bedeutung:

- K_0: Anfangskapital
- K_n: Endkapital (ohne Raten)
- S_n: Endsumme der Raten
- i: jährlicher Zinssatz
- m: Anzahl unterjähriger Zinsperioden
- n: Laufzeit in Zinsperioden
- r: Zahlung pro Zinsperiode ◄

Mit der obigen Formel könnte ohne weitere Vorbereitungen in Excel gearbeitet werden. Allerdings stellt Excel eine Funktion ZW zur Verfügung, die bereits das Gewünschte leistet. Die Syntax der Funktion ZW wird in der Tab. 1.1 beschrieben.

Eine genauere Beschreibung der Argumente der ZW-Funktion sowie weitere Informationen zu den Annuitätenfunktionen (Rentenfunktionen) findet man unter BW.

Nach diesen Vorbereitungen soll das folgende Problem (Beispiel 1.3) gelöst werden, s. [1, S. 164]:

Tab. 1.1 Syntax der ZW-Funktion

Zins	Erforderlich: Zinssatz pro Periode (Zahlungszeitraum)
Zzr	Erforderlich: Gibt an, über wie viele Perioden die jeweilige Annuität (Rente) gezahlt werden soll.
Rmz	Erforderlich: Die Zahlung, die in jedem Zeitraum erfolgt, kann sich während der Lebensdauer der Annuität nicht ändern. Normalerweise enthält „Rmz" Kapital und Zinsen, jedoch keine anderen Gebühren oder Steuern. Fehlt Rmz muss man das Bw-Argument angeben.
Bw	Optional: Der Barwert oder der heutige Gesamtwert einer Reihe zukünftiger Zahlungen. Fehlt das Argument wird es als null angenommen und Rmz muss angegeben werden.
F	Optional: Kann den Wert null oder eins annehmen und gibt an, wann die Zahlungen fällig sind. Falls das Argument fehlt, wird es als „0" angenommen.
Wert für F	
„0"	Zahlung am Ende einer Periode
„1"	Zahlung am Anfang einer Periode

Beispiel 1.3: Break-even-Point

Eine Firma beabsichtigt, 250.000 EUR zum Zwecke einer besseren Wärmeisolierung der Fertigungshalle zu investieren. Wie hoch muss die dadurch ermöglichte monatliche Ersparnis (d. h. Minderauszahlung) an Heizkosten mindestens sein, wenn der aufgewandte Betrag mit einer jährlichen Verzinsung von 6 % in 25 Jahren wiedergewonnen sein soll?

A priori scheint keineswegs klar, wie hier vorzugehen ist. In der Tat sind einige Bemerkungen angebracht.

Bemerkungen:

1. Der Zinssatz kann nur im Durchschnitt geschätzt werden, da er wohl kaum über 25 Jahre konstant sein wird.
2. Steuerliche Effekte sind nicht berücksichtigt worden.
3. Inflationseffekte sind ebenfalls nicht berücksichtigt worden.

Allerdings lässt sich im Licht der obigen Einschränkungen die Situation wie folgt charakterisieren:

Einerseits hat man die Möglichkeit sofort 250.000 EUR zu investieren, verzichtet dann aber darauf, dieses Geld für 25 Jahre auf die Bank zu legen und entsprechende Zinsen anzuhäufen.

Andererseits hat man die Möglichkeit jeden Monat entsprechende Minderauszahlungen der Heizkosten auf die Bank zu legen und 25 Jahre entsprechende Minderauszahlungen und Zinsen anzusammeln. Die Frage ist nun: Was ist vorteilhafter? ◄

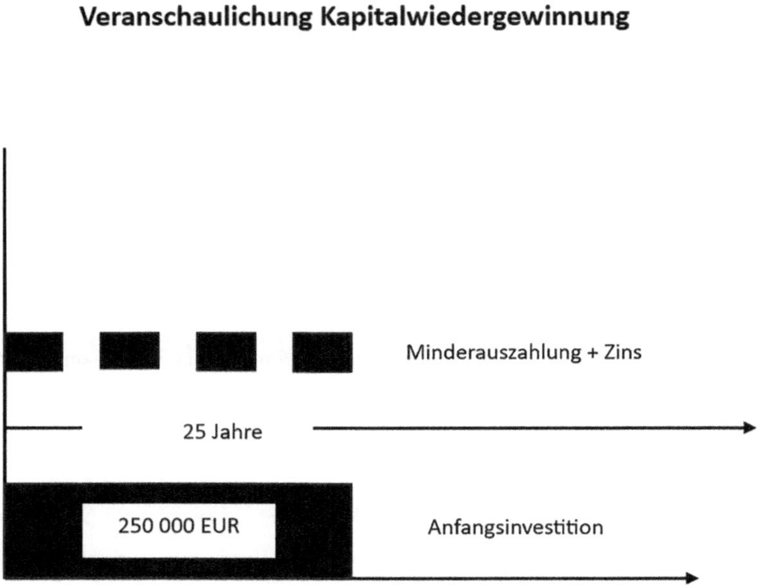

Abb. 1.6 Veranschaulichung Kapitalwiedergewinnung

Abb. 1.7 Zielwertsuche: Kapitalwiedergewinnung. (Quelle: In Anlehnung an Falkowski [1, S. 165])

Kapitalwiedergewinnung	
Anfangskapital	250.000,00 €
Zinssatz/Monat	0,005
25 Jahre in Monaten	300
Beliebig gewählte Zahlung	250,00 €
	942.993,96 €

Abb. 1.8 Kapitalwiedergewinnung Formelsicht. (Quelle: In Anlehnung an Falkowski [1, S. 165])

Kapitalwiedergewinnung	
Anfangskapital	250000
Zinssatz/Monat	0,005
25 Jahre in Monaten	300
Beliebig gewählte Zahlung	250
	=ZW(B4;B5;B6;-B3)

Die entsprechende Situation ist nochmals in der Abb. 1.6 dargestellt.

Man wird sich also bemühen, den „Break-even-Point" zu finden. Die Ausgangssituation ist aus Abb. 1.7 ersichtlich, während die entsprechende Formelsicht der Abb. 1.8 zu entnehmen ist. Man kann anfangs eine beliebige Minderauszahlung einsetzen, da diese erst über die Zielwertsuche festgestellt wird.

Bei der Zielwertsuche wird zunächst eine Einzahlung von −250.000 EUR eingesetzt (die Investition). Dann wird der Zielzelle (B7) als Zielwert 0 vorgegeben. Damit erreicht man den „Break-even-Point" wie in Abb. 1.6 dargestellt.

Dabei war in Zelle B7 die Funktion = ZW(B4; B5; B6; −B3) mit den angegebenen Parameterwerten besetzt worden, s. Abb. 1.9. Fehlt der Wert für F (wie hier), so wird er als 0 angenommen.

Kapitalwiedergewinnung	
Anfangskapital	250.000,00 €
Zinssatz/Monat	0,005
25 Jahre in Monaten	300
Beliebig gewählte Zahlung	1.610,75 €
	0,00 €

Status der Zielwertsuche ? ×
Zielwertsuche hat für die Zelle B7 eine Lösung gefunden.
Zielwert: 0
Aktueller Wert: 0,00 €
Schritt
Pause
OK
Abbrechen

Abb. 1.9 Kapitalwiedergewinnung Minderauszahlung. (Quelle: Kapitalwiedergewinnung in Anlehnung an Falkowski [1, S. 165])

Zinseszinsrechnung: Variable Sparraten und Berücksichtigung von vorschüssiger Zahlungsweise		
Anfangskapital K_0:	-250.000,00 €	
Jahreszinssatz i:	6%	
Prozentsatz Ratensteigerung/Jahr p:	2,00%	Ratensteigerung:
Anzahl Zinsperioden/Jahr m:	12	2,00%
Laufzeit in Zinsperioden n:	300	
Azf (1+i/m)^n:	4,464969812	
Hilfsgrösse (1+p/m)^n:	1,648035209	
Endkapital K_n:	-1.116.242,45 €	
Zahlungsweise VS:	0	
Anfängliche Rate/Zinsperiode r:	200,00 €	
Hilfsgrösse (1+i/m)*VS*r:	200,00 €	
Endsparsumme:	169.016,08 €	
Gesamt:	-947.226,38 €	

Abb. 1.10 Zinseszinsrechnung: Variable Sparraten und Berücksichtigung von vorschüssiger Zahlungsweise. (Quelle: In Anlehnung an Falkowski [1, S. 173])

Man sieht also, dass ab einer monatlichen Minderauszahlung von 1610,75 EUR die Investition vorteilhaft ist.

Bei der Kapitalwiedergewinnung wäre es sinnvoll, mit einer variablen Minderauszahlung arbeiten zu können, da der Ölpreis sicher nicht konstant bleibt. Hier wird es, wie oben, vorteilhaft sein, den entsprechenden Parameter außerhalb des eigentlichen Programms zu halten. Er wird heute ebenfalls unter Einsatz klassischer Statistikmethoden geschätzt werden können. Leider ist in Excel keine geeignete Funktion vorhanden, sodass man eine entsprechende Funktion selbst erstellen muss. Die entsprechende Situation ist aus der Abb. 1.10 ersichtlich.

Die Bedeutung der einzelnen Symbole ist dem Excel-Sheet zu entnehmen. Die entsprechende Ableitung findet man in [1] auf S. 170. Hier sei nur angemerkt, dass die oben angegebene Formel für $K_n + S_n$ nur bezüglich der Endsparsumme S_n zu modifizieren ist. Dabei muss die Formel für die Summe einer geometrischen Reihe genutzt werden. Die Zielwertsuche kann folglich in der inzwischen wohlbekannten Weise durchgeführt werden. Beispielsweise ergibt sich mit den angegebenen Parameterwerten eine anfängliche Minderauszahlung von 1320,87 EUR, Abb. 1.12. Wie nicht anders zu erwarten, liegt dies deutlich unter der vorher erhaltenen Minderauszahlung von 1610,75 EUR. Die Formelsicht zu Abb. 1.12 ist in Abb. 1.11 vorhanden.

Zinseszinsrechnung: Variable Sparraten und Berücksichtigung von vorschüssiger Zahlungsweise		
Anfangskapital K_0:	-250000	
Jahreszinssatz i:	0,06	
Prozentsatz Ratensteigerung/Jahr p:	=C7	Ratensteigerung:
Anzahl Zinsperioden/Jahr m:	12	0,02
Laufzeit in Zinsperioden :n	300	
Azf (1+i/m)^n:	=(1+B5/B7)^B8	
Hilfsgrösse (1+p/m)^n:	=(1+B6/B7)^B8	
Endkapital K_n:	=B4*B9	
Zahlungsweise VS:	0	
Anfängliche Rate/Zinsperiode r:	200	
Hilfsgrösse (1+i/m)*VS*r:	=(1+(B5/B7)*B12)*B13	
Endsparsumme:	=WENN(B5=B6;(B8*B14*B9)/(1+B5/B7);B14*B7*(B9-B10)/(B5-B6))	
Gesamt:	=B11+B15	

Abb. 1.11 Zinseszinsrechnung: Variable Sparraten und Berücksichtigung von vorschüssiger Zahlungsweise. (Quelle: In Anlehnung an Falkowski [1, S. 173])

Zinseszinsrechnung: Variable Sparraten und Berücksichtigung von vorschüssiger Zahlungsweise		
Anfangskapital K_0:	-250.000,00 €	
Jahreszinssatz i:	6%	
Prozentsatz Ratensteigerung/Jahr p:	2,00%	Ratensteigerung:
Anzahl Zinsperioden/Jahr m:	12	2,00%
Laufzeit in Zinsperioden :n	300	
Azf (1+i/m)^n:	4,464969812	
Hilfsgrösse (1+p/m)^n:	1,648035209	
Endkapital K_n:	-1.116.242,45 €	
Zahlungsweise VS:	0	
Anfängliche Rate/Zinsperiode r:	1.320,87 €	
Hilfsgrösse (1+i/m)*VS*r:	1.320,87 €	
Endsparsumme:	1.116.242,45 €	
Gesamt:	0,00 €	

Status der Zielwertsuche ? ×
Zielwertsuche hat für die Zelle B16 eine Lösung gefunden.
Zielwert: 0
Aktueller Wert: 0,00 €
Schritt
Pause
OK
Abbrechen

Abb. 1.12 Zielwertsuche Zinseszinsrechnung: Variable Sparraten und Berücksichtigung von vorschüssiger Zahlungsweise. (Quelle: In Anlehnung an Falkowski [1, S. 173])

Beispiel 1.4: Zielwertsuche (Verrentung einer Lebensversicherung)

Bei der Verrentung einer Lebensversicherung handelt es sich um ein zur Kapitalwiedergewinnung analoges Problem. Das soll hier noch abschließend behandelt werden, auch um die Flexibilität des Excel-Programms zu zeigen.

Ein Versicherungsnehmer, der eine Lebensversicherung abgeschlossen hat, möchte seine Lebensversicherung nicht bar ausgezahlt haben, sondern zieht eine Verrentung vor.

Welche monatliche Rente wird ihm die Versicherungsgesellschaft anbieten, wenn die Versicherungssumme auf 100.000 EUR lautet, eine statistische Restlebenserwartung von 15 Jahren anzusetzen ist und mit einem jährlichen Kalkulationszinsfuß von 5 % gerechnet wird? ◄

Die Ausgangssituation ist in der Abb. 1.13 enthalten.
Das Resultat der Zielwertsuche ist der Abb. 1.14 zu entnehmen.

Verrentung Lebensversicherung	
Versicherungssumme	100.000,00 €
Zinssatz	0,004166667
Zeitraum	180
Zahlung	1.000,00 €
	-55.918,55 €

Abb. 1.13 Verrentung einer Lebensversicherung. (Quelle: Verrentung einer Lebensversicherung in Anlehnung an Falkowski [1, S. 165])

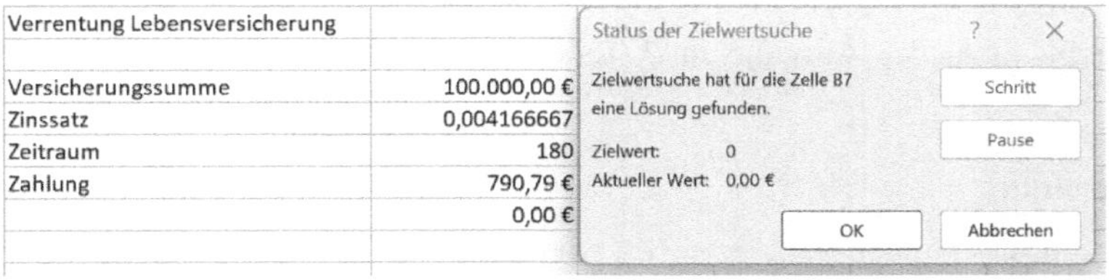

Abb. 1.14 Zielwertsuche Verrentung einer Lebensversicherung. (Quelle: Verrentung einer Lebensversicherung in Anlehnung an Falkowski [1, S. 165])

Damit zeigt sich also, dass eine Rente von ca. 790,79 EUR realistisch wäre.

Anzumerken ist in diesem Zusammenhang, dass Versicherungsgesellschaften offenbar über Tafeln für die statistische Restlebenserwartung verfügen.

Es ist erstaunlich, wie flexibel die Zinseszinsformel, die oben dargestellt wurde, einsetzbar ist. Spart also etwa regelmäßig jemand, um beispielweise eine Eigentumswohnung oder ein Haus zu erwerben, so kann er/sie sich nach Eingabe der entsprechenden Parameter leicht ausrechnen, wann er/sie hinreichend Eigenkapital angespart hat. Natürlich ist die oben angegebene modifizierte Formel (mit variablen Sparraten) ebenfalls einsetzbar.

Darüber hinaus lassen sich unter Nutzung der Formel und der Zielwertsuche auch leicht Bankangebote vergleichen.

Natürlich können diese Berechnungen auch in R durchgeführt werden. Insbesondere kann die Zinseszinsformel, die oben angegeben ist, leicht realisiert werden, wobei hinsichtlich der R-Syntax auf den Anhang Abschn. 11.5 verwiesen wird.

Übung 1.2: Zinseszins

Ein Sparer zahle ein Anfangskapital K_0 (10.000 EUR) auf einem Bankkonto zum Zeitpunkt 0 ein. Dieser Betrag vermehre sich bei (12) unterjährigen Zinsperioden durch Zinseszins (Jahreszins 6 %). Am Ende jeder Zinsperiode werde zusätzlich ein Betrag r (250 EUR) auf das Konto eingezahlt, der sich ebenfalls mit Jahreszins (6 %) vermehre. Über welchen Gesamtbetrag kann der Sparer nach n (24) Zinsperioden verfügen?

1.3 Lösungen der Übungsaufgaben

Übung 1.1
Die Formel in B13 muss ersetzt werden durch =$E$17+$E$18*B10.

Übung 1.2
Es empfiehlt sich, die Aufgabe in 2 Teile zu zerlegen, wie in Beispiel 1.2, s. auch Abschn. 11.5:

#R-Programm[1]

```
zinseszins <- function(k,i,m,n){return(k*(1+i/m)^n);}
raten <- function(j,m,n,r){if (j==0) then (return(n*r)) else (return(r
    *((1+j/m)^n-1)/(j/m)));}
zinseszins(10000,0.06,12,24)+raten(0.06,12,24,250)
```

Der angegebene Programmtext lässt sich ohne Änderung mittels „Copy und Paste" direkt ins R Studio übertragen und dort auswerten: 17629.59.

Leider steht in R keine Zielwertsuche zur Verfügung, sodass diese frei verfügbare Software zur Lösung der Beispielprobleme zumindest nicht direkt nutzbar ist.

Natürlich wäre diese Aufgabe auch mittels der Excel-Funktion lösbar gewesen.

Literatur

1. Falkowski, B.J.: Business Computing. Springer (2002)

[1] Alle R-Programme sind auch in Form von digitalem Zusatzmaterial online auf SpringerLink abrufbar. Das Zusatzmaterial ist auf der Produktseite zum Buch unter der Vorschau zu Kap. 1 zu finden.

Formalisierung der natürlichen Sprache 2

Zusammenfassung

In diesem Kapitel soll mithilfe der Aussagenlogik die natürliche Sprache formalisiert werden. Dadurch sollen bereits oben angesprochene elementare Denkfehler weitgehend vermieden werden. Zusätzlich wird in diesem Zusammenhang auf mögliche Beschränkungen der LLMs (z. B. ChatGPT) eingegangen. Zur Begründung wird beispielhaft die Turing-Maschine erklärt. Es werden einfache Turing-Maschinen in Excel realisiert. Dadurch soll vermieden werden, dass der Leser durch die vorangehende Darstellung allgemeiner Zeichenreihen als Binärzahlen überfordert wird.

2.1 Einführung

Es erweist sich als unerlässlich, die natürliche Sprache mittels Wahrheitstafeln zu formalisieren. Zunächst werden einige Beispiele angeführt, um zu zeigen, welche missverständlichen Aussagen in der Umgangssprache häufig vorhanden sind. Angesichts teilweise wilder Spekulationen über neuere Entwicklungen der KI soll versucht werden, mittels eines bahnbrechenden Artikels von Gödel, [2], Grenzen aufzuzeigen. Dazu dient eine vereinfachende Darstellung des Physiknobelpreisträgers Penrose, [5]. Penrose geht unter anderem ausführlich auf die Darstellung allgemeiner Zeichenreihen als Binärzahlen ein. Dieses vermeintlich triviale Problem ist keineswegs sehr leicht zu lösen. Von entscheidender Bedeutung in diesem Zusammenhang ist vielmehr die Konstruktion zweier, in gewissem Sinn komplementärer, Funktionen. Einerseits ist die sog. *Expansion* zu nennen, bei der eine allgemeine Zeichenreihe in eine Binärzahl verwandelt wird. Andererseits muss auch eine *Kontraktion* existieren, damit eine Binärzahl wieder als Zeichenreihe lesbar wird.

B.-J. Falkowski, *KI, Statistik und Anwendungen*,
https://doi.org/10.1007/978-3-658-49450-6_2

2.2 Fallstricke der Alltagspsychologie

Im Alltag werden selten Art und Weise der Wahrnehmung und Informationsverarbeitung hinterfragt. Das macht meistens Sinn, da man ansonsten in Entscheidungen und Handlungsmöglichkeiten stark behindert würde. Nachteilig dabei ist jedoch, dass häufig Fehler gemacht werden, die nicht bemerkt werden. Im Folgenden werden zwei Beispiele behandelt, die ein logisches und ein wahrscheinlichkeitstheoretisches Problem betreffen. Zu weiteren Beispielen sei auf [4] verwiesen.

2.2.1 Fehler beim logischen Denken

Beispiel 2.1: Schwierigkeiten bei der Implikation

Gegeben seien vier Karten. Diese Karten seien auf der einen Seite mit einem Bild und auf der anderen Seite mit einer Zahl versehen. Man sieht die 4 Karten mit den Beschriftungen

Apfel 1 Birne 2

vor sich. Man soll jetzt überprüfen, welche Karte(n) man umdrehen muss, um die Gültigkeit der Regel

> Wenn auf der einen Seite der Karte ein Apfel ist, ist auf der anderen Seite eine ungerade Zahl

zu überprüfen? ◄

Man versuche zunächst die richtige Lösung zu finden, bevor man weiterliest.

Interessanterweise kamen nur etwa 20 % der Befragten auf die richtige Lösung: Man muss die Karten mit dem Apfel und der 2 umdrehen, da bei Birne und 1 in jedem Fall die Regel gültig ist. Auf eine formale Begründung wird in Übung 2.1 noch eingegangen.

2.2.2 Fehler beim Umgang mit Wahrscheinlichkeiten

Auch beim Umgang mit Wahrscheinlichkeiten werden häufig Fehler begangen, insbesondere wenn es um Vorhersagen geht.

Als Beispiele mögen 2.2 und 2.3 dienen.

Beispiel 2.2: Irreführende Wahrscheinlichkeiten

Ein Schüler hat im Abschlusszeugnis in Mathematik die Note vier erzielt. Welche der folgenden Aussagen trifft für ihn mit größerer Wahrscheinlichkeit zu?

a. Er hatte eine vier in Mathe im Halbjahreszeugnis.
b. Er hatte eine vier in Mathe im Halbjahreszeugnis, hat aber im zweiten Halbjahr Nachhilfe in Mathe erhalten.

Bei dieser Aufgabe entscheiden sich die meisten fälschlicherweise für b). a) ist aber richtig, da im zweiten Fall ja zwei Ereignisse eintreten mussten statt nur eines. ◄

Beispiel 2.3: Irreführende Wahrscheinlichkeiten

Welches der beiden Ereignisse ist wahrscheinlicher

a) Eine Hausfrau hat promoviert.
b) Eine promovierte Frau ist Hausfrau.
c) Beide Ereignisse sind gleichwahrscheinlich.

Hier entscheiden sich meist die Befragten für c) obwohl b) richtig ist. Eine Hausfrau wird nämlich vermutlich eher selten promoviert sein, während eine promovierte Frau vermutlich immer noch häufig Hausfrau ist. ◄

2.3 Sprachgebrauch

Eine weitere wesentliche Fehlerquelle stellen die *Ambiguitäten* (Doppeldeutigkeiten) der Umgangssprache dar. Äußerungen sind oft ungenau, und ihre Bedeutung ist nur aus dem Kontext zu erschließen.

2.3.1 Ungenauigkeiten beim Gebrauch von „UND" und „ODER"

Beispiel 2.4: Rechtfertigung der sprachlichen Formalisierung

Liest man etwa in einer Zeitung,

> „Bei einem schweren Unfall gab es 8 Tote und Verletzte."

so ist damit meistens gemeint, dass es 8 Personen gab, die entweder tot oder verletzt waren. Es könnte aber natürlich auch heißen, dass insgesamt 16 Personen entweder getötet oder verletzt wurden. ◄

Beispiel 2.5: Ambiguität beim ODER-Junktor

Wird man vom Gastgeber gefragt,

„Möchtest Du etwas trinken oder essen?“

dann kann das bedeuten „entweder trinken oder essen“ oder aber auch „trinken und essen“. ◄

Offenbar kann man sich hier bei der Interpretation durchaus täuschen.

2.3.2 Schwierigkeiten bei der Implikation

Schwierigkeiten entstehen oft bei WENN-DANN-Aussagen (Implikationen).
Siehe Lösung zu Übung 2.1.

Beispiel 2.6: Schwierigkeiten bei der Implikation

Wenn der Mond aus grünem Käse ist, dann liegt München nicht in Bayern.

Fragt man nach dem Wahrheitsgehalt dieser Aussage, so ist die Antwort in der Tat schwierig, da der Mond nun mal nicht aus grünem Käse ist, München aber in Bayern liegt. In der Wissenschaft wird diese Aussage jedoch als wahr bezeichnet (Prinzip des „ex contradictione quodlibet“). ◄

Das Sprachverständnis des Einzelnen spielt hier allerdings überhaupt keine Rolle, da beispielsweise ein Rechner diesen Satz als wahr interpretieren würde. Folglich macht es keinen Sinn, über den Wahrheitsgehalt auf der Basis der natürlichen Sprache zu streiten.

2.4 Präzisierung der Sprache mittels Aussagenkalkül

Die ersten Versuche, die natürliche Sprache zu formalisieren, fanden schon vor sehr langer Zeit statt. In der Tat gehen sie schon auf die alten Griechen zurück. Ihre Bedeutung wird auch dadurch dokumentiert, dass Logik lange Zeit eine hervorragende Rolle bei der Ausbildung kirchlicher Würdenträger wie auch des Adels spielte, vgl. [1, S. 11].

2.4.1 Aussagenlogik

Die oben beschriebenen Ambiguitäten der natürlichen Sprache führten also schon früh zum Versuch einer Formalisierung. Bei einer solchen Formalisierung werden Aussagen

Tab. 2.1 ODER-Junktor

F1	F2	F1 ODER F2
0	0	0
0	1	1
1	0	1
1	1	1

als Grundbausteine betrachtet. Genauer: *aristotelische Aussagen* (diese können per definitionem nur wahr = 1 oder falsch = 0 sein).

Durch Anwendung sogenannter *Junktoren* (UND, ODER, NICHT, WENN-DANN, GENAU DANN-WENN, ...) lassen sich zusammengesetzte Aussagen (technisch auch als Formeln bezeichnet) bilden, deren Wahrheitswert in Abhängigkeit von den Wahrheitswerten der einzelnen Aussagen in sog. *Wahrheitstafeln* festgelegt wird. Ein frühes Vorkommen dieser Tafeln findet man in [7].

Meist benutzt man, statt „echter" Aussagen, Buchstaben, die dann Platzhalter für Aussagen sind. In diesem Fall müsste man, streng genommen, von Aussageformen, statt von Aussagen sprechen. Hier soll jedoch lax verfahren werden.

2.4.1.1 Induktive Definition der Formeln

Werden Aussagevariablen mit (möglicherweise indizierten) Großbuchstaben notiert, dann ergibt sich folgende Definition.

Rekursive Definition von Formeln

1. Alle Aussagevariablen sind Formeln.
2. Sind F1, F2 Formeln, so sind auch NICHT F1 und (F1 J F2), wobei J für einen beliebigen zweistelligen Junktor steht, Formeln.

N.B. Statt NICHT bzw. UND bzw. ODER werden häufig die Symbole $\neg$ bzw. $\wedge$ bzw. $\vee$ verwendet.

2.4.1.2 Wahrheitstafeln

Wie oben bereits erwähnt, erfolgt die Definition des Wahrheitswerts zusammengesetzter Aussagen über sog. Wahrheitstafeln. Dabei werden die Wahrheitswerte „falsch" bzw. „wahr" üblicherweise im Englischen auch durch „F" bzw. „T" kodiert, s. auch [7, S. 60].

In allen Wahrheitstafeln stehen F, F1, F2 für beliebige aussagenlogische Formeln.

Die Wahrheitstafel der ODER-Verknüpfung ist in Tab. 2.1 dargestellt.

Die Wahrheitstafel der UND-Verknüpfung ist der Tab. 2.2 zu entnehmen. Man notiere, dass die ODER-Verknüpfung und die UND-Verknüpfung in gewissem Sinn „dual" zueinander sind: Die ODER-Verknüpfung hat in genau einem Fall den Wahrheitswert 0, während die UND-Verknüpfung in genau einem Fall den Wahrheitswert 1 besitzt. Dies entspricht recht genau dem üblichen Sprachgebrauch.

Tab. 2.2 UND-Junktor

F1	F2	F1 UND F2
0	0	0
0	1	0
1	0	0
1	1	1

Tab. 2.3 WENN-DANN-Junktor

F1	F2	WENN F1 DANN F2
0	0	1
0	1	1
1	0	0
1	1	1

Tab. 2.4 NICHT-Junktor

F	NICHT F
0	1
1	0

Die Wahrheitstafel für die Implikation, s. Tab. 2.3, entspricht nicht unbedingt dem natürlichen Sprachgebrauch, s. Abschn. 2.4.1. Entscheidend ist aber wie sie im Rechner hinterlegt ist. Wird das nicht beachtet, so kann es bei Abfragen zu unangenehmen Überraschungen kommen.

Schließlich muss noch die, mehr oder weniger offensichtliche, Wahrheitstafel für die Negation angegeben werden, s. Tab. 2.4. Sie entspricht weitgehend dem natürlichen Sprachgebrauch.

Übung 2.1: Formale Verifikation des Problems in Beispiel 2.1
Man verifiziere die Lösung in Abschn. 2.2.1 formal unter Nutzung der oben angegebenen Wahrheitstafeln.

2.4.1.3 Allgemeingültige Formeln

Von besonderem Interesse sind *allgemeingültige* Formeln (*Tautologien*). Sie sind dadurch ausgezeichnet, dass sie bei jeder beliebigen Belegung ihrer Aussagevariablen mit Wahrheitswerten den Wahrheitswert 1 haben. Im Beispiel 2.7 ergibt sich als Wahrheitswert für die ODER-Verknüpfung und für die negierte UND-Verknüpfung immer der Wahrheitswert 1, unabhängig vom Wahrheitswert der Formel F. Der Leser wird keine Schwierigkeiten haben, diese Aussage zu verifizieren.

Beispiel 2.7: Tautologien

(F ODER NICHT F)
NICHT (F UND NICHT F) ◄

Im Aussagenkalkül (AK) versucht man nun, gerade diese allgemeingültigen Formeln mittels bestimmter Regeln abzuleiten.

Einige Regeln
Modus ponens:

WENN F1 DANN F2
F1

F2

Modus tollens:

WENN F1 DANN F2
NICHT F2

NICHT F1

Kontraposition:

(WENN F1 DANN F2)

(WENN NICHT F2 DANN NICHT F1)

Hier sind die Voraussetzungen jeweils über der gestrichelten Linie aufgeführt, während die Schlussfolgerung unterhalb der gestrichelten Linie erscheint.

► **Korrekte Regeln** Regeln heißen *korrekt*, wenn sie von allgemeingültigen Formeln wieder nur auf allgemeingültige Formeln führen. Alle o. a. Regeln sind korrekt.

Übung 2.2: Korrektheit des Modus ponens
Man zeige, dass der Modus ponens eine korrekte Regel ist.
Hinweis: Man versuche es mit einem klassischen Widerspruchsbeweis.

Übung 2.3: Syntaktische Probleme

Gegeben sei die rekursive Definition der Formeln in Abschn. 2.4.1.1.

Gegeben seien weiter die Aussagevariablen A_1, A_2, A_3. Stellt die Zeichenkette ((A_1 ODER A_2) UND A_3) eine Formel dar?

(Man argumentiere formal unter Nutzung der obigen Definition!)

Wäre es ausreichend, Aussagevariablen an Stelle von Formeln in der Definition zu nutzen?

2.4.1.4 Korrektheit und Vollständigkeit

Beim AK möcht man nur allgemeingültige Formeln ableiten. Dies wird erreicht, indem man einige allgemeingültige Formeln als Axiome vorgibt und ein korrektes Regelsystem verwendet (*Korrektheit des AK*). Wesentlich schwieriger ist es, ein Regelsystem zu finden, das es gestattet, alle allgemeingültigen Formeln abzuleiten (*Vollständigkeit des AK*). Beides ist jedoch möglich.

2.4.2 Äquivalenz und Normalformen

Zwei aussagenlogische Formeln heißen *äquivalent*, wenn sie identische Wahrheitstafeln besitzen. Jede beliebige aussagenlogische Formel lässt sich damit unter Verwendung der Junktoren NICHT, ODER und UND darstellen. Genauer gesagt bedeutet dies, dass eine zur ursprünglichen Formel äquivalente Formel angegeben werden kann, die nur die Junktoren NICHT, ODER und UND benötigt. Sie wird als *disjunktive Normalform* (DNF) bezeichnet.

Die DNF einer implizit durch ihre Wahrheitstafel vorgegebenen aussagenlogischen Formel kann mittels eines einfachen Algorithmus konstruiert werden. Anstelle einer abstrakten Beschreibung soll dieser Algorithmus hier jedoch nur im Beispiel 2.8 erläutert werden.

Beispiel 2.8: Disjunktive Normalform

Eine aussagenlogische Formel F mit drei Aussagevariablen sei durch ihre Wahrheitstafel, s. Tab. 2.5, gegeben.

Die DNF wird dann gemäß folgendem Verfahren konstruiert.

Man betrachtet nur Zeilen der Tabelle, in denen $F(A, B, C) = 1$.

Für jede dieser Zeilen werden die Aussagevariablen, bei denen eine 1 auftaucht, unverändert, solche, bei denen eine 0 auftaucht, negiert genommen und mit UND miteinander verknüpft.

Die den Zeilen entsprechenden Ausdrücke werden mit ODER miteinander verknüpft.

Tab. 2.5 Disjunktive Normalform, Beispiel zur DNF. (Quelle: Falkowski [1, S. 16])

A	B	C	F(A, B, C)
0	0	0	1
1	0	0	1
0	1	0	0
0	0	1	0
1	1	0	1
1	0	1	0
0	1	1	1
1	1	1	0

In unserem Beispiel erhält man:

(NICHT A UND NICHT B UND NICHT C) ODER
(A UND NICHT B UND NICHT C) ODER (A UND B UND NICHT C)
ODER (NICHT A UND B UND C) ◀

Man beachte hier, dass in dieser Formel einige Klammern unterdrückt wurden, um eine übersichtlichere Schreibweise zu erzielen. Dies ist nicht weiter schlimm, da, wie man leicht einsieht, die Klammerung bei einer reinen UND- oder ODER-Verknüpfung keine Rolle spielt: Die resultierenden Formeln sind äquivalent.

Erklärung des Verfahrens
Durch das Vorkommen des Ausdrucks (NICHT A UND NICHT B UND NICHT C) in der DNF wird sichergestellt, dass, falls A, B und C alle den Wahrheitswert 0 haben, dieser Ausdruck den Wahrheitswert 1 hat und damit, dass auch die gesamte ODER-Verknüpfung den Wahrheitswert 1 hat, siehe die Wahrheitstafeln Abschn. 2.4.1.2 Andererseits können nur die durch die UND-Verknüpfungen gegebenen Kombinationen von Wahrheitswerten den Wahrheitswert 1 für die gesamte ODER-Verknüpfung liefern.

Übung 2.4: DNF und verschiedene Versionen der Implikation

a) Man konstruiere die Wahrheitstafel und DNF für (A UND (B ODER C)).
b) A↔B habe dieselbe Wahrheitstafel wie (WENN A DANN B)∧ (WENN B DANN A). Man konstruiere die Wahrheitstafel für ((A∧B)∨C)↔((A∨C)∧(B∨C)). Das Symbol „↔" steht hier für „genau dann wenn" („gdw.").
c) Man gebe eine äquivalente aussagenlogische Formel für WENN A DANN B an, die nur
(c1) ¬, ∧ und Klammern enthält. (c2) Die analoge Aufgabe für ¬, ∨ und Klammern.

Tab. 2.6 Ausschließendes-ODER-Junktor

A	B	
0	0	0
1	0	1
0	1	1
1	1	0

Übung 2.5: Verschiedene Junktoren in R

Man konsultiere den Anhang zur R- und R Studio Installation, Abschn. 11.2.

Gegeben seien die folgenden Junktoren in R:

& („UND“)
| („ODER“)
! („NICHT“)

Man verifiziere die angegebenen Wahrheitstafeln für diese Junktoren in R. Man beachte insbesondere, dass es sich beim ODER um ein nicht ausschließendes ODER handelt.

Hinweis: Für FALSCH bzw. WAHR können 0 bzw. 1 verwendet werden.

Übung 2.6: Implikation

Man nutze die in Übung 2.4 c1 erarbeitete äquivalente Form für WENN A DANN B, um die Wahrheitstafel für WENN A DANN B zu konstruieren. Diese Übung soll zeigen, dass die entstehende Wahrheitstafel nicht immer dem natürlichen Sprachgebrauch entspricht.

Übung 2.7: DNF und ausschließendes Oder

(a) Man leite die DNF für das ausschließende ODER ab, dessen Wahrheitstafel wie in Tab. 2.6 gegeben ist.
(b) Man verifiziere diese Wahrheitstafel mittels der DNF in R.

2.5 Die (universelle) Turing-Maschine

Der Begriff „Turing-Maschine“ wurde durch den englischen Mathematiker und Kryptologen Alan Turing bereits in den Jahren 1935–36 eingeführt. Dabei handelt es sich keineswegs um eine reale Maschine, sondern vielmehr um ein abstraktes mathematisches Konstrukt. Trotzdem ist die Turing-Maschine hier von großem Interesse, da sie in guter Näherung die prinzipielle Funktionsweise eines (Von-Neumann-)Rechners beschreibt. Darüber hinaus kann sie (bzw. eine leichte Abwandlung) mit verhältnismäßig einfachen technischen Bausteinen, sog. Gattern, tatsächlich auch prinzipiell als reale Maschine konstruiert werden, s. [1, S. 17–24].

Im Vorwort wurde bereits mehrfach der Begriff „Algorithmus“ gebraucht, ohne dass eine genaue Definition dieses Begriffs erfolgte. Die Turing-Maschine dient zur Präzisierung dieses Begriffs: Es handelt sich um eine Rechenvorschrift, die so genau formuliert ist, dass sie durch eine Turing-Maschine ausgeführt werden kann.

Da durch Algorithmen aber erfahrungsgemäß komplizierte Probleme gelöst werden können, überrascht es doch etwas, dass eine Turing-Maschine in sehr einfacher Weise beschrieben werden kann. Es handelt sich nämlich um ein endlos langes „Band“, auf dem ein Schreib-Lese-Kopf entlanglaufen kann, vgl. Abb. 2.1. Das Band ist unterteilt in einzelne Quadrate, die entweder leer sind oder eine Eins enthalten. Der Schreib-Lese-Kopf besitzt eine endliche Anzahl interner Zustände. Je nach aktuell gelesenem Symbol und internem Zustand schreibt der Kopf ein neues Symbol, bewegt sich genau einen Schritt nach links oder nach rechts und geht in einen neuen internen Zustand über. Um Binärzahldarstellungen, s. [1, S. 2], nutzen zu können, wird angenommen, dass leere Quadrate eine Null enthalten, s. auch [5].

Stellt man sich das beschriebene Band als eine Art Speicher vor, so zeigt sich bereits eine gewisse Ähnlichkeit mit einem Von-Neumann-Rechner. Natürlich kann ein Speicher nicht unendlich groß sein; deshalb kann es sich bei einer Turing-Maschine auch nicht um eine reale Maschine handeln. Der Speicherplatz eines modernen PC ist jedoch bereits so groß, dass er in guter Näherung als unendlich betrachtet werden kann.

Erwähnt sei auch noch, dass sich wegen der DNF folgende Gatter als ausreichend für eine Realisierung erweisen: Inverter (Negation), UND-Gatter, ODER-Gatter und Flip-

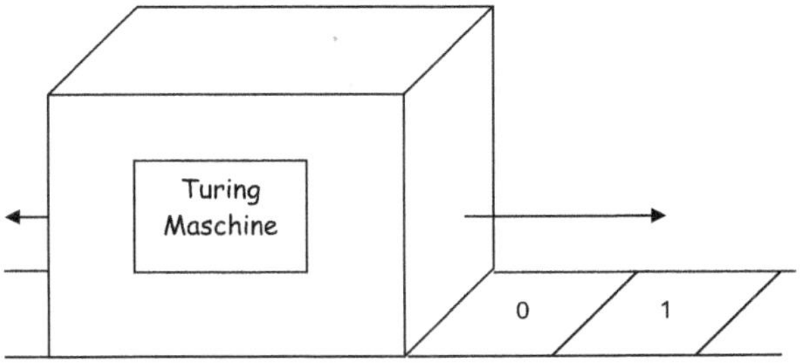

Abb. 2.1 Vereinfachte Darstellung einer Turing-Maschine. (Quelle: Abb. 1 Turing-Maschine, Falkowski [1, S. 8])

Flops, s. auch [1, S. 21]. Allerdings handelt es sich hier nur um eine prinzipielle Möglichkeit: Moderne PCs sind im Detail wesentlich komplizierter aufgebaut.

Der Begriff „universelle Turing-Maschine" muss noch erklärt werden: Es handelt sich, vereinfacht ausgedrückt, um eine Turing-Maschine, die alle anderen simulieren kann. Damit ist das Modell eines Von-Neumann-Rechners vollständig. Ein Quantenrechner soll in diesem Zusammenhang nicht betrachtet werden.

2.5.1 Das Gödel-Theorem

Angesichts seiner Bedeutung für kürzlich zu Berühmtheit gelangte LLMs (z. B. ChatGPT) soll hier auf eine vereinfachte Darstellung von Turing-Maschinen des britischen Nobelpreisträgers für Physik Sir Roger Penrose aus den neunziger Jahren des letzten Jahrhunderts zurückgegriffen werden, zumal sie keine speziellen Kenntnisse erfordert, [5, S. 40–75].

2.5.1.1 Darstellung allgemeiner Zeichenreihen

Sogar die Darstellung allgemeiner Zeichenreihen als Folge von Nullen und Einsen ist nicht ganz einfach, erweist sich aber als notwendig, um später mittels **V**isual **B**asic for **A**pplications (VBA) einfache Turing-Maschinen in Excel realisieren zu können.

Vorausgesetzt wird, dass die darzustellende Zeichenfolge neben den Ziffern 0, 1, 2, ..., 9 nicht mehr als die n Symbole $s_1, s_2, \ldots, s_n$ umfasst. Außerdem seien natürliche Zahlen durch andere Symbole voneinander getrennt, um Identifikationsprobleme zu vermeiden. Der Einfachheit halber sei das Komma mit dem Symbol s_1 identisch, da häufig durch Kommata getrennte natürliche Zahlen (Zahlenfolgen) behandelt werden. Es müssen dann zwei Verfahren angegeben werden, die invers zueinander sind: Das eine (Expansion) muss es gestatten, zu einer beliebigen vorgelegten Zeichenkette, die aus natürlichen Zahlen und den Symbolen $s_1, s_2, \ldots, s_n$ besteht, ihre Binärdarstellung zu berechnen. Das andere muss die Rückgewinnung der ursprünglichen Zeichenkette aus der Binärdarstellung ermöglichen (Kontraktion), siehe [5, S. 56–61].

2.5.1.2 Expansion

Der Algorithmus, der zur Binärdarstellung führt, umfasst zwei Schritte: Im ersten Schritt werden alle natürlichen Zahlen durch ihre Binärdarstellung[1] ersetzt. Es ergibt sich eine Folge, die nur die Zeichen 0 und 1 sowie die Symbole $s_1, s_2, \ldots, s_n$ enthalten kann.

Im zweiten Schritt wird wie in Tab. 2.7 ersetzt.

[1] Bei der Binärdarstellung wird die natürliche Zahl als Folge von Zweierpotenzen geschrieben. Dies entspricht der üblichen Schreibweise mit Zehnerpotenzen. Beispielsweise lässt sich 13 schreiben als $1 + 4 + 8 = 1 * 2 + 0 * 2^1 + 1 * 2^2 + 1 * 2^3$. Die Binärdarstellung ist also (von hinten gelesen!) 1101. Die systematische Berechnung der Koeffizienten wird in [1, S. 3] beschrieben.

Tab. 2.7 Expansion von Zeichenreihen. (Penrose [5])

0	→	0
1	→	10
s_1	→	110 (Komma!)
s_2	→	1110
	.	
	.	
	.	
s_n	→	11...10

Dabei enthält die letzte Zeichenkette in Tab. 2.7 ganz rechts unten n + 1 Einsen vor der Null.

Aus rein technischen Gründen, die bei der Beschreibung der Kontraktion deutlich werden, müssen zuletzt links und rechts von der erzeugten Binärdarstellung Nullen ergänzt werden, falls nicht schon vorhanden.

Der Algorithmus lässt sich am besten mittels eines Beispiels veranschaulichen (das auch den Namen erklären wird).

Beispiel 2.9: Expansion

Sei die Zeichenkette

$$8,\ 2,\ s_3\ 3,\ 0,$$

gegeben, wobei insbesondere ihr Ende durch ein Komma angezeigt wird. Dann erhält man im ersten Schritt die Zeichenkette ($8 = 2^3$ mit Binärdarstellung 1000, $2 = 2^1$ mit Binärdarstellung 10, ...)

$$1000, 10, s_3 11, 0, .$$

Der zweite Schritt liefert zunächst die Binärkette

$$10000110100110111010101100110$$

und nach Ergänzung einer Null

$$010000110100110111010101100110 \blacktriangleleft$$

2.5.1.3 Kontraktion

Die ursprüngliche Zeichenkette lässt sich nun leicht aus einer vorgelegten Binärdarstellung zurückgewinnen. Dabei verfährt man, in drei Schritten, wie folgt:

Im ersten Schritt werden von links beginnend die zwischen zwei aufeinanderfolgenden Nullen erscheinenden Einsen gezählt und notiert, s. [5, S. 57] für ein Beispiel.

Tab. 2.8 Kontraktion von Binärzahlen. (Penrose [5])

0	→	0
1	→	1
2	→	s_1 (Komma!)
3	→	s_2
4	→	s_3
	usw.	

Im zweiten Schritt werden die im ersten Schritt gewonnenen Zahlen wie in Tab. 2.8 umgewandelt.

Schließlich werden im letzten Schritt die Binärzahlen in natürliche Zahlen verwandelt. Auch hier ist ein Beispiel hilfreich.

Beispiel 2.10: Kontraktion

Sei die Binärdarstellung 0100001101001101111010101100110 gegeben (die Rückverwandlung müsste also die ursprüngliche Zeichenkette des Beispiels 2.9 ergeben). Dann resultiert aus dem ersten Schritt eine Folge natürlicher Zahlen, nämlich 1 0 0 0 2 1 0 2 4 1 1 2 0 2. Mit dem zweiten Schritt erhält man folglich 1000, 10, $s_3$11, 0, und damit im letzten Schritt, wie erwartet 8, 2, $s_3$3, 0,.

Man beachte hier, dass die natürlichen Zahlen, die größer als 1 sind, als Trennsymbole zwischen den Binärzahlen fungieren. ◄

Übung 2.8: Expansion
Man expandiere die Zeichenkette 2, und überprüfe das Ergebnis durch Kontraktion.

2.5.2 Formale Beschreibung einer Turing-Maschine

Bezeichnet man die internen Zustände einer Turing-Maschine mit 0, 1, 2, ..., n, so kann sie formal beispielsweise wie in Tab. 2.9 beschrieben werden.

Dabei steht das fettgedruckte Zeichen jeweils links des Pfeils für das aktuell gelesene Symbol und unmittelbar links davon der aktuelle interne Zustand. Die drei Symbole jeweils rechts vom Pfeil bezeichnen (in dieser Reihenfolge) den neuen internen Zustand, das zu druckende Zeichen sowie die Bewegungsrichtung. Daraus ergibt sich unmittelbar, dass $x_1, x_2, \ldots, x_{2n}$ Elemente der Menge $\{0, 1, 2, \ldots, n\}$, $\mathbf{y_1}, \mathbf{y_2}, \ldots, \mathbf{y_{2n}}$ Elemente der Menge $\{\mathbf{0},\mathbf{1}\}$ und $z_1, z_2, \ldots, z_{2n}$ Elemente der Menge {links, rechts} sein müssen. Schließlich taucht auch noch ein STOP-Symbol auf, das den Halt der Maschine anzeigt.

Die Arbeitsweise einer solchen Maschine wird durch das folgende Beispiel verdeutlicht, s. [5, S. 61].

Tab. 2.9 Turing-Maschine (noch nicht als Binärzahl)

0**0**	→	$x_1\mathbf{y_1}z_1$
0**1**	→	$x_2\mathbf{y_2}z_2$
1**0**	→	$x_3\mathbf{y_3}z_3$
1**1**	→	$x_4\mathbf{y_4}z_4$
2**0**	→	$x_5\mathbf{y_5}z_5$.STOP
2**1**	→	$x_6\mathbf{y_6}z_6$
	.	
	.	
	.	
n**1**	→	$x_{2n}\mathbf{y_{2n}}z_{2n}$

Tab. 2.10 Vereinfachte Darstellung einer Turing Maschine, die 2*2 berechnet

Zustand	Symbol	Folgezustand	Neues Symbol	Bewegung	Band (neu)	Wegen Regel
0	1	1	0	Rechts	..0**0**0110...	(2)
1	0	0	1	Rechts	..01**0**110...	(3)
0	0	0	0	Rechts	..010**1**10...	(1)
0	1	1	0	Rechts	..0100**1**0...	(2)
1	1	2	0	Rechts	..01000**0**0...	(4)
2	0	3	1	Rechts	..010001**0**...	(5)
3	0	0	1	Rechts	..0100011**0**...	(6)

Beispiel 2.11: Eine Turing-Maschine, die eine expandierte Binärzahl mit 2 multipliziert

Es wird eine Turing-Maschine beschrieben, die eine expandierte Binärzahl mit 2 multipliziert. Sie hat die Spezifikation

0**0**	→	0**0**rechts	(1)
0**1**	→	1**0**rechts	(2)
1**0**	→	0**1**rechts	(3)
1**1**	→	2**0**rechts	(4)
2**0**	→	3**1**rechts	(5)
3**0**	→	0**1**rechts.STOP	(6)

Es soll nun 2 mit 2 multipliziert werden. Hierfür wird $2 = (10)_2$ als expandierte Binärzahl mit einem Komma als Endzeichen dargestellt. Das Band der Maschine ist folglich zu Anfang der Berechnung mit ...000100110000... beschrieben. Der Schreib-Lese-Kopf der Maschine befinde sich links von der expandierten Binärzahl. Der interne Anfangszustand sei 0. Dann wird sich der Schreib-Lese-Kopf zunächst wegen (1) nach rechts bewegen, ohne das Band oder den internen Zustand der Maschine zu verändern, bis er sich auf der ersten 1 befindet. Danach läuft die folgende Berechnung ab, s. Tab. 2.10.

Anfangsbeschriftung des Maschinenbands: ..0001001100... ◄

In der Tabelle ist der aktuelle (neue) Aufenthaltsort der Maschine auf dem Band durch ein fettgedrucktes, vergrößertes Zeichen in der Spalte „Band (neu)“ gekennzeichnet, um die Kontrolle der Berechnung zu erleichtern.

Kontrahiert man die letzte expandierte Binärzahl in der Tabelle, die den Endzustand des Bands beschreibt, gemäß Abschn. 2.5.1.3, so ergibt sich in der Tat 4, wie nicht anders zu erwarten. Die Sicht der entsprechenden Excel-Tabelle findet man in Abschn. 13.2, Abb. 13.3.

2.5.3 Programmierung der Turing-Maschine in Excel

Der benötigte VBA-Rahmen ist dem Excel-Anhang zu entnehmen, s. Abschn. 13.2.

Simuliert werden soll im Excel-System die oben beschriebene Turing-Maschine. Dabei soll der Anfangszustand 0 sein. A1 enthalte die Beschriftung „Zustand“, A2 enthalte die „0“. C1 enthalte die Beschriftung „Lk“ für Lesekopf, C2 enthalte die erste „0“ der oben angegebenen Beschriftung des Maschinenbands.

R-Programmierung für 2.5.3[2]

```
Sub TM_times_two_p()
Dim i, j, k, ende, symbol_read, position As Integer
Dim state As String
Dim s As Boolean
i = 1
j = 1
position = 3
ende = 20
s = False
While Not s
Rem Band, Zustand und Stellung Lesekopf kopieren
For k = 0 To ende
Cells(i + 3,j + k).Value = _
Cells(i,j + k).Value
Cells(i + 4, j + k).Value = _
Cells(i + 1, j + k).Value
Next k
Rem Zustand und gelesenes Symbol initialisieren
state = Cells(i + 1, 1).Value
symbol_read = Cells(i + 1, position).Value
Rem Regeln simulieren
Rem Regel (1)
If state = "0" And symbol_read = 0 Then
```

[2] Alle R-Programme sind auch in Form von digitalem Zusatzmaterial online auf SpringerLink abrufbar. Das Zusatzmaterial ist auf der Produktseite zum Buch unter der Vorschau zu Kap. 1 zu finden.

```
Cells(i + 4, 1).Value = "0"
Cells(i + 4,position).Value = 0
Cells(i + 3, position).Value = ""
position = position + 1
Cells(i + 3, position).Value = "Lk"
End If
Rem Regel (2)
If state = "0" And symbol_read = 1 Then
Cells(i + 4, 1).Value = "1"
Cells(i + 4, position).Value = 0
Cells(i + 3, position).Value = ""
position = position + 1
Cells(i + 3, position).Value = "Lk"
End If
Rem Regel (3)
If state = "1" And symbol_read = 0 Then
Cells(i + 4, 1).Value = "0"
Cells(i + 4, position).Value = 1
Cells(i + 3, position).Value = ""
position = position + 1
Cells(i + 3, position).Value = "Lk"
End If
Rem Regel (4)
If state = "1" And symbol_read = 1 Then
Cells(i + 4, 1).Value = "10"
Cells(i + 4, position).Value = 0
Cells(i + 3, position).Value = ""
position = position + 1
Cells(i + 3, position).Value = "Lk"
End If
Rem Regel (5)
If state = "10" And symbol_read = 0 Then
Cells(i + 4, 1).Value = "11"
Cells(i + 4, position).Value = 1
Cells(i + 3, position).Value = ""
position = position + 1
Cells(i + 3, position).Value = "Lk"
End If
Rem Regel (6)
If state = "11" And symbol_read = 0 Then
Cells(i + 4, 1).Value = "0"
Cells(i + 4, position).Value = 1
Cells(i + 3, position).Value = ""
position = position + 1
Cells(i + 3, position).Value = "Lk"
```

```
Cells(i + 4, position).Value = 0
s = True
End If
i = i + 3
Wend
End Sub
```

Anmerkung: Zustände sind hier der besseren Lesbarkeit wegen noch als natürliche Zahlen angegeben. Das kann aber durchaus vermieden werden, s. Abschn. 2.5.1.1.

Tatsächlich gibt Penrose in [5, S. 93–96] eine universelle Turing-Maschine in binärer Form explizit an. Sie geht auf David Deutsch zurück, der sie auch getestet hat.

Übung 2.9: Eine einfache Turing-Maschine
Wie lautet das Ergebnis, falls der Anfangszustand 0 ist, A1 enthalte die Beschriftung „Zustand", A2 enthalte die „0". C1 enthalte die Beschriftung „Lk" für Lesekopf, C2 enthalte die erste „0" der Beschriftung des Maschinenbands mit

0 0 1 0 1 0 1 0 1 1 0 0 0

2.5.4 Folgerungen

Penrose betrachtet Berechnungen einer Turing-Maschine angesetzt auf eine natürliche Zahl n (kodiert wie oben beschrieben), nämlich C(n). Penrose nimmt weiter eine Rechenvorschrift A auf den natürlichen Zahlen als gegeben an, die, falls sie bei der Ausführung anhält, einen Beweis zur Verfügung stellt, dass C(n) niemals anhält. Hierbei ist nicht verlangt, dass A immer entscheiden kann, dass C(n) nicht anhält. Verlangt ist aber, dass A niemals eine falsche Antwort gibt (A ist *sound*). Benötigt wird weiterhin eine Auflistung der Turing-Maschinen C_0, C_1, C_2, C_3, C_4, …, s. [5, S. 67], was bei einer bestimmten Zahl n zur folgenden Reihe führt $C_0(n)$, $C_1(n)$, $C_2(n)$, $C_3(n)$, $C_4(n)$, … Damit ist $C_q(n)$ die Berechnung der q-ten Turing-Maschine angesetzt auf n. Hier muss man bemerken, dass $C_q(n)$ mittels einer universellen Turing-Maschine tatsächlich berechnet werden kann, s. [5, S. 76–86] zu den Details.

Die Prozedur A kann man sich jetzt vorstellen als besondere Berechnung, die angesetzt auf das Zahlenpaar q, n festzustellen versucht, ob die Berechnung $C_q(n)$ jemals anhält. Folglich erhält man einen Beweis, dass $C_q(n)$ nicht hält, falls A terminiert. Dies ist die Aussage (1) in Tab. 2.11. Die restlichen Überlegungen, die Penrose anstellt, sind schematisch in der Tab. 2.11 dargestellt. Indem man $q = n$ in (1) setzt ergibt sich (2) (1. Cantor'sche Diagonalisierung). A(n,n) hängt jetzt allerdings nur von einer natürlichen Zahl n ab und muss nach Voraussetzung eine Turing-Maschine C_k sein. Damit folgt (3). Setzt man $n = k$, so ergibt sich (2. Cantor'sche Diagonalisierung) (4). Aus (2) folgt aber mit $n = k$ (5). Substituiert man (4) in (5) folgt schließlich (6).

Tab. 2.11 Gödel-Turing-Theorem. (Penrose [6])

Falls A(q,n) terminiert, dann hält $C_q(n)$ nicht.	(1)
Falls A(n,n) terminiert, dann hält $C_n(n)$ nicht.	(2)
$A(n,n) = C_k(n)$	(3)
$A(k,k) = C_k(k)$	(4)
Falls A(k,k) terminiert ,dann hält $C_k(k)$ nicht.	(5)
Falls $C_k(k)$ terminiert, dann hält $C_k(k)$ nicht.	(6)

Hieraus folgt, dass $C_k(k)$ nicht hält (sollte nämlich $C_k(k)$ halten, so folgt aus (6) dass $C_k(k)$ nicht hält). Allerdings kann A(k,k) ebenfalls nicht halten wegen (4). Deshalb kann die Prozedur A nicht feststellen, dass $C_k(k)$ nicht hält, s. [6, S. 74–75].

Man hat folglich eine Berechnung $C_k(k)$ gefunden von der man weiß, dass sie nicht hält. Trotzdem ist die gegebene Prozedur A nicht mächtig genug, dies zuzusichern. Das ist das Gödel-Turing-Theorem wie von Penrose dargestellt. Es ist anwendbar auf jede beliebige Berechnungsprozedur A, die zusichern soll, dass Berechnungen nicht halten, vorausgesetzt, dass A *sound* ist.

Gödels geniale Leistung bestand, vereinfacht ausgedrückt, darin, in einem hinreichend mächtigen formalen System (er befasste sich zunächst mit den Peano-Axiomen für die natürlichen Zahlen, „überbaut durch die Logik der Principia Mathematica“, s. [2, S. 176]) einen Satz zu formulieren, der seine eigene Unbeweisbarkeit zum Inhalt hat. Gödel kommentiert weiter: „Der im System Principia Mathematica unentscheidbare Satz wurde also durch metamathematische Überlegungen doch entschieden“, s. [2, S. 176].

Penrose hat dies in sehr eleganter Weise, wie oben dargestellt, mit dem Halteproblem für Turing-Maschinen kombiniert.

Penrose folgert u. a.:

„We have found a computation $C_k(k)$ that we know does not stop; yet the given computational procedure A is not powerful enough to ascertain that fact. This is the Gödel (-Turing) Theorem in the form that I require. It applies to any computational procedure A whatever for ascertaining that computations do not stop, *so long as we know it to be sound*.“ (Siehe [6, S. 75].)

Im Licht dieser Ausführungen scheinen allerdings Spekulationen hinsichtlich der Existenz einer „Superintelligenz“, die mittels eines Von-Neumann-Rechners konstruiert werden kann, zweifelhaft. Man muss diese Überlegungen wohl doch eher kalifornischen Marketingstrategen der Produzenten von LLMs zuschreiben. Quantenrechner sollen hier jedoch nicht berücksichtigt werden, da deren Entwicklung noch in den Kinderschuhen steckt.

Trotzdem sei dem Leser [6, S. 77–88] empfohlen, wo auch Kritikpunkte an den obigen Überlegungen ausführlich diskutiert werden.

Der Leser sei zusätzlich auf das mit dem Pulitzer-Preis ausgezeichnete Buch [3] hingewiesen, wo ähnlich gelagerte Probleme ausführlich diskutiert werden.

Allerdings können LLMs bei Routineaufgaben sehr hilfreich sein; man vergleiche hierzu auch die Bemerkungen im einleitenden roten Faden. Da KIs bisweilen unter sog.

„Halluzinationen"[3] leiden, scheint die Überprüfung der Korrektheit der erzeugten Konstrukte immer noch wichtig. Optimale Ergebnisse sind wohl nur zu erzielen, wenn eine KI durch einen Menschen als Werkzeug genutzt wird. Allerdings haben insbesondere die in diesem Buch per KI erzeugten Bildbeschreibungen zu einer erheblichen Arbeitsersparnis geführt.

Die missbräuchlichen Anwendungen von KIs genauer zu beschreiben, würde hier zu weit führen. Als pars pro toto seien nur genannt „Beeinflussung von Wahlen durch Falschinformationen", „Hetze im Internet". Leider ließe sich diese Liste nahezu beliebig fortsetzen.

2.6 Lösungen der Übungsaufgaben

Übung 2.1

Zur Wahrheitstafel für die Implikation vergleiche Tab. 2.3.

Die Fälle F1 = Birne und F2 = 1 sind einfach abzuhandeln:

Für F1 = Birne ist wegen Zeilen 1 und 2 der Wahrheitstafel die Implikation jedenfalls richtig, da es auf den Wahrheitswert für F2 nicht ankommt.

Ebenso ist für F2 = 1 wegen der Zeilen 2 und 4 der Wahrheitstafel die Implikation ebenfalls richtig, da es auf den Wahrheitswert für F1 nicht ankommt.

Falls dagegen F1 = Apfel, dann kann wegen der Zeilen 3 und 4 nicht ohne „Umdrehen" entschieden werden, ob die Implikation richtig ist.

Ähnliches gilt für F2 = 2 wegen der Zeilen 1 und 3 der Wahrheitstafel.

Übung 2.2

Modus ponens:

WENN F1 DANN F2
F1

F2

Es seien WENN F1 DANN F2 und F1 allgemeingültig, F2 aber nicht allgemeingültig. Dann existiert eine Belegung der Aussagevariablen in F2 so, dass F2 den Wahrheitswert 0 hat. Bei dieser Belegung der Aussagevariablen muss aber F1 den Wahrheitswert 1 haben, da F1 nach Voraussetzung allgemeingültig ist. Damit müsste aber WENN F1 DANN F2 den Wahrheitswert 0 haben, was der Annahme WENN F1 DANN F2 ist allgemeingültig widerspräche.

[3] Süddeutsche Zeitung: „Wenn die KI grübelt", 29.11.2024, S. 14.

Übung 2.3

Gegeben sei ((A_1 ODER A_2) UND A_3).

Wegen der öffnenden und schließenden Klammern des Ausdrucks muss mittig ein Junktor erscheinen: ok wegen UND. Der zweite Teil des Ausdrucks muss eine Formel sein: ok, da A_3 eine Aussagenvariable ist. Der erste Teil des UND Ausdrucks muss ebenfalls eine Formel sein. Er beginnt und endet mit einer öffnenden bzw. schließenden Klammer. Mittig erscheint ein Junktor und beide Teile der ODER Verknüpfung sind Formeln, da es sich um Aussagevariablen handelt.

Gegenbeispiel wäre der Ausdruck in Teil a) oben.

Übung 2.4

Wahrheitstafel:

A	B	C	(A	UND	(B	ODER	C))
0	0	0	0	**0**	0	0	0
1	0	0	1	**0**	0	0	0
0	1	0	0	**0**	1	1	0
0	0	1	0	**0**	0	1	1
1	1	0	1	**1**	1	1	0
1	0	1	1	**1**	0	1	1
0	1	1	0	**0**	1	1	1
1	1	1	1	**1**	1	1	1

Erklärung: Man trägt zunächst die Wahrheitswerte für die Aussagevariablen in der 4. Spalte der Tabelle ein. Dann arbeitet man sich von innen nach außen durch.

Beispielsweise ist hier der Wahrheitswert für die ODER-Verknüpfung unter dem ODER notiert. Die fett gedruckte Spalte zeigt das Gesamtresultat an.

DNF: (A UND B UND $\wedge\neg$C) $\vee$ (A UND $\neg$B UND C) $\vee$ (A UND B UND C)

A$\leftrightarrow$B habe dieselbe Wahrheitstafel wie (WENN A DANN B)$\wedge$ (WENN B DANN A). Man konstruiere die Wahrheitstafel für $((A\wedge B)\vee C)\leftrightarrow((A\vee C)\wedge(B\vee C))$. Hier ist die gebräuchliche Abkürzung für „A genau dann, wenn B" verwendet worden

Wahrheitstafel für A$\leftrightarrow$B, auch A gdw. B, s. Abb. 2.2.

Abb. 2.2 Wahrheitstafel für „A genau dann, wenn B"

Wahrheitstafel für A$\leftrightarrow$B:

A	B	(WENN A DANN B) $\wedge$ (WENN B DANN A)
0	0	0 1 0 **1** 0 1 0
1	0	1 0 0 **0** 0 1 1
0	1	0 1 1 **0** 1 0 0
1	1	1 1 1 **1** 1 1 1

Abb. 2.3 Wahrheitstafel für $((A \wedge B) \vee C)$ genau dann, wenn $((A \vee C) \wedge (B \vee C))$

A	B	C	((A ∧ B) ∨ C)↔((A ∨ C) ∧ (B ∨ C)).
0	0	0	0 00 00 **1** 00 0 0 0 0 0
1	0	0	1 00 00 **1** 1 1 0 0 0 0 0
0	1	0	0 01 00 **1** 00 0 0 1 1 0
0	0	1	0 00 11 **1** 0 1 1 1 0 1 1
1	1	0	1 11 10 **1** 1 1 0 1 1 1 0
1	0	1	1 00 11 **1** 1 1 1 1 0 1 1
0	1	1	0 01 11 **1** 0 1 1 1 1 1 1
1	1	1	1 11 11 **1** 1 1 1 1 1 1 1

Die Wahrheitstafel für $((A \wedge B) \vee C) \leftrightarrow ((A \vee C) \wedge (B \vee C))$ ist in Abb. 2.3 dargestellt. Verschiedene äquivalente Darstellungen für die Implikation:

$\neg(A \wedge \neg B)$
$\neg A \vee B$

Übung 2.5

#R-Programm zur Übung 2.5[4]

```
#A UND B in R
0 & 0
[1] FALSE
1 & 0
[1] FALSE
0 & 1
[1] FALSE
1&1
[1] TRUE
```

R-Programm zur Übung 2.5

```
#A ODER B in R:
0 | 0
[1] FALSE
0 | 1
[1] TRUE
1 | 0
[1] TRUE
1 | 1
[1] TRUE
```

[4] Man beachte zwei syntaktische Eigenschaften von R: Die mit einer Eins in eckigen Klammern beginnende Zeile gehört nicht zum eigentlichen Programm. Vielmehr zeigt sie das Ergebnis des unmittelbar darüberstehenden Programmtexts an. Hinter einer Raute erscheinende Sätze sind Kommentare und werden beim Programmlauf einfach überlesen.

 # R-Programm zur Übung 2.5

```
#NICHT A in R
!0
[1] TRUE
!1
[1] FALSE
```

Übung 2.6

 # R-Programm zur Übung 2.6

```
#NICHT (A UND NICHT B) in R
!(0 & !0)
[1] TRUE
!(0 & !1)
[1] TRUE
!(1 & !0)
[1] FALSE
!(1 & !1)
[1] TRUE
```

Übung 2.7

 # R-Programm zur Übung 2.7

```
#DNF: ((A UND NICHT B) ODER (NICHT A UND B))
((0 & !0)|(!0 & 0))
[1] FALSE
((1 & !0)|(!1 & 0))
[1] TRUE
((0 & !1)|(!0 & 1))
[1] TRUE
((1 & !1)|(!1 & 1))
[1] FALSE
```

Übung 2.8

Im ersten Schritt erhält man 10.

Der zweite Schritt liefert die Binärkette 100110.

Nach Ergänzung einer 0 ergibt sich 0100110.

Kontraktion ergibt zunächst 102 und schließlich 2.

Übung 2.9

14, (Die Ausgangsbeschriftung ist die Expansion von 7).

Die vollständige Berechnung ist in Abb. 2.4 vorhanden.

	A	B	C	D	E	F	G	H	I	J	K	L	M	N	O
1	Zustand		Lk												
2	0		0	0	1	0	1	0	1	0	1	1	0	0	0
3	Zustand			Lk											
4	0		0	0	1	0	1	0	1	0	1	1	0	0	0
5	Zustand				Lk										
6	0		0	0	1	0	1	0	1	0	1	1	0	0	0
7	Zustand					Lk									
8	1		0	0	0	0	1	0	1	0	1	1	0	0	0
9	Zustand						Lk								
10	0		0	0	0	1	1	0	1	0	1	1	0	0	0
11	Zustand							Lk							
12	1		0	0	0	1	0	0	1	0	1	1	0	0	0
13	Zustand								Lk						
14	0		0	0	0	1	0	1	1	0	1	1	0	0	0
15	Zustand									Lk					
16	1		0	0	0	1	0	1	0	0	1	1	0	0	0
17	Zustand										Lk				
18	0		0	0	0	1	0	1	0	1	1	1	0	0	0
19	Zustand											Lk			
20	1		0	0	0	1	0	1	0	1	0	1	0	0	0
21	Zustand												Lk		
22	10		0	0	0	1	0	1	0	1	0	0	0	0	0
23	Zustand													Lk	
24	11		0	0	0	1	0	1	0	1	0	0	1	0	0
25	Zustand														Lk
26	0		0	0	0	1	0	1	0	1	0	0	1	1	0

Abb. 2.4 Multiplikation mit 2 in Excel

Literatur

1. Falkowski, B.-J.: Business computing. Springer (2002)
2. Gödel, K.: Über formal unentscheidbare Sätze der Principia Mathematica und verwandter Systeme I. Monatshefte für Mathematik und Physik, Bd. 38. (1931)
3. Hofstadter, D.R.: Gödel, Escher, Bach. Vintage Books, New York (1992)
4. Kahneman, D.: Thinking, fast and slow. Penguin Books (2011)
5. Penrose, R.: The emperor's new mind. Oxford University Press (1989)
6. Penrose, R.: Shadows of the mind. Oxford University, Press New York (1994)
7. Wittgenstein, L.: Tractatus logico philosophicus, 38. Aufl. Suhrkamp (2021). 1963

Das Perceptron Paradigma 3

Zusammenfassung

In diesem Kapitel werden die mathematischen Werkzeuge bereitgestellt, um die Prinzipien zahlreicher KI-Algorithmen besser verstehen zu können. Diese beruhen nämlich häufig auf dem Perceptron-Paradigma. Dabei wird zunächst von den geometrischen Grundbegriffen „Länge" und „Winkel" in der Kartesischen Ebene ausgegangen. Unter Nutzung des Skalarprodukts erfolgt die rein algebraische Verallgemeinerung auf höhere Dimensionen. Anschließend wird der Perceptron-Trainingsalgorithmus präsentiert und bewiesen. An einem einfachen Excel-Programm kann ihn der Leser nachvollziehen.

3.1 Einführung

Bereits Gymnasiasten sind die grundlegenden Begriffe „Winkel" und „Länge" intuitiv vertraut. Allerdings ist eine rein algebraische Formulierung mittels des Skalarprodukts notwendig, um Verallgemeinerungen auf höhere Dimensionen zu ermöglichen. Im Hinblick auf spätere Anwendungen erweist sich dies als unvermeidlich. Leider geht dabei die Anschaulichkeit verloren. Deswegen werden die notwendigen abstrakten Definitionen an R-Beispielen eingeführt. Eine trennende Gerade in der Ebene dient zur Motivation für das weitere Vorgehen. Das dadurch vermittelte Bild kann auch erfolgreich zur Argumentation für eine Hyperebene genutzt werden. Zum Beweis des **P**erceptron-**T**raining-**A**lgorithmus (PTA) werden die Dreiecksungleichung und die Cauchy-Schwarz-Ungleichung benötigt. Zu deren Beweis ist jedoch nur Schulmathematik erforderlich. Es scheint sinnvoll, einen Beweis des PTA anzugeben, da es sich um einen zentralen Algorithmus der Künstlichen Intelligenz handelt. Um den abstrakten Stoff etwas aufzulockern, kann der PTA mittels eines einfachen Excel-Programms nachvollzogen werden.

B.-J. Falkowski, *KI, Statistik und Anwendungen*,
https://doi.org/10.1007/978-3-658-49450-6_3

3.2 Computational Geometry in der Ebene

3.2.1 Grundlegende Definitionen

▶ **Vektoren** *Vektoren* sind geordnete Paare

$\mathbf{x} = (x_1, x_2)$, wobei x_1 und x_2 reelle Zahlen sind.
Sie können geometrisch als „Pfeile" interpretiert werden, die in der Ebene vom Ursprung $(0, 0)$ nach (x_1, x_2) zeigen.

▶ **Vektoraddition** *Addition* von Vektoren ist koordinatenweise definiert:

Seien $\mathbf{x} = (x_1, x_2)$ und $\mathbf{y} = (y_1, y_2)$, dann gilt $\mathbf{x} + \mathbf{y} := (x_1 + y_1, x_2 + y_2)$.
Geometrisch erhält man die Summe zweier Vektoren, indem man den zweiten Vektor an die Spitze des ersten setzt. Der resultierende Vektor zeigt dann von $(0, 0)$ nach $(x_1 + y_1, x_2 + y_2)$.

▶ **Multiplikation eines Vektors mit einem Skalar** *Skalarmultiplikation* eines Vektors $\mathbf{x}$ mit einer reellen Zahl λ wird erreicht, indem man

$\lambda\mathbf{x} := (\lambda x_1, \lambda x_2)$ setzt, wobei wieder $\mathbf{x} = (x_1, x_2)$.
Auch hier erfolgt die Multiplikation wieder komponentenweise. Geometrisch bedeutet das, dass die „Länge" von $\mathbf{x}$ mit λ multipliziert wird, wobei die Richtung unverändert bleibt.

▶ **Skalarprodukt** Das *Skalarprodukt* $<\mathbf{x}, \mathbf{y}>$ (das nicht mit der Skalarmultiplikation verwechselt werden darf) zweier Vektoren $\mathbf{x}$ und $\mathbf{y}$ ist definiert durch

$<\mathbf{x}, \mathbf{y}> := x_1 y_1 + x_2 y_2$ wobei $\mathbf{x} = (x_1, x_2)$ und $\mathbf{y} = (y_1, y_2)$.
Man notiere, dass das Skalarprodukt ein Skalar und kein Vektor ist!

Da Vektoroperationen in R analog definiert sind, s. Abschn. 11.4, lassen sich zu Übungszwecken Beispiele darstellen. Hierfür kann das entsprechende R-Programm unten direkt in R-Studio kopiert werden (ohne die letzte Ergebniszeile).

Verifikation in R mit Beispielen
Hinweis: Der folgende Programmcode ist nicht ganz korrekt bezeichnet. Jede mit einer [1] beginnende Zeile gehört nicht zum eigentlichen Programm. Vielmehr zeigt sie das Ergebnis des unmittelbar darüber befindlichen Programmteils an, wie auch bereits in Kap. 1 erwähnt. Als Konsequenz ergibt sich, dass beim Kopieren des Programmcodes die entsprechenden Zeilen *nicht* auch kopiert werden dürfen.

#Verifikation der Definitionen in 3.2.1[1]

```
x₁ <- 1; x₂ <- 2; y₁ <- 3; y₂ <- 4; x <- c(x₁,x₂); y <- c(y₁,y₂);
x+y
[1] 4 6
lambda <- 5
lambda*x
[1] 5 10
```

Hinweis: Das Skalarprodukt kann in R als Funktion wie folgt realisiert werden, s. Abschn. 11.5. Dabei stehen **w**1 und **w**2 für die Vektoren, deren Skalarprodukt gebildet werden soll.

#Verifkation Funktion Skalarprodukt in 3.2.1

```
x1 <- 1; x2 <- 2; y1 <- 3; y2 <- 4; x <- c(x1,x2); y <- c(y1,y2);
skalarprodukt <- function(w1,w2){return(sum(w1*w2))}
skalarprodukt(x,y)
[1] 11
```

Übung 3.1: R-Beispiele

Man verifiziere mit R-Beispielen, dass das Skalarprodukt in beiden Argumenten linear und symmetrisch ist, d. h..

(a) $<\lambda_1\mathbf{x} + \lambda_2\mathbf{y}, \mathbf{z}> = \lambda_1<\mathbf{x}, \mathbf{z}> + \lambda_2<\mathbf{y}, \mathbf{z}>$ und

(b) $<\mathbf{x}, \mathbf{y}> = <\mathbf{y}, \mathbf{x}>$

für beliebige Skalare λ_1, λ_2 und Vektoren **x**, **y**. Dabei gilt eine zu (a) analoge Gleichung für das zweite Argument.

3.2.2 Länge und Winkel

Das *Skalarprodukt* gestattet es, die geometrischen Begriffe Länge und Winkel rein algebraisch zu formulieren:

$$<\mathrm{x}, \mathrm{x}> = \mathrm{x}_1^2 + \mathrm{x}_2^2,$$

beschreibt die *Länge* von **x** quadriert (üblicherweise mit $|\mathbf{x}|^2$ notiert), was sich sofort aus dem Satz von Pythagoras ergibt (Hypotenusenquadrat = Summe der Kathetenquadrate), s. Abb. 3.1.

[1] Alle R-Programme sind auch in Form von digitalem Zusatzmaterial online auf SpringerLink abrufbar. Das Zusatzmaterial ist auf der Produktseite zum Buch unter der Vorschau zu Kap. 1 zu finden.

Abb. 3.1 Länge (Pythagoras)

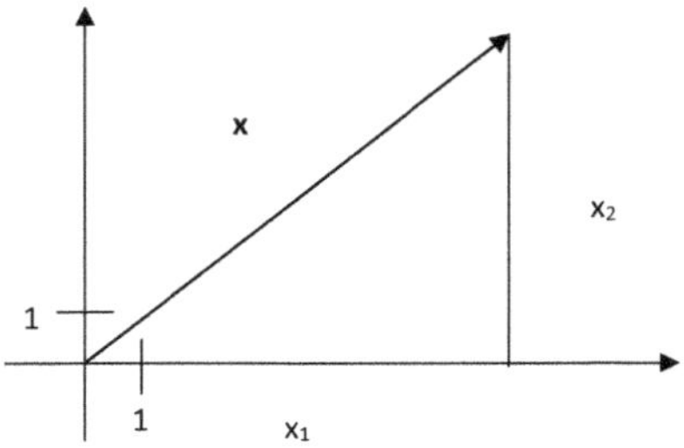

Abb. 3.2 Winkel

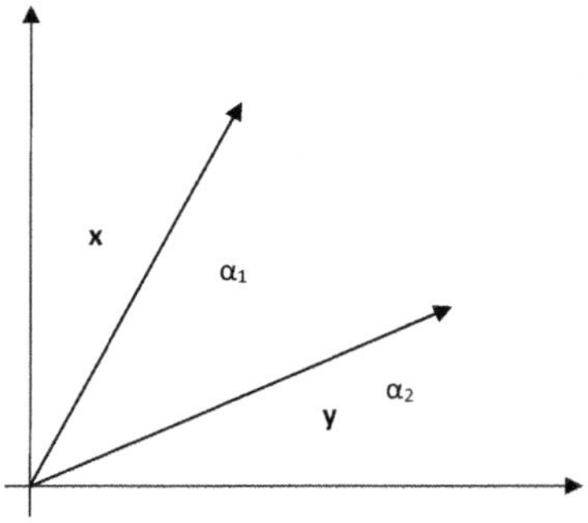

Als Nächstes seien zwei Einheitsvektoren **x** und **y** betrachtet (i.e. $x_1^2 + x_2^2 = y_1^2 + y_2^2 = 1$). Wenn dann **x** einen Winkel α_1 und **y** einen Winkel α_2 mit der x-Achse in der kartesischen Ebene bildet, gelten die folgenden Beziehungen

$$\begin{aligned} \cos\alpha_1 &= x_1 \\ \cos\alpha_2 &= y_1 \\ \sin\alpha_1 &= x_2 \\ \sin\alpha_2 &= y_2. \end{aligned}$$

In Abb. 3.2 sollen beide eingezeichneten Vektoren also die Länge 1 haben. Damit folgt aus einem elementaren Satz der Trigonometrie

$$\cos(\alpha_1 - \alpha_2) = \cos\alpha_1\ \cos\alpha_2 + \sin\alpha_1\ \sin\alpha_2 = x_1y_1 + x_2y_2$$

Folglich ergibt sich für diesen Sonderfall sofort $<\mathbf{x}, \mathbf{y}> = \cos(\alpha_1 - \alpha_2)$. Damit wird der Winkel zwischen **x** und **y** mittels des Skalarprodukts beschrieben. Für allgemeine Vektoren **x** und **y** gilt

$$<\mathbf{x}, \mathbf{y}> = |\mathbf{x}||\mathbf{y}|\cos(\alpha_1 - \alpha_2). \qquad (3.1)$$

Die Gleichung Gl. (3.1) folgt unmittelbar aus der Bilinearität des Skalarprodukts.

Übung 3.2[2]: Länge und Winkel

(a) Man berechne die Länge des Vektors (3, 4).
(b) Man berechne den Winkel zwischen den Vektoren (2, 0) und $(2, 2 * 3^{1/2})$

3.2.3 Gleichung einer Geraden

Aus den obigen Überlegungen ergibt sich sofort, dass aus $<\mathbf{x}, \mathbf{y}> = 0$ für zwei vom Nullvektor verschiedene Vektoren **x** und **y** folgt, dass beide orthogonal sein müssen. Damit definiert für einen festen Vektor **w** die Gleichung

$$<\mathbf{x}, \mathbf{w}> = 0 \tag{3.2}$$

eine Gerade durch den Ursprung (gebildet durch alle Vektoren **x**, die orthogonal zu **w** sind).

Allgemeiner gilt: Seien **x** und ein fester Vektor **w** gegeben, wie oben. Dann definiert die Gleichung

$$<\mathbf{x} - \mathbf{w}, \mathbf{w}> = 0 = <\mathbf{x}, \mathbf{w}> - <\mathbf{w}, \mathbf{w}> \tag{3.3}$$

eine Gerade durch den Endpunkt des Vektors **w**, die zu ihm orthogonal ist (s. Abb. 3.3). Diese Gleichung kann auch als

$$<\mathbf{x}, \mathbf{w}> + \mathrm{b} = 0 \tag{3.4}$$

geschrieben werden mit $\mathrm{b} = -|\mathbf{w}|^2$.

Übung 3.3: Verschiedene Formen einer Geradengleichung

(a) Man schreibe die Gleichung $ax + by = 0$ in der Form $<\mathbf{x}, \mathbf{w}> = 0$.
(b) Man schreibe die Gleichung $ax + by = c$ in der Form $<\mathbf{x}-\mathbf{w}, \mathbf{w}> = 0$.
(c) Man schreibe die Gleichung $x + y = 1$ in der Form $<\mathbf{x}-\mathbf{w}, \mathbf{w}> = 0$.
(d) Man berechne den Winkel zwischen den Geraden $x + y = 1$ und $x - y = 1$.

[2] Bei dieser Gelegenheit sei gleich eine weitere syntaktische Eigenheit von R erwähnt: Nach der Berechnung des Kosinus eines Winkels muss dieser erneut angegeben werden, da er sonst nicht angezeigt wird.

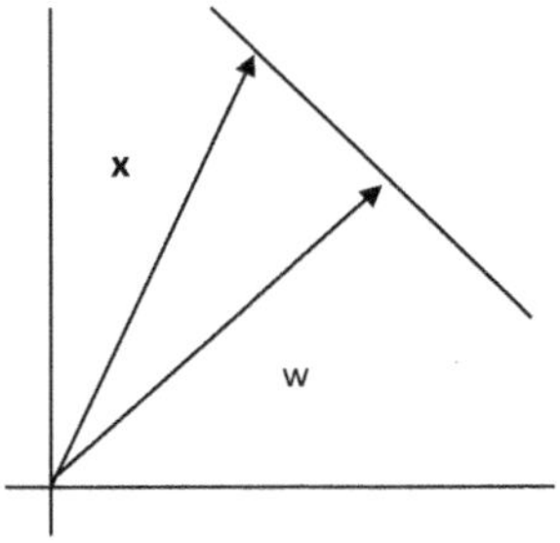

Abb. 3.3 Allgemeine Gerade

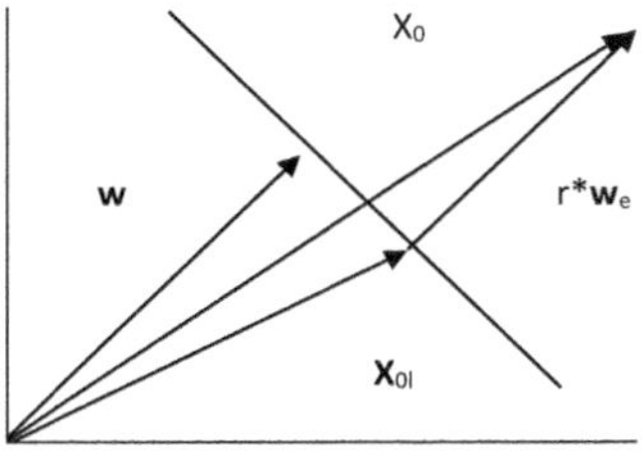

Abb. 3.4 Entfernung eines Punkts von einer Geraden

3.2.3.1 Entfernung eines Punkts von einer Geraden

Ein allgemeiner Vektor $\mathbf{x_0}$ kann als

$$\mathbf{x_0} = \mathbf{x_{0l}} + \mathrm{r} * \mathbf{w}_\mathrm{e} \tag{3.5}$$

dargestellt werden, wobei $\mathbf{x_{0l}}$ (Der zweite Index des Vektors ist als „el" für Lot zu lesen!) ein Vektor ist, dessen Endpunkt auf der Geraden $<\mathbf{x}, \mathbf{w}> + \mathrm{b} = 0$ (s. Gl. (3.3)) liegt und $\mathbf{w}_\mathrm{e}$ einen Einheitsvektor in Richtung $\mathbf{w}$ bezeichnet, s. Abb. 3.4. Damit gibt r also die Entfernung von $\mathbf{x_0}$ zur oben beschriebenen Geraden $<\mathbf{x}, \mathbf{w}> + \mathrm{b} = 0$ an. Es gilt nämlich

$$\mathrm{g}(\mathbf{x_0}) = <\mathbf{x_{0l}} + \mathrm{r} * \mathbf{w}_\mathrm{e}, \mathbf{w}> + \mathrm{b} = \mathrm{r} * <\mathbf{w}_\mathrm{e}, |\mathbf{w}| * \mathbf{w}_\mathrm{e}> = \mathrm{r} * |\mathbf{w}| * 1 = \mathrm{r} * |\mathbf{w}| \tag{3.6}$$

da $\mathbf{x_{0l}}$ die Geradengleichung erfüllt. Damit folgt, dass $\mathrm{g}(\mathbf{x_0}) := <\mathbf{x_0}, \mathbf{w}> + \mathrm{b}$ ein Maß für die Entfernung von $\mathbf{x_0}$ zur Geraden beschreibt, da $\mathrm{g}(\mathbf{x_0}) = \mathrm{r}*|\mathbf{w}|$ oder

$$\mathrm{r} = \frac{\mathrm{g}(\mathbf{x_0})}{|\mathbf{w}|}. \tag{3.7}$$

Übung 3.4: Entfernung eines Punktes von einer Geraden

(a) Man berechne die Entfernung des Punktes (2, 3) von der Geraden $x + y = 1$.
(b) Man berechne die Entfernung des Punktes (−2, 3) von der Geraden $x + y = 1$.
(c) Man berechne für beide Fälle den Vektor $\mathbf{x_{0l}}$.

Tab. 3.1 Trennende Gerade (Vereinfachte Tabelle für eine Bonitätsprüfung)

Firma	Liabilities	Sales	Bewertung
1	1	2	gb
2	2	1	gb
3	4	4	mb
4	1	4	mb
5	3	3	mb
6	5	1	mb

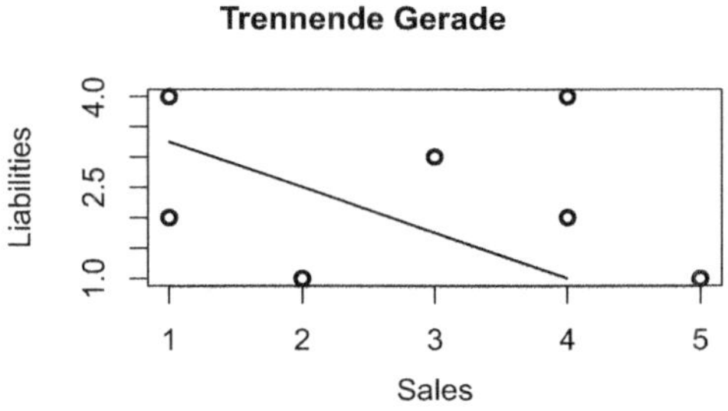

Abb. 3.5 Trennende Gerade in der Ebene

Beispiel 3.1: Trennende Gerade

Dieses Beispiel soll die nachfolgenden Verallgemeinerungen vorbereiten.

Es wird von folgender, stark vereinfachter Situation ausgegangen:

In einer Bank, in der die Bonität von Kunden überprüft werden soll, sind bereits Unterlagen über abgewickelte Kredite vorhanden, in denen die Bonität der entsprechenden Kunden vermerkt ist (Trainingsdaten). In Tab. 3.1 sind dies die Firmen 1–6. Daraus resultiert ein einfacher Klassifizierer, der in der Abb. 3.5 durch die schwarze Linie gekennzeichnet ist. Erhält die Bank nun einen Kreditantrag einer neuen Firma 7 mit den Koordinaten (4, 2), so soll mittels des Klassifizierers deren Kreditwürdigkeit festgestellt werden.

Gegeben sei als Klassifizierer also eine Gerade, die durch die Gleichung $(4/3)x + y - 4 = 0$ beschrieben wird. Es soll gezeigt werden, dass diese Gerade Firmen guter Bonität (gb) von solchen mit mittelmäßiger Bonität (mb) trennt. Hierbei seien Firmen charakterisiert durch Noten (1–5) für *Liabilities* (x) bzw. *Sales* (y) wie in Tab. 3.1.

$$<(4/3, 1), (1, 2)> - 4 = 4/3 + 2 - 4 < 0 \text{ (links von der Geraden)}$$
$$<(4/3, 1), (2, 1)> - 4 = 8/3 + 1 - 4 < 0 \text{ (links von der Geraden)}$$
$$<(4/3, 1), (4, 4)> - 4 = 16/3 + 4 - 4 > 0 \text{ (rechts von der Geraden)}$$
$$<(4/3, 1), (1, 4)> - 4 = 4/3 + 4 - 4 > 0 \text{ (rechts von der Geraden)}$$
$$<(4/3, 1), (3, 3)> - 4 = 4 + 3 - 4 > 0 \text{ (rechts von der Geraden)}$$
$$<(4/3, 1), (5, 1)> - 4 = 20/3 + 1 - 4 > 0 \text{ (rechts von der Geraden)}$$

Die Firmen guter Bonität $(1, 2)$ liegen also links von der trennenden Geraden, wie auch aus Abb. 3.5 ersichtlich.

Wie wird mittels dieser Geraden Firma 7 mit Koordinaten (4, 2) klassifiziert?

$$<(4/3, 1), (4, 2)> - 4 = 16/3 + 2 - 4 > 0 \rightarrow \text{ klassifiziere } (4, 2) \text{ als mb.}$$

Hier wird die nicht zu den Trainingsdaten gehörende Firma 7 als mb klassifiziert, was wieder durch eine Lage rechts von der trennenden Geraden dokumentiert wird.

Hinweis: Der Code zur Konstruktion der Abb. 3.5 wird nach dem Beispiel angegeben.

Bemerkenswert ist, dass dieser Klassifizierer auf den wenigen gegebenen Daten perfekt arbeitet, falls die Daten in Tab. 3.1 als Trainingsdaten interpretiert werden. Darüber hinaus kann man einerseits die Gerade als trennende Gerade mittels des Skalarprodukts rein algebraisch verifizieren. Andererseits ist eine geometrische Verifikation mittels Abb. 3.5 möglich. Allerdings bleiben doch einige Fragen offen:

1. Offenbar werden mehr Kriterien für eine sinnvolle Bewertung von Firmen benötigt. Kann man auch in höheren Dimensionen arbeiten? (siehe Abschn. 3.3)
2. Wie kann eine solche trennende Gerade (Hyper-)Ebene systematisch konstruiert werden, falls sie existiert? (siehe Abschn. 3.3.4.2)
3. Wann existiert eine trennende Gerade (Hyper-)Ebene? Siehe [1], S. 88–89, [2, S. 326].
4. Existiert eine fehlertolerante Modifikation des PTA? [3], S. 324, [4, S. 181].
5. Ist die gegebene Gerade in einem gewissen Sinn optimal (Es gibt offenbar viele!)? (siehe Abschn. 3.3.4.3)
6. Wird eine Firma (wie 7 im Beispiel) nicht zu den Trainingsdaten gezählt, kann man sich auf deren Beurteilung verlassen? Allgemeiner: Ist der durch die Gerade gegebene Klassifizierer verallgemeinerungsfähig? Siehe [1, S. 11–14]. ◄

Der Vollständigkeit halber soll hier schon der R-Code zur Erzeugung der Abb. 3.5 angegeben werden (als Vorgriff auf die Behandlung der I/O-Problematik in R).

#R-Programm für Beispiel 3.1 (Vorgriff)

```
setwd("C:/Users/Falkowski/R für Einsteiger") # Ins Arbeitsverzeichnis
    wechseln
test.tab = read.csv2("Trennende_Gerade.csv") # Tabelle als Data Frame
    einlesen
attach(test.tab) # Datei aktivieren
library(mosaic) # mosaic laden
plot(test.tab$Liabilities,test.tab$Sales,type="p", main="Trennende
    Gerade", ylab="Liabilities", xlab="Sales", col="black", lwd=2) #
    graphische Darstellung
x <- c(4.0,1.0)
```

```
y <- c(1.0,3.25)
lines(x,y)
```

Die Syntax der R-Funktionen plot bzw. lines kann in R-Studio ermittelt werden durch Eingabe von *?plot* bzw. *?lines*, falls sie nicht selbsterklärend sein sollte.

Frage 1. oben motiviert zunächst eine Verallgemeinerung der bisher erzielten Resultate auf höhere Dimensionen. Das bietet sich an, da sich die analogen Überlegungen sehr leicht unter Nutzung des Skalarprodukts durchführen lassen. Allerdings geht ab Dimension 4 leider die geometrische Anschaulichkeit verloren.

Zur Vorbereitung seien noch zwei wichtige Ungleichungen erwähnt, die auch in höheren Dimensionen gelten.

3.2.3.2 Zwei wichtige Ungleichungen

Bei Berücksichtigung der geometrischen Interpretation erhält man sofort die

- **Die Dreiecksungleichung**

  $$|\mathbf{x} + \mathbf{y}| \leq |\mathbf{x}| + |\mathbf{y}|,$$

  die für beliebige Vektoren **x** und **y** gilt. Sie besagt, dass in einem Dreieck die Summe zweier Seiten nie streng kleiner als die dritte ist.

- **Die Cauchy-Schwarz(C.-S.)-Ungleichung** Die Cauchy-Schwarz-Ungleichung ist jedoch nicht so offensichtlich. Sie lautet

  $$|<\mathbf{x}, \mathbf{y}>| \leq |\mathbf{x}||\mathbf{y}|.$$

Einen Beweis liefert die folgende Ungleichung, die sich aus der Bilinearität des Skalarprodukts ergibt:

$$0 \leq |\mathbf{x} - \lambda\mathbf{y}|^2 = <\mathrm{x} - \lambda\mathrm{y}, \mathrm{x} - \lambda\mathrm{y}> = \lambda^2<\mathrm{y}, \mathrm{y}> - 2\lambda<\mathrm{x}, \mathrm{y}> + |\mathbf{x}|^2.$$

Damit ist entweder **x** ein Skalar Vielfaches von **y** (womit die Ungleichung trivialerweise als Gleichung gilt) oder die quadratische Gleichung $\lambda^2<\mathbf{y}, \mathbf{y}> - 2\lambda<\mathbf{x}, \mathbf{y}> + |\mathbf{x}|^2 = 0$ hat keine reelle Lösung. Im letzteren Fall muss die Diskriminante $4<\mathbf{x}, \mathbf{y}>^2 - 4|\mathbf{x}|^2\ |\mathbf{y}|^2$ negativ sein. Damit ist der Beweis vollständig.

Übung 3.5: Verifikation zweier Ungleichungen
Man verifiziere in R die Dreiecks- und die C.-S.-Ungleichung für $\mathbf{x} = (1, 2)$ und $\mathbf{y} = (2, 3)$.

3.3 Computational Geometry in n > 2 Dimensionen

Die obigen Definitionen und Sätze lassen sich leicht auf höhere Dimensionen übertragen (obgleich sie, außer für $n = 3$, nicht länger geometrisch interpretiert werden können). Dabei wird die entscheidende Rolle des Skalarprodukts deutlich.

3.3.1 Grundlegende Definitionen

► **Vektoren** *Vektoren* sind geordnete n-Tupel
$\mathbf{x} = (x_1, x_2, \ldots, x_n)$, wobei $x_1, x_2 \ldots, x_n$ reelle Zahlen sind.

► **Vektoraddition** *Addition* von Vektoren ist wie folgt definiert:
Wenn $\mathbf{x} = (x_1, x_2, \ldots, x_n)$ und $\mathbf{y} = (y_1, y_2, \ldots, y_n)$,
dann gilt $\mathbf{x} + \mathbf{y} := (x_1 + y_1, x_2 + y_2, \ldots, x_n + y_n)$.

► **Multiplikation eines Vektors mit einem Skalar** *Skalarmultiplikation* eines Vektors mit einer reellen Zahl λ ist definiert als
$\lambda\mathbf{x} := (\lambda x_1, \lambda x_2, \ldots, \lambda x_n)$, wobei wiederum

$$\mathbf{x} = (x_1, x_2, \ldots, x_n).$$

$\lambda\mathbf{x}$?

#R-Programm zur Verifikation der Definitionen in 3.3.1

```
x <- c(1,2,3); y{<}- c(3,4,5);
x+y
[1] 4 6 8
lambda <- 6; x <- c(1,2,3);
lambda*x
[1] 6 12 18
```

► **Skalarprodukt** Das *Skalarprodukt* $<\mathbf{x}, \mathbf{y}>$ (das nicht mit der obigen Skalarmultiplikation verwechselt werden darf) von zwei Vektoren **x** und **y** ist definiert durch

$$\begin{aligned} <\mathbf{x}, \mathbf{y}> &:= x_1y_1 + x_2y_2 + \ldots + x_ny_n, \text{ wobei} \\ \mathbf{x} &= (x_1, x_2, \ldots, x_n) \text{ und} \\ \mathbf{y} &= (y_1, y_2, \ldots, y_n). \end{aligned}$$

Wieder ist der Wert des Skalarprodukts ein Skalar und kein Vektor!

#R-Programm für die Verifikation der Funktion Skalarprodukt in 3.3.1

```
x1 <- 1; x2 <- 2; x3 <- 3; y1 <- 3; y2 <- 4; y3 <- 5; x <- c(x1,x2,x3)
    ; y <- c(y1,y2,y3);
skalarprodukt <- function(w1, w2 ){return(sum(w1*w2))}
skalarprodukt(x, y)
[1] 26
```

Man sieht also sofort, dass die Definition des Skalarprodukts unverändert aus dem vorigen Abschnitt übernommen werden kann. Darüber hinaus werden die oben gegebenen Definitionen wieder erhalten, wenn man $n = 2$ setzt. Es handelt sich also um echte Erweiterungen des vorigen Abschnitts.

Übung 3.6: Verifikation der Eigenschaften des Skalarprodukts
Man verifiziere an R-Beispielen, dass das Skalarprodukt in beiden Argumenten linear und symmetrisch ist, d. h.

(a) $<\lambda_1\mathbf{x} + \lambda_2\,\mathbf{y}, \mathbf{z}> = \lambda_1<\mathbf{x}, \mathbf{z}> + \lambda_2<\mathbf{y}, \mathbf{z}>$ und
(b) $<\mathbf{x}, \mathbf{y}> = <\mathbf{y}, \mathbf{x}>$

für beliebige Skalare λ_1, λ_2 und Vektoren **x, y, z**. Dabei gilt eine zu (a) analoge Gleichung für das zweite Argument. Die Verifikation erfolgt wie oben. Es sind nur spezielle Beispiele zu wählen.

Übung 3.7: Verifikation von R-Beispielen
Man verifiziere durch R-Beispiele:

(a) $\lambda_1\mathbf{x} + \lambda_2\mathbf{x} = (\lambda_1 + \lambda_2)\mathbf{x}$
(b) $\lambda\mathbf{x} + \lambda\mathbf{y} = \lambda(\mathbf{x} + \mathbf{y})$

3.3.2 Länge und Winkel

Das Skalarprodukt erlaubt es, Länge und Winkel rein algebraisch zu beschreiben, was für $n > 3$ erforderlich ist: $<x, x> = x_1^2 + x_2^2 + \ldots + x_n^2$, definiert die verallgemeinerte Länge (genauer: deren Quadrat, üblicherweise ebenfalls mit $|\mathbf{x}|^2$ notiert), während die Verallgemeinerung des Winkels α zwischen zwei vom Nullvektor verschiedenen Vektoren **x** und **y** durch $\cos\alpha := <\mathbf{x}, \mathbf{y}>/|\mathbf{x}||\mathbf{y}|$ gegeben ist.

Man notiere, dass diese Definition mit der in 2 und 3 Dimensionen kompatibel ist. Dabei kann allerdings erst in Übung 3.11 gezeigt werden, dass auch in der allgemeinen Definition der Betrag des Kosinus nicht größer als 1 sein kann.

Übung 3.8: Länge und Winkel

(a) Man berechne die Länge des Vektors $(3, 4, 11^{1/2})$.
(b) Man berechne den Winkel zwischen $(2, 0, 0)$ und $(2, 2 * 3^{1/2}, 0)$

3.3.3 Gleichung einer (Hyper-)Ebene

Aus den obigen Überlegungen ergibt sich sofort, dass aus $<\mathbf{x}, \mathbf{y}> = 0$ für zwei vom Nullvektor verschiedene Vektoren $\mathbf{x}$ und $\mathbf{y}$ folgt, dass beide orthogonal sein müssen. Damit definiert für einen festen Vektor $\mathbf{w}$ die Gleichung

$$<\mathbf{x}, \mathbf{w}> = 0 \tag{3.8}$$

eine (Hyper-)Ebene durch den Ursprung (gebildet durch alle Vektoren $\mathbf{x}$, die orthogonal zu $\mathbf{w}$ sind.).

Allgemein: Seien $\mathbf{x}$ und ein fester Vektor $\mathbf{w}$ gegeben, wie oben. Dann definiert die Gleichung

$$<\mathbf{x} - \mathbf{w}, \mathbf{w}> = 0 \tag{3.9}$$

eine (Hyper-)Ebene durch den Endpunkt des Vektors $\mathbf{w}$, die zu ihm orthogonal ist. Diese Gleichung kann auch als

$$<\mathbf{x}, \mathbf{w}> + \mathrm{b} = 0 \tag{3.10}$$

geschrieben werden mit $\mathrm{b} = -|\mathbf{w}|^2$.

Übung 3.9: Verschiedene Formen einer Ebenengleichung

(a) Man schreibe die Gleichung der Ebene $ax + by + cz = 0$ als $<\mathbf{x}, \mathbf{w}> = 0$.
(b) Man schreibe die Gleichung der Ebene $ax + by + cz = d$ als $<\mathbf{x}-\mathbf{w}, \mathbf{w}> = 0$.
(c) Man berechne den Winkel zwischen den Ebenen $x + y + z = 1$ and $x - y + z = 1$.

3.3.3.1 Entfernung eines Punktes von einer (Hyper-)Ebene

Ein allgemeiner Vektor $\mathbf{x_0}$ kann als

$$\mathbf{x_0} = \mathbf{x_{0l}} + r * \mathbf{w_e} \tag{3.11}$$

dargestellt werden, wobei $\mathbf{x_{0l}}$ ein Vektor ist, dessen Endpunkt auf der (Hyper-)Ebene liegt und $\mathbf{w_e}$ einen Einheitsvektor in Richtung $\mathbf{w}$ bezeichnet. Damit gibt r also die Entfernung von $\mathbf{x_0}$ zur oben beschriebenen (Hyper-)Ebene an. Somit gilt, dass $g(\mathbf{x_0}) := <\mathbf{x_0}, \mathbf{w}> + b$ ein Maß für die Entfernung von $\mathbf{x_0}$ zur (Hyper-)Ebene beschreibt, da

$$g(\mathbf{x_0}) = r * |\mathbf{w}| \tag{3.12}$$

oder

$$r = \frac{g(\mathbf{x_0})}{|\mathbf{w}|} \tag{3.13}$$

Die Argumentation verläuft also völlig analog zu der in Abschn. 3.2.3.1.

Während die geometrische Interpretation in Dimensionen größer als 3 natürlich nicht mehr möglich ist, ist es doch häufig hilfreich, bei der Lösung von Problemen diese nicht ganz korrekte Darstellung zu verwenden.

Übung 3.10: Entfernung eines Punktes von einer Ebene

(a) Man berechne die Entfernung des Punktes (2, 3, 0) von der Ebene $x + y + z = 1$.
(b) Man berechne die Entfernung des Punktes $(-2, 3, 0)$ von der Ebene $x + y + z = 1$.
(c) In beiden Fällen ermittle man $\mathbf{x_{0l}}$.

3.3.3.2 Zwei wichtige Ungleichungen

► **Die Dreiecksungleichung**

$$|\mathbf{x} + \mathbf{y}| \le |\mathbf{x}| + |\mathbf{y}|.$$

gilt weiterhin. Sie kann mittels der C.-S.-Ungleichung, siehe Abschn. 3.2.3.1, bewiesen werden.

Beweis:

$$\begin{aligned}|\mathbf{x} + \mathbf{y}|^2 &= <\mathbf{x} + \mathbf{y}, \mathbf{x} + \mathbf{y}> = |\mathbf{x}|^2 + |\mathbf{y}|^2 + 2<\mathbf{x}, \mathbf{y}> \\ &\le |\mathbf{x}|^2 + |\mathbf{y}|^2 + 2|<\mathbf{x}, \mathbf{y}>| \le |\mathbf{x}|^2 + |\mathbf{y}|^2 + 2|\mathbf{x}||\mathbf{y}| = (|\mathbf{x}| + |\mathbf{y}|)^2\end{aligned}$$

▶ **Die Cauchy-Schwarz-Ungleichung** Die C.-S.-Ungleichung gilt weiterhin:

$$|<\mathbf{x}, \mathbf{y}>| \leq |\mathbf{x}||\mathbf{y}|.$$

Beweis wie in Abschn. 3.2.3.1 oben.

Übung 3.11
Man zeige mittels der C.-S.-Ungleichung, dass auch im allgemeinen Fall der Kosinus des Winkels zwischen 2 Vektoren einen Betrag nicht größer als 1 hat.

Übung 3.12: Verifikation der Dreiecks- und C.-S.-Ungleichung
Man verifiziere die Dreiecks- und C.-S.-Ungleichung für $\mathbf{x} = (1,2,3)$ and $\mathbf{y} = (2,3,4)$.

3.3.4 Das Perceptron-Problem

Beispiel 3.2: Perceptron

Problembeschreibung:

Studierende wie auch Schüler werden häufig für ihre Leistungen in bestimmten Fächern benotet (in Deutschland würden die Noten meistens von 1 bis 6 reichen, wobei 1 die beste Note darstellt. Der Kürze halber sollen nur Noten von 1 bis 5 berücksichtigt werden.). Aufgrund der Noten $g_1, g_2, \ldots, g_n$ in n Fächern werden sie dann als gute oder durchschnittliche Studierende klassifiziert (der Einfachheit halber seien nur diese beiden Attribute gestattet). Allgemeiner kann die Frage 3. des Beispiels 3.1 dann wie folgt gestellt werden: Ist es möglich, eine Menge (positiver) Gewichte $w_1, w_2, \ldots, w_n$ (mit Summe 1) und einen *Cut-off* c zu finden, sodass der gewichtete Durchschnitt die Eigenschaft gut/durchschnittlich korrekt abbildet? Genauer: Können die Gewichte und der *Cut-off* c so gewählt werden, dass für eine(n) Studierende(n) mit Notenvektor **g**, der als guter bzw. durchschnittliche(r) Studierende(r) beurteilt wurde $<\mathbf{g}, \mathbf{w}> < c$ bzw. $<\mathbf{g}, \mathbf{w}> > c$, wobei **w** der Vektor der Gewichte ist, gilt? Oder anders ausgedrückt: Ist es möglich, eine gute von durchschnittlichen Studierenden trennende Hyperebene zu konstruieren? ◀

Man sieht leicht ein, dass das im Allgemeinen nicht möglich sein wird (Gegenbeispiel: Ein Studierender habe durchgehend schlechtere Noten als ein anderer, werde aber trotzdem als gut beurteilt, während der andere als durchschnittlich gilt.).

In vielen praktischen Fällen wird man aber wohl erfolgreich sein (wobei eventuell einige wenige Ausreißer auftreten, die aber dann toleriert werden könnten).

3.3.4.1 Problembeschreibung (abstrakte Version)

Gegeben seien als Trainingsdaten n-dimensionale Vektoren (mit ganzzahligen Einträgen zwischen 1 und m), die als *Patterns* (Muster) bezeichnet werden, und eine Präferenzrelation (Halbordnung) „$\supset$" auf ihnen. Ist es dann möglich, einen (positiven) n-dimensionalen Gewichtsvektor **w** (der manchmal aus technischen Gründen nur ganzzahlige Einträge enthalten darf) zu finden, sodass gilt

$$\mathbf{g}_1 \supset \mathbf{g}_2 \Rightarrow <\mathbf{g}_2 - \mathbf{g}_1, \mathbf{w}> \; > 0?$$

Falls die Antwort ja lautet, wird der resultierende Klassifizierer als *Perceptron* bezeichnet.

Tatsächlich muss der Klassifizierer bei praktischen Anwendungen nicht in allen Fällen fehlerlos arbeiten. Falls allerdings zu viele Fehlentscheidungen vorkommen, würde man das Perceptron kaum als nützlich erachten.

In Beantwortung der Frage 4. in Beispiel 3.1 hat Gallant in [4] eine fehlertolerante Modifikation des Perceptrons (bzw. des entsprechenden Trainingsalgorithmus) beschrieben, die eine näherungsweise Minimierung der Fehler gestattet, der als *Pocket-Algorithmus* bezeichnet wird. Es wird später noch darauf zurückgekommen werden.

Man notiere auch, dass Statistiker dieses Artefakt als *lineare Diskriminante* bezeichnen.

Die folgende Übung dient dazu, den zu erstellenden Perceptron-Trainingsalgorithmus weiter zu vereinfachen.

Übung 3.13: Ein Hilfsresultat für den PTA

Gegeben seien zwei Präferenzklassen „P_1" und „P_2". Weiterhin sei jeder Vektor in P_1 jedem Vektor in P_2 vorzuziehen (präferiert). Dann sollen zu jedem Vektor $\mathbf{g}_1$ in Klasse P_1 und jedem Vektor $\mathbf{g}_2$ in Klasse P_2 neue erweiterte Vektoren $\mathbf{g}_1' = (-\mathbf{g}_1, 1)$ bzw. $\mathbf{g}_2' = (\mathbf{g}_2, -1)$ zugeordnet werden. Außerdem soll auch dem Gewichtsvektor **w** ein erweiterter Vektor $\mathbf{w}' := (\mathbf{w}, c)$ zugeordnet werden.

Man zeige, dass das Ungleichungssystem $<\mathbf{g}', \mathbf{w}'> \; > 0$ eine trennende Hyperebene definiert (falls eine solche überhaupt existiert).

Da Studierende/Schüler ja nicht nur als gut bzw. durchschnittlich klassifiziert werden, erwartet man an dieser Stelle eigentlich, dass auch mehr als zwei Präferenzklassen behandelt werden können. Dies ist tatsächlich der Fall: Es wird in Kap. 4 darauf zurückgekommen.

3.3.4.2 Der Perceptron-Trainingsalgorithmus

Falls eine Lösung für das obige Problem existiert (Das ist eine wesentliche Einschränkung, da man dies a priori nicht leicht feststellen kann, s. [5]), kann ein erstaunlich einfacher Trainingsalgorithmus (PTA) beschrieben werden, der auch für eine große Anzahl von Variablen und große Datensätze geeignet ist. Es sei noch erwähnt, dass es sich um eine Methode des überwachten Lernens handelt. Diese Bezeichnung ist weitgehend selbsterklärend, da ständig überwacht wird, ob bei der Ausführung des Algorithmus Fehler vorkommen. Die Korrektur erfolgt unmittelbar durch Addition des entsprechenden Vektors zum aktuellen Gewichtsvektor, s. Schritt **II**. im Programmcode für den PTA.

Perceptron-Trainingsalgorithmus (PTA)
Beginne (der Einfachheit halber; dies ist nicht obligatorisch) mit

$$\mathbf{I}.\mathbf{w}_1 := \mathbf{0}.$$

Durchlaufe die Trainingsvektoren **y**, die „gelernt" werden müssen und setze

$$\mathbf{II}.\ \mathbf{w}_{j+1} := \mathbf{w}_j + \mathbf{y}_j \text{ falls } <\mathbf{w}_j, \mathbf{y}_j> \leq 0.$$

Korrektheitsbeweis
Wegen Übung 3.13 ist es ausreichend, zu zeigen, dass der Algorithmus Schritt **II**. nur endlich oft erreicht.

Sei $\mathbf{w} > \mathbf{0}$ ein Lösungsvektor, i.e. $<\mathbf{y}, \mathbf{w}> > 0$ für alle Trainingsvektoren **y**, wobei gilt $\mathbf{y} = (y_1, y_2, \ldots, y_n)$.

Um zu zeigen, dass der Algorithmus **II**. nur endlich oft erreicht, wird eine untere Schranke für $<\mathbf{w}_{+1}, \mathbf{w}>$ konstruiert. Dafür seien ohne Beschränkung der Allgemeinheit nur die Trainingsvektoren durchnummeriert, bei denen $\mathbf{w}_j$ tatsächlich verändert wird:

$$|<\mathbf{w}_{j+1}, \mathbf{w}>| = |<\mathbf{y}_1, \mathbf{w}>| + |<\mathbf{y}_2, \mathbf{w}>| + \ldots + |<\mathbf{y}_j, \mathbf{w}>| \geq j * m_1 \tag{3.14}$$

Hier ist

$$m_1 := \text{min über alle Trainingsvektoren } \{|<\mathbf{y}, \mathbf{w}>|: \mathbf{y} \text{ Trainingsvektor}\}$$

gesetzt worden.

Die Ungleichung in Gl. (3.13) oben ergibt sich dann sofort, da ja wegen **II**. alle Skalarprodukte negatives Vorzeichen haben.

Setzt man ferner $M :=$ max über alle Trainingsvektoren $\{|\mathbf{y}|^2$: mit **y** Trainingsvektor$\}$, dann erhält man die Ungleichung Gl. (3.14).

Es gilt nämlich Gl. (3.15)

$$(j * m_1)^2 \leq |<\mathbf{w}_{j+1}, \mathbf{w}>|^2 \leq j * M * |\mathbf{w}|^2 \tag{3.15}$$

und

$$|\mathbf{w}_{j+1}|^2 = |\mathbf{w}_j + \mathbf{y}_j|^2 = |\mathbf{w}_j|^2 + 2 * <\mathbf{w}_j, \mathbf{y}_j> + |\mathbf{y}_j|^2 \leq |\mathbf{w}_j|^2 + |\mathbf{y}_j|^2 \tag{3.16}$$

Tab. 3.2 Übungstabelle

Stud.	F1	F2	F3	F4	F5	F6	F7	F8	Bew.
1	5	3	3	4	4	5	4	4	2
2	2	3	3	4	2	4	3	2	1
3	1	1	1	4	4	5	2	1	1
4	2	3	3	4	2	5	3	5	2
5	2	3	3	4	4	4	3	4	1
6	5	3	3	5	4	3	5	5	2

da das Skalarprodukt wegen **II.** kein positives Vorzeichen besitzt. Wiederholte Anwendung dieser Ungleichung liefert

$$|\mathbf{w}_{j+1}|^2 \leq |\mathbf{y_1}|^2 + |\mathbf{y_2}|^2 + \ldots + |\mathbf{y_j}|^2 \leq j * M. \tag{3.17}$$

Folglich erhält man eine obere Grenze für j, da es auf der linken Seite von Gl. (3.14) quadratisch und auf der rechten Seite von Gl. (3.17) nur linear wächst. Damit ist der Beweis vollständig.

Unglücklicherweise hängt die Grenze von der Norm von **w** ab, die a priori nicht bekannt ist. Somit lässt sich leider nur wenig über die Komplexität des PTA aussagen, obwohl bei praktischen Anwendungen oft erstaunlich kurze CPU-Zeiten (**C**entral-**P**rocessing-**U**nit) beobachtet werden.

Diese Aussage wird im folgenden Beispiel bestätigt.

Beispiel 3.3: Excel-Durchführung des PTA

Gegeben sei eine Notentabelle für Studierende zusammen mit einer Gesamtbewertung (gut = 1 oder durchschnittlich = 2; s. Tab. 3.2). Der PTA und Übung 3.13 sollen genutzt werden, um einen Gewichtsvektor (mit nicht notwendigerweise positiven Gewichten) und einen *Cut-off* für eine trennende Hyperebene in Excel zu ermitteln. Weiterhin soll danach der Abstand der Studierenden 3 und 4 von der trennenden Hyperebene berechnet werden. Erstaunlicherweise lässt sich diese Berechnung unter Nutzung der Referenzierung sehr einfach „von Hand" durchführen.

Zur Vorbereitung wird unter Nutzung von Übung 3.13 die Excel Tabelle in Abb. 3.6 erstellt, wobei in Zeile 12 der mit dem Nullvektor initialisierte Vektor der Gewichte erscheint und in Spalte N die *Summenproduktfunktion* eingesetzt wurde, s. Abb. 3.6. Äußerst hilfreich ist hierbei, dass in Excel das Skalarprodukt durch die Summenproduktfunktion implementiert ist. Die im Vektor N4–N9 erscheinenden Formeln werden durch Summenprodukt(C4:K4;$C$12:$K$12) bzw. Summenprodukt(C9:K9;$C$12:$K$12) beschrieben.

Dabei ist unbedingt auf die korrekte Referenzierung zu achten.

Um den PTA ausführen zu können wird die Matrix in Abb. 3.6 wiederholt zyklisch durchlaufen. Wann immer in Spalte N eine Zahl ≤ 0 auftaucht, muss der betreffende

Abb. 3.6 PTA in Excel (Ausgangssituation)

Stud	F1	F2	F3	F4	F5	F6	F7	F8	Bew.			
1	5	3	3	4	4	5	4	4	-1	2		0
2	-2	-3	-3	-4	-2	-4	-3	-2	1	1		0
3	-1	-1	-1	-4	-4	-5	-2	-1	1	1		0
4	2	3	3	4	2	5	3	5	-1	2		0
5	-2	-3	-3	-4	-4	-4	-3	-4	1	1		0
6	5	3	3	5	4	3	5	5	-1	2		0
Gew.	0	0	0	0	0	0	0	0	0			
									cut-off			

Abb. 3.7 Zustand nach dem 1. Schritt des PTA

Stud	F1	F2	F3	F4	F5	F6	F7	F8	Bew.			
1	5	3	3	4	4	5	4	4	-1	2		133
2	-2	-3	-3	-4	-2	-4	-3	-2	1	1		-93
3	-1	-1	-1	-4	-4	-5	-2	-1	1	1		-81
4	2	3	3	4	2	5	3	5	-1	2		110
5	-2	-3	-3	-4	-4	-4	-3	-4	1	1		-109
6	5	3	3	5	4	3	5	5	-1	2		135
Gew.	5	3	3	4	4	5	4	4	-1	2		
									cut-off			

Abb. 3.8 PTA nach dem 2. Schritt

Stud	F1	F2	F3	F4	F5	F6	F7	F8	Bew.			
1	5	3	3	4	4	5	4	4	-1	2		40
2	-2	-3	-3	-4	-2	-4	-3	-2	1	1		-21
3	-1	-1	-1	-4	-4	-5	-2	-1	1	1		-20
4	2	3	3	4	2	5	3	5	-1	2		28
5	-2	-3	-3	-4	-4	-4	-3	-4	1	1		-29
6	5	3	3	5	4	3	5	5	-1	2		41
Gew.	3	0	0	0	2	1	1	2	0			
									cut-off			

Notenvektor zum Gewichtsvektor in Zeile 12 addiert werden. Da in N4 oben eine Null auftaucht, kann dies erreicht werden, indem man in C12 setzt = C4 (relative Referenzierung!), dann mit dem gedrückten Cursor auf das Fadenkreuz rechts unten in C12 geht und mit gedrücktem Cursor bis K12 nach rechts zieht. Damit ergibt sich das Bild in Abb. 3.7.

Im nächsten Schritt muss −93 in N5 berücksichtigt werden. Folglich ist in C12 = C4 + C5 zu setzen und nach rechts zu kopieren. Das entsprechende Bild ist in Abb. 3.8 dargestellt.

Indem man so weiter verfährt, kommt man schließlich zum Bild in Abb. 3.9.

Hier ist in C12 die Formel = C4 + 2 * C5 + C6 + 2 * C7 + 2 * C8 + C9 vorhanden. Daher wurde der Kopiervorgang nur 9-mal durchgeführt. Alle Skalarprodukte sind jetzt positiv (N4–N9).

Abb. 3.9 PTA nach dem 9. Schritt

Stud	F1	F2	F3	F4	F5	F6	F7	F8	Bew.			
1	5	3	3	4	4	5	4	4	-1	2		3
2	-2	-3	-3	-4	-2	-4	-3	-2	1	1		14
3	-1	-1	-1	-4	-4	-5	-2	-1	1	1		33
4	2	3	3	4	2	5	3	5	-1	2		1
5	-2	-3	-3	-4	-4	-4	-3	-4	1	1		10
6	5	3	3	5	4	3	5	5	-1	2		13
Gew.	5	-1	-1	-3	-4	-3	1	6	1			
									cut-off			

Gew.	5	-1	-1	-3	-4	-3	1	6	1					|w|=	9,9
									cut-off						
														g(pattern3)=	-33
														g(patter4)=	1
	5	3	3	4	4	5	4	4				4		g(pattern3)/|w	-3,33
	2	3	3	4	2	4	3	2				-13		g(pattern4)/|w	0,1
	1	1	1	4	4	5	2	1				-32			
	2	3	3	4	2	5	3	5				2			
	2	3	3	4	4	4	3	4				-9			
	5	3	3	5	4	3	5	5				14			
	4	3	4	5	3	2	4	4				8			

Abb. 3.10 Abstände der Studierenden 3/4 von der trennenden Hyperebene

Der Abstand der Studierenden 3 und 4 zur trennenden Hyperebene ergibt sich nun leicht aus Abb. 3.10.

Dabei enthält:

- R12 die Formel = (SUMMENPRODUKT(C12:J12;C12:J12))^(1/2)
- R14 die Formel = SUMMENPRODUKT(C15:J15;$C$12:$J$12)−1
- R15 die Formel = SUMMENPRODUKT(C16:J16;$C$12:$J$12)−1
- R18 die Formel = R14/$R$12
- R19 die Formel = R15/$R$12

Die ursprünglichen (nicht erweiterten) Vektoren der Studierenden sind in den Zellen C15:J16 enthalten.

Offenbar liegen also beide Studierenden auf verschiedenen Seiten der trennenden Hyperebene, was natürlich zu erwarten war. ◀

Da nichts über eine Optimalität der oben konstruierten trennenden Hyperebene ausgesagt werden konnte, soll noch kurz auf Frage (5) in Beispiel 3.1 (Abschn. 3.2.3.1) eingegangen werden. Eine entsprechende Modifikation des PTA soll später noch mittels Pseudocode angegeben werden.

In der Tat ist im Allgemeinen die trennende Hyperebene nicht optimal, da der Abstand zwischen beiden Klassen nicht möglichst groß ist. Hinsichtlich der Beantwortung von Frage 5. in Beispiel 3.1 sei angemerkt, dass man eine optimale trennende Hyperebene unter Verwendung quadratischer Programmierung konstruieren kann. Leider ist die Berechnung wesentlich aufwendiger. Da der Algorithmus jedoch die Basis für sog. *Support Vector Machines* (eine besondere Klasse künstlicher neuronaler Netze, die in letzter Zeit sehr beliebt geworden ist) bildet, soll hier bereits kurz darauf eingegangen werden. In Abschn. 4.6.1.1 wird später gezeigt, wie auch mit einem modifizierten PTA eine nahezu optimale trennende Gerade (Hyperebene) erhalten werden kann.

3.3.4.3 Die optimale trennende Hyperebene

Das ursprüngliche Problem war wie folgt beschrieben worden:

Gesucht sind ein Gewichtsvektor **w** und ein *Cut-off* c sodass gilt:

$<\mathbf{g}, \mathbf{w}> \; > c$ für jede (n) durchschnittlichen Studierende (n) mit Notenvektor **g**

$<\mathbf{g}, \mathbf{w}> \; < c$ für jede (n) gute(n) Studierende (n) mit Notenvektor **g**

Etwas abstrakter und mit einer kleinen Änderung aus technischen Gründen lässt sich das Problem neu wie folgt formulieren:

Gegeben seien zwei Klassen von Mustern C_1 bzw. C_2 und N Trainingsdaten ($\mathbf{x}_i$) aus C_1 oder C_2. Gesucht ist eine trennende Hyperebene (falls sie existiert), sodass gilt:

$$<\mathbf{x}_i, \mathbf{w}> \; \geq b \quad \text{für} \quad \mathbf{x}_i \in C_1$$
$$<\mathbf{x}_i, \mathbf{w}> \; < b \quad \text{für} \quad \mathbf{x}_i \in C_2$$

Dies kann auch wie folgt formuliert werden:

$$<\mathbf{x}_i, \mathbf{w}> + b \geq 1 \quad \text{für} \quad \mathbf{x}_i \in C_1$$
$$<\mathbf{x}_i, \mathbf{w}> + b \leq -1 \quad \text{für} \quad \mathbf{x}_i \in C_2$$

Beweis (Skizze)

Wird b durch $b_1 := -b$ ersetzt, so erhält man:

(a)

$$<\mathbf{x}_i, \mathbf{w}> + b_1 \geq 0 \quad \text{für} \quad \mathbf{x}_i \in C_1$$
$$<\mathbf{x}_i, \mathbf{w}> + b_1 < 0 \quad \text{für} \quad \mathbf{x}_i \in C_2$$

Da nur eine endliche Menge von Trainingsdaten angenommen wird, muss ein $\epsilon > 0$ existieren, sodass gilt:

$$<\mathbf{x}_i, \mathbf{w}> + b_1 \geq 0 \quad \text{für} \quad \mathbf{x}_i \in C_1$$
$$<\mathbf{x}_i, \mathbf{w}> + b_1 \leq -\varepsilon \quad \text{für} \quad \mathbf{x}_i \in C_2$$

Weiterhin folgt mit den Substitutionen $\mathbf{w}_1 := (2/\epsilon)\mathbf{w}$ und $b_2 := (2/\epsilon) * b_1 + 1$:

$$<\mathbf{x}_i, \mathbf{w}> + b_1 \geq 0 \quad \text{genau dann wenn}$$
$$<\mathbf{x}_i, \mathbf{w_1}> + (2/\varepsilon) * b_1 \geq 0 \quad \text{genau dann wenn}$$
$$<\mathbf{x}_i, \mathbf{w_1}> + b_2 - 1 \geq 0 \quad \text{genau dann wenn}$$
$$< \mathbf{x}_i, \mathbf{w_1}> + b_2 \geq 1$$

(b)

$$<\mathbf{x}_i, \mathbf{w}> + b_1 \leq -\varepsilon \quad \text{genau dann wenn}$$
$$<\mathbf{x}_i, \mathbf{w_1}> + (2/\varepsilon) * b_1 + (2/\varepsilon) * \varepsilon \leq 0 \quad \text{genau dann wenn}$$
$$<\mathbf{x}_i, \mathbf{w_1}> + b_2 - 1 + 2 =\leq 0 \quad \text{genau dann wenn}$$
$$<\mathbf{x}_i, \mathbf{w_1}> + b_2 =\leq -1$$

Eine Umbenennung von $\mathbf{w}_1$ und b_2 liefert das Resultat.
Man notiere, dass die trennende Hyperebene jetzt durch folgende Gleichung gegeben ist:

$$<\mathbf{x_i}, \mathbf{w}> + b = 0 \tag{3.18}$$

Man notiere auch, dass diese Hyperebene die beiden Klassen jetzt optimal trennt, da es sog. *support vectors* $\mathbf{x}$ der Klasse C_1 und $\mathbf{y}$ der Klasse C_2 mit

$$<\mathbf{x}, \mathbf{w}> + b = +1 \tag{3.19}$$
$$<\mathbf{x}, \mathbf{w}> + b = -1 \tag{3.20}$$

gibt, die die Ungleichungen mit einem Gleichheitszeichen erfüllen.

Deren Abstand von der Hyperebene ist deshalb durch $1/|\mathbf{w}|$ bzw. $-1/|\mathbf{w}|$, siehe Abschn. 3.3.3.1, gegeben. Folglich wird der Gesamtabstand der beiden Klassen durch $2/|\mathbf{w}|$ beschrieben. Er wird durch die Lösung des folgenden Problems der quadratischen Programmierung beschrieben:

► **Optimale trennende Hyperebene, falls eine Lösung existiert** Minimiere $|\mathbf{w}|^2$ mit

$$< \mathbf{x}_i, \mathbf{w}> + b \geq 1 \quad \text{für} \quad \mathbf{x}_i \in C_1$$
$$< \mathbf{x}_i, \mathbf{w}> + b \leq -1 \quad \text{für} \quad \mathbf{x}_i \in C_2$$

Die Lösung dieses Problems ist, falls sie existiert, eindeutig bestimmt. Leider erfordert der Algorithmus komplexe Rechnungen und ist deshalb für eine große Menge von

Trainingsdaten aufwendig (spezielle Software ist erforderlich). Darüber hinaus existiert in praktischen Anwendungen häufig keine Lösung, sodass der Algorithmus modifiziert werden muss.

Zusätzlich existiert auch eine Modifikation des fehlertoleranten Pocket-Algorithmus, die, wie oben bereits ausgeführt, eine näherungsweise Lösung gestattet, s. [3, 4].

Die Beantwortung von Frage 6. in Beispiel 3.1 kann hier noch nicht behandelt werden, da dafür weitere Hilfsmittel erforderlich sind.

3.4 Lösungen der Übungsaufgaben

Vorbemerkung (enthält wichtige Hinweise zur R-Syntax)
Die obigen Übungen dienen großenteils der beispielhaften Verifikation abstrakter mathematischer Sachverhalte in R. So soll dem mathematisch möglicherweise nicht so versierten Leser das Verständnis erleichtert werden. En passant ist beabsichtigt, die nicht sehr komplizierte R-Syntax einzuüben, was sich im Hinblick auf spätere Statistikanwendungen als nützlich erweist.

Man beachte, dass eine Zeile, die mit einer eins in eckigen Klammern beginnt „[1]", nicht mehr zum eigentlichen Programm gehört, was bereits oben erwähnt wurde. Hier wird vielmehr das Ergebnis des unmittelbar darüberstehenden Programmteils angezeigt.

Möglicherweise muss ein Resultat nochmals eingegeben werden, damit die tatsächlichen Zahlenwerte erscheinen.

Beispiel: Der folgende Programmtext erfordert die nochmalige Eingabe von cangle.

#R-Programm für Vorbemerkung zu 3.4

```
skalarprodukt <- function(w1,w2){return(sum(w1*w2))}
v2 <- c(2,0)
v3 <- c(2,2*3^(1/2))
cangle <- skalarprodukt(v2,v3)/(skalarprodukt(v2,v2)^(1/2)*
    skalarprodukt(v3,v3)^(1/2))
```

Also:

#R-Programm für Vorbemerkung zu 3.4

```
skalarprodukt <- function(w1,w2){return(sum(w1*w2))}
v2 <- c(2,0)
v3 <- c(2,2*3^(1/2))
cangle <- skalarprodukt(v2,v3)/(skalarprodukt(v2, v2)^(1/2)*
    skalarprodukt(v3, v3)^(1/2))
cangle
[1] 0.5
```

Übung 3.1

#R-Programm für Übung 3.1

```
#Verifikation Bilinearität
x1 <- 1; x2 <- 2; y1 <- 3; y2 <- 4; z1 <- 6; z2 <- 7; x <- c(x1, x2);
    y <- c(y1,y2); z <- c(z1,z2); lambda1 <- 8; lambda2 <- 9;
    skalarprodukt <- function(w1,w2){return(sum(w1*w2))};
skalarprodukt(lambda1*x+lambda2*y,z) ==
+ skalarprodukt(lambda1*x,z)+ skalarprodukt(lambda2*y,z)
[1] TRUE
#Verifikation Kommutativität
skalarprodukt(x,y) == skalarprodukt(y,x)
[1] TRUE
```

Übung 3.2

#R-Programm für Übung 3.2

```
v1 <- c(12.5^(1/2), 12.5^(1/2));
skalarprodukt <- function(w1,w2){return(sum(w1*w2))}
skalarprodukt(v1,v1)^(1/2)
[1] 5
v2 <- c(2,0)
v3 <- c(2,2*3^(1/2))
cangle <- skalarprodukt(v2,v3)/(skalarprodukt(v2,v2)^(1/2)*
    skalarprodukt(v3,v3)^(1/2))
cangle
[1] 0.5
```

Übung 3.3

(a) $<(x, y), (a, b)> = 0$.

(b) $ax + by = c \rightarrow ax + by - c = 0 \rightarrow \lambda(ax + by - c) = 0$
Es sei $<(x, y) - \lambda(a, b), \lambda(a, b)>\ 0 = 0$ mit $\mathbf{w} = \lambda(a, b)$.
$<(x, y) - \lambda(a, b), \lambda(a, b)> = <(x, y), \lambda\ (a, b)> - \lambda^2(a^2 + b^2) = \lambda(ax + by) - \lambda c$ genau dann wenn
$\lambda = c/(a^2 + b^2)$

(c) $\lambda = 1/2$ aus (b) oben. Folglich $\mathbf{w}_1 = (1/2)\ (1,1)$, $\mathbf{w}_2 = (1/2)\ (1,-1)$

(d) $<(1,1),(1,-1)> = 0 \rightarrow \alpha = 90$ (kurze Lösung!)

Natürlich kann hier auch das Skalarprodukt benutzt werden.

Übung 3.4

(a) g(**x**) = <(2,3),(1,1)> − 1 →
  Entfernung r = [<(2,3),(1,1)> − 1]/$2^{1/2}$ = 4/$2^{1/2}$ = 2 * $2^{1/2}$

(b) g(**x**) = <(−2,3), (1,1)> − 1 →
  Entfernung r = [<(−2,3),(1,1)> − 1]/$2^{1/2}$ = 0/$2^{1/2}$ = 0

(c) a) $\mathbf{x}_{0l}$ = (2,3) − 2 * $2^{1/2}/2^{1/2}$ (1,1) = (2,3) − (2,2) = (0,1)
  b) $\mathbf{x}_{0l}$ = (−2,3)

Übung 3.5

#R-Programm für Übung 3.5

```
# Dreiecksungleichung
x <- c(1,2)
y <- c(2,3)
skalarprodukt <- function(w1,w2){return(sum(w1*w2))}
abs(skalarprodukt(x+y,x+y)^(1/2)) <=
+ abs(skalarprodukt(x,x)^(1/2)) + abs(skalarprodukt(y,y)^(1/2))
[1] TRUE
# Cauchy-Schwarz-Ungleichung
abs(skalarprodukt(x,y)) <= abs(skalarprodukt(x,x)^(1/2))* abs(
    skalarprodukt(y,y)^(1/2))
[1] TRUE
```

Übung 3.7

#R-Programm für Übung 3.7

```
lambda1 <- 2
lambda2 <- 3
x <- c(1,2)
(lambda1+lambda2)*x == lambda1*x +lambda2*x
[1] TRUE
y <- c(3,4)
lambda <- 5
lambda*x + lambda*y == lambda*(x+y)
[1] TRUE
```

Übung 3.8

#R-Programm für Übung 3.8

```
skalarprodukt <- function(w1,w2){return(sum(w1*w2))}
x <- c(3, 4, 11^(1/2))
(skalarprodukt(x,x))^(1/2)
```

```
[1] 6
x1 <- c(2,0,0)
x2 <- c(2, 2*3^(1/2), 0)
skalarprodukt(x1,x2)/(skalarprodukt(x1,x1)^(1/2)* skalarprodukt(x2,x2)
    ^(1/2))
[1] 0.5
```

Übung 3.9

Der Beweis verläuft analog zum Beweis von Übung 3.3

(a) $<(x, y, z), (a, b, c)> = 0$

(b) $ax + by + cz = d \rightarrow ax + by + cz - d = 0 \rightarrow \lambda(ax + by + cz - d) = 0$
Es sei $<(x, y, z) - \lambda(a, b, c), \lambda(a, w, c)> = 0$ mit $\mathbf{w} = \lambda(a, b, c)$
$<(x, y, z) - \lambda(a, b, c), \lambda(a, b, c)> = <(x, y, z), \lambda(a, b, c)> - \lambda^2(a^2 + b^2 + c^2) =$
$\lambda(ax + by + cz) - \lambda$ genau dann wenn
$\lambda = d/(a^2 + b^2 + c^2)$

(c) $\lambda = 1/3$ aus (b) oben. Folglich $\mathbf{w}_1 = (1/3)\,(1, 1, 1)$, $\mathbf{w}_2 = (1/3)\,(1, -1, 1) \rightarrow \cos\alpha =$
$((1/9)/(1/3^{(1/2)}) * (1/3^{(1/2)})) = 1/3 \rightarrow \alpha = \cos^{-1}(1/3)$.

Übung 3.10

(a) $g(\mathbf{x}) = <(2, 3, 0), (1, 1, 1)> - 1 \rightarrow$ Entfernung $r = [<(2, 3, 0b), (1, 1, 1)> - 1]/3^{1/2} =$
$4/3^{1/2}$

(b) $g(\mathbf{x}) = <(-2, 3, 0), (1, 1, 1)> - 1 \rightarrow$ Entfernung $r = 0$

(c) a)$x_1 = (2, 3, 0) - 4/3\,(1, 1, 1) = 1/3(2, 5, -4)$
b)$x_1 = (-2, 3, 0)$

Übung 3.11

$$\cos(\alpha) = <\mathbf{x}, \mathbf{y}>/(|\mathbf{x}| * |\mathbf{y}|) \leq |<\mathbf{x}, \mathbf{y}>|/(|\mathbf{x}| * |\mathbf{y}|) \leq (|\mathbf{x}| * |\mathbf{y}|)/(|\mathbf{x}| * |\mathbf{y}|) = 1$$

Das letzte Ungleichheitszeichen folgt aus der C.-S.-Ungleichung.

Übung 3.12

#R-Programm für Übung 3.12

```
x <- c(1, 2, 3)
y <- c(2, 3, 4)
skalarprodukt <- function(w1,w2){return(sum(w1*w2))}
w <- x+y
abs(skalarprodukt(w,w)^(1/2))<=abs(skalarprodukt(x,x)^(1/2))*abs(
    skalarprodukt(y,y)^(1/2))
[1] TRUE
```

```
abs(skalarprodukt(x,y)) <= abs(skalarprodukt(x,x)^(1/2))* abs(
    skalarprodukt(y,y)^(1/2))
[1] TRUE
```

Die Änderung gegenüber Übung 3.5 besteht hier ausschließlich in der Festsetzung der Vektoren. Alles andere kann direkt aus Übung 3.5 übernommen werden.

Als Abkürzung für „genau dann wenn" soll gdw. gelten.

Übung 3.13

Es gelte $\mathbf{g}_1' = (-\mathbf{g}_1, 1)$, $\mathbf{g}_2' = (\mathbf{g}_2, -1)$, wobei $\mathbf{g}_1, \mathbf{g}_2$ aus C_1 bzw. C_2 sein sollen. Weiter gelte $\mathbf{w}' = (\mathbf{w}, c)$.

Dann folgt $<\mathbf{g}_1', \mathbf{w}'> > 0$ gdw. $<(-\mathbf{g}_1, 1), (\mathbf{w}, c)> > 0$ gdw. $-<\mathbf{g}_1, \mathbf{w}> + c > 0$ gdw. $<\mathbf{g}_1, \mathbf{w}> < c$.

Analog folgt $<\mathbf{g}_2, \mathbf{w}'> > 0$ gdw.

$<(\mathbf{g}_2, -1), (\mathbf{w}, c) > 0$.

Bemerkungen:

a) Durch Multiplikation mit einer negativen Zahl wird eine Ungleichung umgekehrt.
b) Unter Missbrauch der Notation wurde für das Skalarprodukt im erweiterten Raum die gleiche Bezeichnung verwendet.

Literatur

Verwendete Literatur

1. Bishop, C.M.: Neural networks for pattern recognition. Oxford University Press (2013)
2. Cover, T.M.: Geometrical and statistical properties of systems of linear inequalities with applications in pattern recognition. IEEE Trans. Electron. Comput. (1965). https://doi.org/10.1109/pgec.1965.264137
3. Falkowski, B.-J.: A note on a large margin pocket algorithm. Inf. Technol. Control. (2006). https://doi.org/10.5755/j01.itc.35.3.11764
4. Gallant, S.I.: Perceptron-based Learning Algorithms. IEEE Trans. Neural Netw (1990). https://doi.org/10.1109/72.80230
5. Novikoff, A.B.: On convergence proofs on perceptrons. Symposium on the Mathematical Theory of Automata, 12. Polytechnic Institute of Brooklyn (1962)

Weiterführende Literatur

6. Minsky, M.L., Papert, S.: Perceptrons. MIT Press 1969. Expanded Edition 1990

4 Anwendungen

Zusammenfassung

In diesem Kapitel werden zunächst einige Verallgemeinerungen der oben dargestellten Theorie beschrieben, da sie für die Anwendungen von Bedeutung sind. Im Wesentlichen sind die Beschreibungen in zwei Patenten des Autors enthalten. Die relevanten Algorithmen werden mittels Pseudo-Code beschrieben. Es folgt eine detaillierte Behandlung von Scoring-Systemen. Dabei wird hauptsächlich auf die Risikobeurteilung im Bankenbereich eingegangen. Abschließend werden weitere Applikationen skizziert.

4.1 Einführung

In diesem Kapitel werden einige Anwendungen der oben dargestellten abstrakten Resultate skizziert. Genannt seien Applikationen aus dem Bereich der Medizin (beispielsweise Krebserkennung), der Polizei (Profiling und Erkennung von Verbrechensschwerpunkten) wie auch weitere kommerzielle Anwendungen (individualisierte Werbung) und Risikobeurteilung bei Versicherungen. Als pars pro toto soll, wie oben bereits angedeutet, auf sogenannte *Scoring-Systeme* zur Bonitätsprüfung für Banken näher eingegangen werden. In diesem Zusammenhang werden zunächst benötigte weitere Verallgemeinerungen der obigen Resultate präsentiert. Sie werden mittels Pseudo-Code beschrieben. Ein detailliertes Verständnis des Code ist nur erforderlich, falls der Leser selbst programmieren will. Bemerkenswert erscheint jedenfalls, wie vielfältig der PTA einsetzbar ist.

Wünschenswert wäre auch eine wahrscheinlichkeitstheoretische Interpretation der erzielten Ergebnisse. Leider fehlen im Moment noch die statistischen Voraussetzungen dafür. Sie werden erst im Kap. 5 behandelt. Das ist aber nicht unbedingt von Nachteil, da zusätzliche Annahmen nötig sind. Diese können auch zu Fehlern führen, da nicht immer leicht festzustellen ist, ob sie gerechtfertigt sind.

B.-J. Falkowski, *KI, Statistik und Anwendungen*,
https://doi.org/10.1007/978-3-658-49450-6_4

4.2 Ein eine Präferenzrelation realisierender Klassifikator

Dem Autor wurde bereits 2004 ein Patent für den in der Überschrift genannten Klassifikator erteilt, s. [5]. Die folgende Beschreibung bezieht sich auf die entsprechende Offenlegungsschrift vom 14.11.2002.

4.3 Die Funktionalität im Überblick

Es handelt sich um eine lineare Diskriminante, die eine gegebene Präferenzrelation im Rahmen des linearen Modells bestmöglich (hinsichtlich der Fehlerzahl) realisiert. Als Beispiel sei zur Verdeutlichung der Problematik die Kreditwürdigkeitsprüfung bei Banken angeführt: Üblicherweise werden Kunden in zwei oder mehr Risikoklassen R_1, R_2, ..., R_k eingeteilt (hierbei mögen die Kunden in R_1 ein besseres Risiko darstellen als jene in R_2 etc., während innerhalb der einzelnen Klassen nicht weiter unterschieden wird). Diese Einteilung beschreibt eine Präferenzrelation (technisch gesprochen: Eine partielle Ordnung) der Bank bezüglich ihrer Kunden. Zur Begründung dieser Präferenzrelation werden meistens gewisse Kriterien $C_1, C_2, \ldots, C_n$ für den einzelnen Kunden (z. B. Sicherheiten, Einkommen, Alter, Geschlecht, Wohnort, ...) mit Bewertungen versehen (häufig Noten, im Sinne von Schulnoten, aber auch Punkte; im Extremfall kann es sich auch um eine 0-1-Bewertung für Kriterium nicht erfüllt bzw. erfüllt handeln).

Das System kann, unter Nutzung seiner Trainingskomponente, für gegebene Trainingsdatensätze mit zugehöriger Klassifizierung, eine Gewichtung der einzelnen Kriterien sowie Trennpunkte (Cut-offs) so berechnen, dass die durch die Trainingsdatensätze beschriebene Präferenzrelation mit der Minimalzahl von Fehlern im Rechner abgebildet wird. Allerdings wird ein probabilistischer Algorithmus benutzt, sodass i. a. das Optimalitätskriterium nur bei sehr langer Laufzeit erfüllt wird. Die Klassifizierung erfolgt danach, innerhalb der Auswertungskomponente des Systems, durch Berechnung der gewichteten Durchschnittsnote bei einer Notenbewertung der Einzelkriterien, bzw. der Durchschnittspunktzahl bei einer Punktebewertung der Einzelkriterien und Einteilung gemäß den Trennpunkten. Es handelt sich um ein sog. Scoring-System, das auch die Basis für viele andere Anwendungen bildet.

4.4 Die Einzelkomponenten

4.4.1 Trainingskomponente

Es wird vorausgesetzt, dass für Kunden $K_1, K_2, \ldots, K_m$ die zugehörigen Präferenzklassen P_i in Form von Bewertungen b_1, b_2, ..., b_m gegeben sind. Die Bewertungen der Einzelkriterien C_1, C_2, ..., C_n für einen Kunden K_i seien dabei durch einen Noten- bzw.

Punktevektor

$$n_i := (n_{i1}, n_{i2}, \ldots, n_{in}) \text{bzw. } p_i := (p_{i1}, p_{i2}, \ldots, p_{in})$$

gegeben, wobei n_{ij} bzw. p_{ij} die Benotung bzw. Bepunktung für Kriterium j beschreibt.

Aus diesen Datensätzen wird eine Matrix **B** wie folgt erzeugt:

B:

Noten	Punkte
IO	**IO**
$\mathbf{R}_n$	$\mathbf{R}_p$
$\mathbf{D}_n$	$\mathbf{D}_p$

Hierbei bezeichnet **I** jeweils die $(n+1)\times(n+1)$ Identitätsmatrix, die durch eine Matrix von Nullen zur korrekten Dimension ($n+k-1$ Spalten!) ergänzt ist, während $\mathbf{R}_n$ bzw $\mathbf{R}_p$ die Dimension $(k-2)\times(n+k-1)$ haben und wie folgt definiert sind:

$$\mathbf{R_n} \quad \begin{bmatrix} 0\ldots\ldots 0 & -110\ldots\ldots\ldots 0 \\ 0\ldots\ldots 0 & 0-110\ldots\ldots 0 \\ \ldots\ldots\ldots\ldots & \ldots\ldots\ldots\ldots \\ \ldots\ldots\ldots\ldots & \ldots\ldots\ldots\ldots \\ 0\ldots\ldots 0 & 0\ldots\ldots\ldots\ldots -11 \end{bmatrix} \qquad \mathbf{R_p} \quad \begin{bmatrix} 0\ldots\ldots 0 & 1-10\ldots\ldots\ldots 0 \\ 0\ldots\ldots 0 & 01-10\ldots\ldots 0 \\ \ldots\ldots\ldots\ldots & \ldots\ldots\ldots\ldots \\ \ldots\ldots\ldots\ldots & \ldots\ldots\ldots\ldots \\ 0\ldots\ldots 0 & 0\ldots\ldots\ldots\ldots 1-1 \end{bmatrix}$$

Dabei haben die jeweils führenden Null-Matrizen n Spalten.

Schließlich haben $\mathbf{D_n}$ bzw. $\mathbf{D_p}$ die Dimension $(k-1)\times(n+k-1)$ und werden wie folgt erhalten:

Im Fall der Punktbewertung bzw. Notenbewertung enthalten $\mathbf{D_n}$ bzw. $\mathbf{D_p}$ für jeden Lerndatensatz der links angegebenen Präferenzklasse den/die aufgeführten Vektor(en) in Tab. 4.1.

Dabei tritt die erste -1 bzw. 1 im ersten Vektor für P_i bei $\mathbf{D_n}$ bzw. $\mathbf{D_p}$ an der Stelle $n+i$ auf, während die erste 1 bzw. -1 im zweiten Vektor für P_i bei $\mathbf{D_n}$ bzw. $\mathbf{D_p}$ an der Stelle $n+i-1$ erscheint.

Bemerkung: Der allgemeine Fall P_i tritt nur für $k > 2$ auf.

Nach diesen Vorbereitungen ist nunmehr nur noch ein Gewichtsvektor

$$\mathbf{w}^T = (g_1, g_2, \ldots, g_n, \theta_1, \theta_2, \ldots, \theta_{k-1})$$

mit der Eigenschaft $\mathbf{Bw} > 0$ zu konstruieren.

Dabei sind die g_i die eigentlichen Gewichte, während die θ_i die Cut-offs beschreiben.

Erläuterungen (zur Definition der Matrizenmultiplikation sei auf den Anhang, Abschn. 12.2 verwiesen):

Tab. 4.1 Definition der Matrizen $\mathbf{D}_n$ und $\mathbf{D}_p$

Präferenzklasse	D_n	D_p
P_1	$(-n_1, -n_2, \ldots, -n_n, -1)$	$(p_1, p_2, \ldots, p_n, 1, 0, \ldots\ldots, 0)$
.	.	.
.	.	.
.	.	.
P_i	$(-n_1, -n_2, \ldots\ldots -n_n, 0, \ldots, -1, \ldots, 0)$	$(p_1, p_2, \ldots\ldots p_n, 0, \ldots, 1, \ldots, 0)$
	$(n_1, n_2, \ldots\ldots, n_n, 0, 0, \ldots, 1, \ldots, 0)$	$(-p_1, -p_2, \ldots\ldots, -p_n, 0, \ldots, -1, \ldots, 0)$
.	.	.
.	.	.
.	.	.
P_k	$(-n_1, -n_2, \ldots\ldots, -n_n, 0, 0, \ldots\ldots, -1)$	$(p_1, p_2, \ldots\ldots, p_n, 0, 0, \ldots\ldots, 1)$

Die $(n + 1) \times (n + 1)$ Identitätsmatrix in **B** mit $\mathbf{Bw} > 0$ stellt sicher, dass die Gewichte und θ_1 positiv sind.

$\mathbf{R_n}$ bzw. $\mathbf{R_p}$ in **B** mit $\mathbf{Bw} > 0$ stellen sicher, dass die Cut-offs eine monoton wachsende bzw. fallende Folge bilden.

Sollen negative Gewichte (z. B. für Punktbewertungen) zugelassen werden, so wird der entsprechende Teil der Matrix **B** weggelassen.

Die Matrizen $\mathbf{D_n}$ bzw. $\mathbf{D_p}$ in **B** mit $\mathbf{Bw} > 0$ stellen sicher, dass für Vektoren in Präferenzklasse P_1 gilt $n_1 g_1 + n_2 g_2 + \ldots + n_n g_n < \theta_1$ bzw. $p_1 g_1 + p_2 g_2 + \ldots + p_n g_n > \theta_1$. Weiterhin garantieren sie, dass für Vektoren in Präferenzklasse P_i gilt $n_1 g_1 + n_2 g_2 + \ldots + n_n g_n < \theta_i$ & $n_1 g_1 + n_2 g_2 + \ldots + n_n g_n > \theta_{i-1}$ bzw. $p_1 g_1 + p_2 g_2 + \ldots + p_n g_n > \theta_i$ & $p_1 g_1 + p_2 g_2 + \ldots + p_n g_n < \theta_{i-1}$. Schließlich garantieren sie, dass für Vektoren in Präferenzklasse P_k gilt $n_1 g_1 + n_2 g_2 + \ldots + n_n g_n > \theta_{k-1}$ bzw. $p_1 g_1 + p_2 g_2 + \ldots + p_n g_n < \theta_{k-1}$.

Die abstrakte Beschreibung wirkt hier leicht verwirrend. Es handelt sich jedoch nur um eine Verallgemeinerung des in Übung 3.13 (Abschn. 3.3.4.1 des vorherigen Kapitels) beschriebenen „Tricks".

Zur Berechnung des Gewichtsvektors wird im Wesentlichen eine Variante des sog. Pocket-Algorithmus (*pocket algorithm with rules*, s. [8, S. 183]) eingesetzt.

Zur Effizienzverbesserung wird (in Abänderung des Pocket-Algorithmus) in Schritt 2 des Algorithmus überprüft, ob das zufällig ausgewählte Lernbeispiel bereits behandelt wurde (dies entspricht der Auswahl einer Stichprobe ohne Zurücklegen, während der ursprüngliche Algorithmus in Analogie zu einer Auswahl mit Zurücklegen arbeitet). Bei Praxistests wurden durch diesen Kunstgriff Laufzeitverbesserungen in einzelnen Tests um einen Faktor 10 und noch höher erzielt, was bei der Behandlung einer großen Anzahl von Trainingsdatensätzen von erheblicher Bedeutung ist.

Natürlich kann zur Berechnung des Gewichtsvektors auch ein anderer Algorithmus Verwendung finden. Von Interesse ist hier vor allem der Einsatz der *Support Vector Machines*, s. Abschn. 3.3.4.3.

4.4.2 Auswertungskomponente

In die Auswertungskomponente können, nach Berechnung der Gewichte und der Cut-offs mittels der Lernkomponente, Datensätze im gleichen Format wie das der Lerndatensätze eingegeben werden. Das System berechnet dann gewichtete Durchschnittsnoten bzw. Punktzahlen und führt mittels der Cut-offs eine Klassifizierung herbei.

4.5 Schwächen des Systems

Im Hinblick auf Anwendungen in Banken wie auch in der Medizin ist die Minimierung der Fehler nicht unbedingt ein geeignetes Kriterium. Man kann sich leicht vorstellen, dass beispielsweise die Fehlklassifikation eines Krebskranken wesentlich stärker zu gewichten ist als etwa die Fehlklassifikation eines Patienten, der an einer leichten Schwäche des Immunsystems leidet. Diese Beobachtung, die auch in analoger Weise für eine Risikobeurteilung im Banken- oder Versicherungsbereich gilt, führte zur Definition und Integration einer Kostenfunktion. Die Ergänzung des Hauptpatents wurde dem Autor am 11.03.2004 genehmigt und wird in Abschn. 4.6 beschrieben.

4.6 Ergänzung des Hauptpatents

Um eine übersichtliche Darstellung zu gewährleisten, werden nur zwei Präferenzklassen dargestellt. Darüber hinaus werden ausschließlich binäre Attribute behandelt. Dies stellt jedoch keine wesentliche Einschränkung dar. Der Pocket-Algorithmus muss allerdings abgewandelt werden, sodass ein neuer Korrektheitsbeweis nötig wird, s. [6].

4.6.1 Der Trainings-Algorithmus

Problem: Gegeben seien Trainingsbeispiele als binäre Vektoren $\mathbf{v}_1, \mathbf{v}_2, \ldots, \mathbf{v}_m$ der Dimension n zusammen mit Klassifizierungen $b_1, b_2, \ldots, b_m$ aus $\{0, 1\}$. Gegeben sei weiterhin eine Kostenfunktion c auf den Vektoren, die über $c(\mathbf{v})$ die Kosten einer Fehlklassifikation des Vektors $\mathbf{v}$ beschreibt.

Gesucht ist ein Gewichtsvektor $\mathbf{w}$ und ein Cut-off co, sodass mittels der linearen Diskriminante

$$D(\mathbf{v}) := \langle \mathbf{w}, \mathbf{v} \rangle - co \tag{4.1}$$

durch die Entscheidung, $\mathbf{v}$ gehört zur Klasse 1 genau dann, wenn $D(\mathbf{v}) > 0$, die Gesamtkosten der Fehlklassifikationen minimiert werden.

Zur Lösung des Problems wird eine modifizierte Version des Pocket-Algorithmus genutzt, deren Korrektheit in Abschn. 4.6.1.1 gezeigt wird.

Der modifizierte Algorithmus wird mittels eines Pseudo-Codes beschrieben.

4.6.1.1 Pseudo-Code des Trainings-Algorithmus

Input: Binärvektoren $\mathbf{v}_1, \mathbf{v}_2, \ldots, \mathbf{v}_m$, Klassifizierungen $b_1, b_2, \ldots, b_m$ aus $\{0, 1\}$, Kostenfunktion $c(\mathbf{v})$.

Output: Gewichtsvektor **v** und Cut-off co.

1. Vorbereitung

Jedem Trainingsvektor $\mathbf{v_i}$ mit Bewertung b_i wird ein neuer Trainingsvektor $\mathbf{u_i}$ wie folgt zugeordnet:

$$\begin{aligned} \mathbf{u_i} &= (\mathbf{v_i}, -1) \quad \text{falls} \quad b_i = 1 \\ \mathbf{u_i}&: = (-\mathbf{v_i}, 1) \quad \text{sonst} \end{aligned}$$

Damit wird das gegebene Problem darauf reduziert, einen Gewichtsvektor **x** zu finden, sodass gilt $<\mathbf{x}, \mathbf{u_i}> > 0$ für alle i. Die ersten n Einträge dieses Gewichtsvektors **x** ergeben dann das gesuchte **w**, während der letzte Eintrag den Cut-off *co* darstellt.

2. Temporäre Daten

a. **x**: Pocket-Gewichtsvektor
b. **p**: Perceptron-Gewichtsvektor
c. $cost\_run\_\mathbf{p}$: eingesparte Gesamtkosten für aufeinanderfolgende korrekte Klassifizierungen mittels Perceptron-Gewichtsvektor **p**
d. $cost\_run\_\mathbf{x}$: eingesparte Gesamtkosten für aufeinanderfolgende korrekte Klassifizierungen mittels Pocket-Gewichtsvektor **x**
e. $cost\_ok\_\mathbf{p}$: eingesparte Gesamtkosten für alle korrekten Klassifizierungen mittels Perceptron-Gewichtsvektor **p** auf den Trainingsvektoren
f. $cost\_ok\_\mathbf{x}$: eingesparte Gesamtkosten für alle korrekten Klassifizierungen mittels Pocket-Gewichtsvektor **x** auf den Trainingsvektoren

3. Initialisierung

Anzahl *iter* der gewünschten Iterationen des Algorithmus festlegen.

$$\mathbf{p} = \mathbf{0}.$$
$$cost\_run\_\mathbf{p} = cost\_run\_\mathbf{x} = cost\_ok\_\mathbf{p} = cost\_ok\_\mathbf{x} = 0.$$

4. Hauptteil des Algorithmus

Wiederhole $iter$-mal:

Wähle zufällig einen Vektor $\mathbf{u_i}$ aus.

```
If <p, u_{i}> > 0
Then
cost_run_p = cost_run_p + c(u_{i})
  If cost_run_p > cost_run_x
  Then
    Berechne cost_ok_p
    If cost_ok_p > cost_ok_x
    Then
      x=p
      cost_run_x = cost_run_p
      cost_ok_x = cost_ok_p
Else
  p=p+u_{i}
  cost_run_p = cost_ok_p = 0.
Return p
```

4.6.1.2 Korrektheitsbeweis

(1) Da die Trainingsvektoren $\mathbf{u}_i$ diskrete Einträge haben (und es nur endlich viele gibt), kann durch das Perceptron-Training (4. Schritt des Algorithmus) nur eine endliche Anzahl von Perceptron-Gewichtsvektoren $\mathbf{p}_1, \mathbf{p}_2, \ldots, \mathbf{p}_k$ erreicht werden., vgl. [2], Minskys Cycling-Theorem.

(2) Von jedem solchen Perceptron-Gewichtsvektor $\mathbf{p}_j$ aus besteht eine von Null verschiedene Wahrscheinlichkeit, dass durch Perceptron-Learning ein optimaler Gewichtsvektor $\mathbf{p}$ erreicht wird, denn:

Sei $S := \{\mathbf{y}_1, \mathbf{y}_2, \ldots, \mathbf{y}_m | <\mathbf{p}, \mathbf{y}_i> > 0, \mathbf{y}_i$ Trainingsdatensatz, $1 \leq i \leq m\}$ die Menge der mittels des optimalen Gewichtsvektors $\mathbf{p}$ korrekt klassifizierten Trainingsdatensätze. Dann wird wegen des Perceptron-Learning-Theorems, vgl. [10], $\mathbf{p}_j$ in endlicher Zeit gegen $\mathbf{p}$ konvergieren, falls nur Trainingsdatensätze aus S gewählt werden. Es besteht aber eine von Null verschiedene Wahrscheinlichkeit, dass genau diese Sequenz von Trainingsdaten per Zufallsauswahl getroffen wird. Sei also mit $\Pr(\mathbf{p}|\mathbf{p}_j)$ die Wahrscheinlichkeit, dass $\mathbf{p}$ von $\mathbf{p}_j$ aus erreicht wird, notiert und sei ferner $\Pr(\mathbf{p}) := \min_j \Pr(\mathbf{p}|\mathbf{p}_j)$ gesetzt.

(3) Ist $\mathbf{p}$ erreicht, so gibt es eine von Null verschiedene Wahrscheinlichkeit $\Pr(S)$, dass, wenn *Läufe* (aufeinanderfolgende korrekte Klassifizierungen) per Zufallsauswahl überprüft werden, zunächst Vektoren aus S (in irgendeiner Reihenfolge) als Trainingsdatensätze ausgewählt werden. Folglich existiert eine Wahrscheinlichkeit

$\Pr(\mathbf{p}, S)$, zunächst $\mathbf{p}$ zu erreichen und dann einen Lauf mit maximalen ersparten Kosten zu haben, ergibt die folgende Formel

$$\Pr(\mathbf{p}, S) \geq \Pr(\mathbf{p}) * \Pr(S) > 0.$$

(4) Damit ergibt sich, dass nachdem **p** l mal erreicht worden ist, die Wahrscheinlichkeit, dass kein Lauf mit maximalen ersparten Kosten durch **p** erzeugt wurde, durch

$$\underline{(1 - \mathrm{Pr}(\mathbf{p}, \mathrm{S}))}^l \leq (1 - \mathrm{Pr}(\mathbf{p}) * \mathrm{Pr}(\mathrm{S}))^l$$

gegeben ist. Da der rechte Ausdruck aber mit wachsendem l gegen Null konvergiert, ist die Korrektheit des Algorithmus garantiert.

4.6.2 Scoring-Systeme

Im vorigen Kapitel war bereits die Support Vector Machine angesprochen worden, die es gestattet, eine optimale trennende Hyperebene zu konstruieren. Dies ist durch eine Modifikation des Pocket-Algorithmus auch näherungsweise zu erreichen. Es wird aber erst in Abschn. 4.8.1 darauf eingegangen werden. Hier sei nur erwähnt, dass eine Support Vector Machine Approximationen beinhaltet, die beim Pocket-Algorithmus vermieden werden können.

Im Hinblick auf die Risikobeurteilung bei Banken ist die Bedeutung von Scoring-Systemen seit längerem bekannt. Dabei werden einzelnen Kundencharakteristika, wie oben bereits ausgeführt, Punkte oder Noten zugeordnet. Dabei gilt auch der Wohnort des Kunden als wichtig (was vielleicht nicht überrascht, wenn man etwa die, je nach Wohnort, verschiedenen Einkommensverhältnisse berücksichtigt). Auf der Basis einer gewichteten Gesamtpunktzahl/Gesamtnote wird schließlich über die Bonität des Kunden entschieden. Von großer Bedeutung ist in diesem Zusammenhang die Ermittlung der Gewichte für diese sog. lineare Diskriminante. Wie auch oben bereits ausgeführt, kann der Kunde einer Präferenzklasse zugeordnet werden. Hier soll aber zunächst nur der einfachste Fall von 2 Präferenzklassen betrachtet werden: Ein beantragter Kredit soll genehmigt oder abgelehnt werden. Dabei spielt die Kostenfunktion des Trainings-Algorithmus eine wichtige Rolle.

Teilweise werden von Banken diese Entscheidungen allein auf der Basis solcher Algorithmen getroffen, sodass sich beispielweise die Bedeutung der Kostenfunktion unmittelbar ergibt.

4.6.2.1 Einige Vorteile von einfachen Scoring-Systemen

Ein Rechner kann wesentlich größere Datenmengen als ein Mensch handhaben.

Ein Rechner ermüdet nicht.

Ein Rechner wird sich objektiv verhalten und sich nicht von eventuellen persönlichen Präferenzen leiten lassen.

Beim Training des Rechners lässt sich leicht die Kostenfunktion berücksichtigen. Sie stellt sicher, dass ein Kreditausfall stärker zu gewichten ist als ein ordnungsgemäß abgewickelter Kredit.

Wenn die Programmierung des Rechners sorgfältig geprüft wurde, kommen Rechenfehler praktisch nicht vor.

Auch der Einwand, dass man einer Maschine eine solch wichtige Entscheidung nicht überlassen sollte, überzeugt nicht: Schließlich wird sich heutzutage kaum noch irgendjemand gegen die Nutzung eines Taschenrechners bei umfangreichen Berechnungen aussprechen.

4.6.2.2 Einige Nachteile von einfachen Scoring-Systemen

Es wurden noch keine Wahrscheinlichkeiten behandelt. Das erfordert zusätzliche Annahmen (siehe Kap. 6).

Die Auswahl der Kriterien bereitet Probleme: Einzelne Attribute der Kunden mögen verhältnismäßig leicht zu bewerten sein (z. B. eventuelle Schulden, geringes regelmäßiges Einkommen, etc.), andere aber nicht (z. B. viele Konten).

Der Rechner kann auf den einzelnen Kunden kaum persönlich eingehen. Dadurch werden eventuell besondere Verhaltensweisen nicht wahrgenommen (z. B. übermäßige Nervosität). Dies wäre einem erfahrenen Sachbearbeiter wahrscheinlich aufgefallen. Dem Autor wurde anlässlich seiner Zusammenarbeit mit einer großen Bank mehrfach versichert, dass für optimale Ergebnisse immer ein Mensch involviert werden sollte.

Die Trainingsdaten des Rechners bestehen naturgemäß nur aus Krediten, die a priori genehmigt worden waren. Insofern weiß man nichts über die abgelehnten Kredite. Allerdings soll es Experimente gegeben haben, bei denen innerhalb eines gewissen Zeitraums alle Kredite genehmigt worden waren, um die entsprechenden Informationen zu bekommen.

4.6.3 Fazit

Beide Aufzählungen von Vor- und Nachteilen der Scoring-Systeme sind keineswegs erschöpfend. Trotzdem scheint klar zu sein, dass auf die Hilfestellung eines Menschen wohl nicht verzichtet werden kann. Insbesondere die langjährige persönliche Erfahrung eines Sachbearbeiters kann im Einzelfall hilfreich und möglicherweise sogar notwendig sein.

4.7 Weitere Anwendungen

Medizin

Bereits die oben beschriebenen einfachen Systeme mit Kostenfunktion gestatten erfolgreiche Anwendungen in der Medizin. Insbesondere erlauben sie die Klassifizierung von Krankheitsbildern, vgl. hierzu auch [11].

Versicherungen

Bei Autoversicherungen oder auch Lebensversicherungen ist eine Risikobeurteilung von erheblicher Bedeutung. Dabei ist eine differenzierte Beurteilung wie auch eine Berücksichtigung der Kostenfunktion von Interesse. Allerdings erlauben die kommerziellen Systeme bereits die Nutzung von Wahrscheinlichkeiten. Die Details gehören zum Geschäftsmodell und sind im Allgemeinen nicht öffentlich zugänglich.

Schufa
Dies betrifft möglicherweise die meisten Bürger. Wiederum werden die Details der Errechnung eines Schufa-Score nicht offengelegt. Dies führt leider bisweilen zu unverständlichen Entscheidungen hinsichtlich einer Kreditvergabe/Kreditablehnung.

Der europäische Gerichtshof hat allerdings kürzlich erst entschieden, dass nicht allein auf der Basis des Schufa-Score über einen Kredit entschieden werden darf.

Profiling
Mithilfe von Psychologen kann ein Profil eines gesuchten Kriminellen erstellt werden. Werden dann Leute, die dem Profil entsprechen, überprüft, so kann das einerseits zu einer erfolgreichen Verhaftung führen. Andererseits könnte aber auch erheblicher Ärger entstehen, wenn fälschlich ein Unschuldiger belästigt wird.

Präventive Polizeimaßnahmen
Die Polizei verfügt über umfangreiche Statistiken über kriminelle „Hotspots". So kann sie beispielsweise gezielt eine verstärkte Überwachung einzelner Hotspots initiieren, falls ihnen ein negativer Score zugewiesen wurde. Allerdings ist dieses Vorgehen nicht ganz unumstritten. Bürger, die in der Nähe solcher Hotspots wohnen, befürchten etwa einen Wertverlust ihrer Häuser.

China
Schließlich sollen die chinesischen Verhältnisse nicht unerwähnt bleiben. Dort wird anscheinend jeder Bürger nach einem Score auf einer Wohlverhaltensskala beurteilt. So etwas scheint äußerst bedenklich und wäre mit europäischen Datenschutzgesetzen sicher nicht vereinbar.

4.8 Erweiterungen der Funktionalität des PTA-Algorithmus

Die mannigfaltigen Anwendungen von Scoring-Systemen, die in Abschn. 4.7 beschrieben wurden, legen nahe, dass einige Schwachpunkte entfernt werden sollten. Als Erstes bietet sich an, die ursprünglichen Vektoren in einen höherdimensionalen Raum einzubetten. Dies würde es gestatten, eine nichtlineare Trennungslinie im Fall zweier Klassen zu nutzen. Einige Beispiele findet man in [3]. Dort werden auch präzise Aussagen gemacht, wie die Kapazität eines einfachen Perceptrons aussieht. In der Tat findet man dort auf S. 326 das sog. *Function Counting Theorem*. Es sei hier zitiert (ohne auf Einzelheiten näher einzugehen).

Function Counting Theorem: Es können C(N, d) trennende Hyperebenen für N Punkte im d-dimensionalen Raum in allgemeiner Lage angegeben werden. Dabei wird die Funktion C(N, d) mithilfe des Binomialkoeffizienten ausgedrückt, der erst in Kap. 6 definiert wird (zu den Einzelheiten sei auf [3] verwiesen).

Jedenfalls kann damit die Frage nach der Existenz einer trennenden Hyperebene beantwortet werden, da die Anzahl der möglichen trennenden Hyperebenen mit der Dimension des sog. *Feature-Raums*, in den der ursprüngliche Raum eingebettet wird, steigt.

Allerdings nimmt die Verallgemeinerungsfähigkeit der trennen Hyperebene mit steigender Dimension ab. Darüber hinaus müssen deutlich steigende Rechenzeiten erwartet werden.

In Beispiel 4.1 wird aber bereits gezeigt, dass man sehr hohe CPU-Zeiten vermeiden kann.

Beispiel 4.1: Ein Kern

Es wird ausgehend vom R^2 eine Einbettung in den R^4 vorgenommen. Die entsprechende Funktion sei gegeben durch

$$\begin{aligned}
\varphi(x_1, x_2) &= (x_1^2, x_2^2, x_1x_2, x_2x_1)\\
\varphi(y_1, y_2) &= (y_1^2, y_2^2, y_1y_2, y_2y_1)\\
\text{mit:} \quad \mathbf{x} &= (x_1, x_2), \mathbf{y} = (y_1, y_2)
\end{aligned}$$

Damit folgt

$$\begin{aligned}
&<\varphi(x_1, x_2), \varphi(y_1, y_2)> = x_1^2y_1^2 + x_2^2y_2^2 + x_1x_2y_1y_2 + x_2x_1y_2y_1\\
&= x_1^2y_1^2 + x_2^2y_2^2 + x_1x_2y_1y_2 + x_2x_1y_2y_1 = x_1^2y_1^2 + x_2^2y_2^2 + 2 * x_1x_2y_1y_2
\end{aligned}$$

Andererseits gilt aber auch

$$<(x_1, x_2), (y_1, y_2)>^2 = x_1^2y_1^2 + x_2^2y_2^2 + 2 * x_1x_2y_1y_2$$

Damit ergibt sich

$$K(\mathbf{x}, \mathbf{y}) = <\varphi(x_1, x_2), \varphi(y_1, y_2)> = <\mathbf{x}, \mathbf{y}>^2$$

und so eine effiziente Möglichkeit, das Skalarprodukt im R^4 zu berechnen. ◄

Natürlich handelt es sich hier nur um ein recht einfaches Beispiel. An ihm ist noch kein systematisches Vorgehen für den allgemeinen Fall zu erkennen. Dem Leser sei jedoch jetzt bereits versichert, dass eine entsprechende Methode existiert. Es wird in Kap. 10 darauf zurückgekommen.

4.8.1 Optimale trennende Hyperebene

Erstaunlicherweise lässt sich auch mit einem modifizierten Pocket-Algorithmus eine nahezu optimale trennende Hyperebene konstruieren. Der entsprechende Algorithmus wird hier skizziert, da die Programmierung weniger Ressourcen beansprucht als die Methoden in Abschn. 3.3.4.3. Es handelt sich im Wesentlichen um eine Verallgemeinerung des Krauth-Mezard-Algorithmus, s. [9]:

Beispiel 4.2: Verallgemeinerter Krauth-Mezard-Algorithmus

Gegeben seien Vektoren (*patterns*) $\mathbf{x}_1, \mathbf{x}_2, \ldots, \mathbf{x}_p$. Gesucht ist ein Vektor $\mathbf{w}^*$ mit

$$<w*, x_j> \geq c \quad \text{für} \quad j = 1, 2, \ldots, p \quad \text{und} \quad c > 0.$$

Annahmen: Ein solcher Vektor existiert (ggfs. kann ja die Einbettung in einen höherdimensionalen Raum erfolgen, s. [3, S. 329–334].), und $|\mathbf{w}^*| = c/\Delta_{opt}$, wobei mit Δ_{opt} die maximale Entfernung der Beispielvektoren vom Nullvektor notiert ist.

Der Pseudo-Code des Algorithmus lautet dann wie folgt:

Verallgemeinerter Krauth-Mezard-Algorithmus
Setze $x := \max_j |\mathbf{x}_j|^2$.
Für $t = 0$ setze $\mathbf{w}_0 = \lambda_1 \mathbf{x}_1 + \lambda_2 \mathbf{x}_2 + \ldots + \lambda_p \mathbf{x}_p$ mit allen λs nichtnegativ.
Für $t = 0, 1, \ldots$ bestimme einen Vektor $\mathbf{x}_{j(t)}$ durch

$$<w_t, x_{j(t)}> := \min_j <w_t, x_t>.$$

Falls

$$<w_t, x_{j(t)}> < c \quad \text{(c ist eine feste positive Zahl)}$$

Setze

$$w_{t+1} = w_t + (1/x) x_{j(t)}$$

Falls $<\mathbf{w}_M, \mathbf{x}_{j(M)}> \geq c$ stop. ◀

Die charakteristischen Eigenschaften des Algorithmus ergeben sich im Wesentlichen aus den folgenden Überlegungen.

Der erste Teil beruht hauptsächlich auf allgemeinen Konvergenzeigenschaften. Sie stammen aus dem Perceptron-Training.

Im zweiten Teil wird gezeigt, dass ein maximaler Trennungsabstand erreicht wird, indem man c gegen unendlich gehen lässt. Der zweite Teil ist wesentlich komplizierter. In beiden Fällen zeigt sich der Einfluss der Arbeit von Krauth/Mezard.

Für einen detaillierten Beweis sei auf [7, S. 323], verwiesen.

► **Warnung** Die oben angesprochene Einbettung in einen höherdimensionalen Raum bringt leider auch Probleme mit sich. Es soll nicht verschwiegen werden, dass bei den Trainingsdaten die Gefahr des *Overfitting* besteht. Zu entsprechenden Beispielen sei auf [1, S. 11–13] verwiesen. Dieses Overfitting kann die Generalisierungseigenschaften des Systems entscheidend verschlechtern. Man kann allerdings versuchen, Abhilfe zu schaffen, in dem die Anzahl der Trainingsdatensätze erhöht wird.

4.8.2 Mehr als zwei Klassen

Es können auch mehr als zwei Klassen behandelt werden, ohne eine Rangordnung festzulegen. Dies wird beispielsweise in [10, S. 175–176], und [4, S. 218–219] dargestellt. Hier soll aber die Übung 3.13 genutzt werden. Wie bereits in [10] vorgeschlagen, wird eine Einbettung in einen höherdimensionalen Raum angenommen, damit im ursprünglichen Raum allgemeinere Trennlinien möglich sind. Sie werden erst im höherdimensionalen Feature-Raum zu Hyperebenen.

Gegeben seien Vektoren (patterns) $f(\mathbf{x}_1),\ldots, f(\mathbf{x}_i),\ldots, f(\mathbf{x}_j),\ldots, f(\mathbf{x}_m)$ mit $\mathbf{x}_i$ aus S_i. Dabei sollen die S_i eine Partition der Vektoren bilden.

Definiere erweiterte Vektoren $(f(\mathbf{x}_i),-1)$, $(-f(\mathbf{x}_j),1)$ und $(\mathbf{w}_i,c)$, $(\mathbf{w}_j,c)$ mit $c > 0$. Dann folgt

$$<(f(\mathbf{x_i}), -1), (\mathbf{w_i}, c)> \; > 0 \rightarrow \; <f(\mathbf{x_i}), \mathbf{w_i}> - c > 0 \rightarrow \; <f(\mathbf{x_i}), \mathbf{w_i}> \; > c \tag{4.2}$$

und

$$<(-f(\mathbf{x_j}), +\mathbf{1}), (\mathbf{w_j}, c)> \; > 0 \rightarrow \; < -f(\mathbf{x_j}), \mathbf{w_j}> + c > 0 \rightarrow -<f(\mathbf{x_j}), \mathbf{w_j}> \; > -c \tag{4.3}$$

Wegen Gln. (4.2) und (4.3) ergibt sich

$$<f(\mathbf{x_i}), \mathbf{w_i}> \; > c \quad \text{und} \quad <f(\mathbf{x_j}), \mathbf{w_j}> \; < c \tag{4.4}$$

Damit kann der PTA prinzipiell Anwendung finden, wenn man alle Koeffizienten der $(\mathbf{w}_i, c)$ aneinanderreiht (in einem größeren Raum). Allerdings sind die einzelnen Blöcke zunächst mit Nullen aufzufüllen. Vergleiche hierzu auch [10, S. 176].

Leider treten hier bisweilen Klassifikationsprobleme auf, die in [4, S. 218–219] ausführlich diskutiert werden.

Bemerkung: Duda schlägt in [4] vor, die Bedingung

$$<\mathbf{w_i^*}, f(\mathbf{x_i})> \; > \; <\mathbf{w_j^*}, f(\mathbf{x_j})> \forall j \neq i \tag{4.5}$$

zu nutzen.

Handelt es sich bei den $f(\mathbf{x}_i)$ und den entsprechenden $\mathbf{w}_i$* um Einheitsvektoren (diese Forderung ist nicht so ungewöhnlich, s. [10, S. 170]), so hat die Bedingung in Gl. (4.5) eine interessante Interpretation. Es gilt

$$<\mathbf{w}_i^* - f(\mathbf{x}_i), \mathbf{w}_i^* - f(\mathbf{x}_i)> = 2 - 2 * <\mathbf{w}_i^*, f(\mathbf{x}_i)> < <\mathbf{w}_j^* - f(\mathbf{x}_j), \mathbf{w}_j^* - f(\mathbf{x}_j)> \quad (4.6)$$

Aus Gl. (4.6) ergibt sich, dass der Abstand von $f(\mathbf{x}_i)$zu $\mathbf{w}_i$* minimal ist. Folglich handelt es sich um eine merkwürdige Parallele zum nicht überwachten Lernen. Insbesondere ist hier der später behandelte k-Means-Algorithmus zu erwähnen: Es scheint doch überraschend, dass in diesem Zusammenhang wieder der PTA-Algorithmus auftaucht, obwohl, prima facie, kein Grund dafür vorhanden ist.

Literatur

1. Bishop, C.M.: Neural networks for pattern recognition. Oxford University Press (2013)
2. Block, H.D., Levin, S.A.: On the Boundedness of an Iterative Procedure for Solving a System of Linear Inequalities. Proceedings of the. American Mathematical Society (1970)
3. Cover, T.M.: Geometrical and statistical properties of systems of linear inequalities with applications in pattern recognition. IEEE Trans. Electron. Comput. (1965). https://doi.org/10.1109/pgec.1965.264137
4. Duda, R.O., Hart, P.E., Stork, D.G.: Pattern Classification. Wiley, Student Edition reprinted (2017)
5. Falkowski, B.-J.: Lernender Klassifikator, Offenlegungsschrift DE 101 14874 A1, Deutsches Patent- und Markenamt, München, (14. Nov. 2002), https://register.dpma.de/DPMAregister/pat/register?AKZ=101148747, zuletzt besucht am 9. Sept. 2024
6. Falkowski, B.-J.: Verfahren zur Berücksichtigung der Kostenfunktion für einen lernenden rechnergestützten Klassifikator, Offenlegungsschrift DE 102 38 129 A1, Deutsches Patent- und Markenamt, München, (11. März 2004), https://register.dpma.de/DPMAregister/pat/register?AKZ=102381291, zuletzt besucht am 9. Sept. 2024
7. Falkowski, B.-J.: A Note on a Large Margin Pocket Algorithm. Information Technology and Control, Vol. 35, No. 3 A, (2006), S. 323–326
8. Gallant, S.I.: Perceptron-based Learning Algorithms. IEEE Trans. Neural Netw (1990). https://doi.org/10.1109/72.80230
9. Krauth, W., Mezard, M.: Learning Algorithms with Optimal Stability in Neural. Networks. J. Phys. A: Math. Gen. **20**, L745 (1987)
10. Minsky, M.L.; Papert, S.; Perceptrons. MIT Press.
11. Urheber nicht bekannt, zuletzt besucht am 14.12.2023. https://de.wikipedia.org/wiki/scoring_(Medizin)

Beschreibende Statistik 5

Zusammenfassung

In diesem Kapitel werden einige elementare Resultate zu Häufigkeitsverteilungen präsentiert. Dies scheint notwendig, da beim Einsatz neuronaler Netze große Datenmengen auftreten. Zusätzlich ergibt sich so die Gelegenheit statistische Grundbegriffe zu erläutern, die später auch in der Kombinatorik und der schließenden Statistik auftauchen. Insbesondere sind hier relative Häufigkeiten und empirische Wahrscheinlichkeitsverteilungen zu nennen. Daneben werden auch einige Kennzahlen behandelt, ohne einen Anspruch auf Vollständigkeit zu erheben.

5.1 Einführung

Angesichts großer Datenmengen, die heute standardmäßig auftreten, scheint es sinnvoll, nach einer Klärung grundlegender Begriffe, gewisse Kennzahlen aus dem Bereich der Häufigkeitsverteilungen zu behandeln. Diese dienen einerseits dazu, bereits Informationen zu vermitteln, die einem reinen „Datenfriedhof" nicht ohne weiteres zu entnehmen sind (möglicherweise sieht man den Wald vor lauter Bäumen nicht mehr). Andererseits werden sie in einem Teil der Wahrscheinlichkeitstheorie, die das nächste Kapitel bildet, wieder benötigt. Daneben werden auch Kennzahlen des Zusammenhangs beschrieben. Insbesondere führt der Begriff der Kovarianz zur Definition der Regressionsgeraden.

B.-J. Falkowski, *KI, Statistik und Anwendungen*,
https://doi.org/10.1007/978-3-658-49450-6_5

5.2 Häufigkeitsverteilungen

Hier werden zunächst einige Grundbegriffe eingeführt. Dabei werden im Wesentlichen numerische Wertebereiche behandelt, da sie hauptsächlich von Interesse sind. Gelegentlich kommen aber nominale Wertebereiche vor. Auf eine formale Definition der Wertebereiche wird verzichtet, da sie sich leicht aus dem Zusammenhang ergeben.

5.2.1 Grundbegriffe

Die Objekte, bei denen Daten analysiert werden, werden als *Erhebungseinheiten* bezeichnet.

Beispiel 5.1: Studierende

Studierende, deren Klausurergebnisse analysiert werden sollen. ◄

Die Gesamtheit aller Erhebungseinheiten stellt die *Grundgesamtheit* dar.

Beispiel 5.2: Teilnehmer eine Klausur

Alle Studierenden einer bestimmten Klausur. ◄

Die *Merkmalsausprägungen* bestimmen den Wertebereich.

Beispiel 5.3: Numerische Wertebereiche

Numerischer Wertebereich bei Noten für Studierende. Hier wären allerdings auch nominale Werte denkbar (sehr gut, gut, ...). ◄

5.2.2 Häufigkeitsverteilungen einzelner Merkmale

Beispiel 5.4: Verschiedene Häufigkeiten

Betrachtet seien alle Studierenden einer bestimmten Klausur (Grundgesamtheit). Dann lassen sich die Häufigkeiten der Noten in einer Tabelle auflisten. Interessant sind aber auch die *relativen Häufigkeiten* (= Häufigkeit/Anzahl Studierende in der Grundgesamtheit). Später wird sich auch noch zeigen, dass die relative Summenhäufigkeit *(empirische Verteilungsfunktion)* Analoga in der Wahrscheinlichkeitstheorie hat, siehe Tab. 5.1. Die in Tab. 5.1 enthaltenen Häufigkeiten werden durch den R-Programmtext, der direkt ins R-Studio kopiert werden kann (s. auch Abschn. 11.6 und 11.4), bereitgestellt.

Bemerkung: Wie schon früher erwähnt, gehört eine Zeile, die mit einer eins in eckigen Klammern beginnt „[1]“, nicht mehr zum eigentlichen Programm. Hier wird vielmehr das Ergebnis des unmittelbar darüberstehenden Programmteils angezeigt. ◄

Tab. 5.1 Verschiedene Häufigkeiten

Note	Häufigkeit	Relative Häufigkeit	Relative Summenhäufigkeit
1	18	0.1267606	0.1267606
2	22	0.1549296	0.2816901
3	40	0.2816901	0.5633803
4	30	0.2112676	0.7746479
5	32	0.2253521	1.000000

#R-Programm für Beispiel 5.4[1]

```
noten <- c(1,2,3,4,5)
häufigkeit <- c(18,22,40,30,32)
relative.häufigkeit <- (häufigkeit/sum(häufigkeit))
relative.häufigkeit
[1] 0.1267606 0.1549296 0.2816901 0.2112676 0.2253521
relative.summen.häufigkeit <- cumsum(relative.häufigkeit)
relative.summen.häufigkeit
[1] 0.1267606 0.2816901 0.5633803 0.7746479 1.0000000
relative.summen.häufigkeits.tabelle <-
data.frame(noten,häufigkeit,relative.häufigkeit,relative.summen.
    häufigkeit)
relative.summen.häufigkeits.tabelle
noten häufigkeit relative.häufigkeit relative.summen.häufigkeit
1 1 18 0.1267606 0.1267606
2 2 22 0.1549296 0.2816901
3 3 40 0.2816901 0.5633803
4 4 30 0.2112676 0.7746479
5 5 32 0.2253521 1.0000000
```

Die relative Summenhäufigkeit erlaubt bereits jetzt eine sehr einfache Auswertung der Resultate in Tab. 5.1: Beispielsweise sieht man aus der letzten Spalte, dass ca. 28 % (0.2816901 * 100) die Note 1 oder 2 erhalten haben. Daneben ergibt sich ebenso, dass ca. 77 % ausreichende Ergebnisse erzielt haben (und damit ca. 13 % (= 100 % – 77 %)) die Prüfung nicht bestanden haben. Die letzte Folgerung gestattet es häufig, in der Wahrscheinlichkeitstheorie kompliziertere Rechnungen durch Nutzung des Komplements stark zu vereinfachen. Schließlich sei noch angemerkt (im Hinblick auf spätere Analogien in der Wahrscheinlichkeitstheorie), dass sich auch Intervalle berechnen lassen. Beispielsweise ergibt sich der Prozentsatz der Studierenden, die die Note 3 oder 4 erhalten haben, durch 100 * (0.7746479 – 0.2816901) = 49.29578 %.

[1] Alle R-Programme sind auch in Form von digitalem Zusatzmaterial online auf SpringerLink abrufbar. Das Zusatzmaterial ist auf der Produktseite zum Buch unter der Vorschau zu Kap. 1 zu finden.

Tab. 5.2 Notenschema mit verschiedenen Häufigkeiten

Note	Häufigkeit	Relative Häufigkeit	Relative Summenhäufigkeit
1	20		
2	18		
3	35		
4	30		
5	15		

Übung 5.1: Verschiedene Häufigkeiten
Gegeben sei ein Notenschema durch die Tab. 5.2.

a) Man berechne die relativen Häufigkeiten.
b) Man berechne die relativen Summenhäufigkeiten.
c) Man gebe die Anzahl der Noten 1, 2 oder 3 in Prozent an.
d) Man gebe die Anzahl der Studierenden mit ausreichenden Ergebnissen in Prozent an.
e) Man gebe die Anzahl der Studierenden mit nicht ausreichenden Ergebnissen ebenfalls in Prozent an.

Im Beispiel 5.4. in Abschn. 5.2.2 lässt sich auch das Geschlecht der Studierenden feststellen. Damit lassen sich einerseits Vergleiche hinsichtlich der präferierten Studienrichtung weiblicher Studierender im Gegensatz zu männlichen Studierenden anstellen. Andererseits muss man sich aber auch mit einigen Schwierigkeiten befassen.

5.2.3 Häufigkeitsverteilungen zweier Merkmale

Zur Untersuchung der oben angesprochenen Studienrichtungen sei die Tab. 5.3 gegeben, wo die Ergebnisse von 1000 Studierenden einer sozial- und wirtschaftswissenschaftlichen Fakultät einer Universität aufgeführt sind.

Dabei wurden die folgenden Abkürzungen benutzt.

- Winf: Wirtschaftsinformatik
- Soz: Soziologie
- VWL: Volkswirtschaftslehre

Tab. 5.3 Absolute Häufigkeiten der Studienrichtung

Geschlecht	Winf	Soz	VWL	Sowi	Psych	Summe
Weiblich	230	240	40	50	40	600
Männlich	170	120	60	30	20	400
Summe	400	360	100	80	60	1000

Tab. 5.4 Relative Häufigkeiten der Studienrichtung (beobachtete Werte)

Geschlecht	Winf	Soz	VWL	Sowi	Psych	Summe
Weiblich	0,23	0,24	0,04	0,05	0,04	0,6
Männlich	0,17	0,12	0,06	0,03	0,02	0,4
Summe	0,4	0,36	0,1	0,08	0,06	1,0

Tab. 5.5 Bedingte relative Häufigkeiten der Studienrichtung

Geschlecht	Winf	Soz	VWL	Sowi	Psych	Summe
Weiblich	0,383	0,4	0,067	0,083	0,067	1
Männlich	0,425	0,3	0,15	0,075	0,05	1

- Sowi: Sozialwissenschaften
- Psych: Psychologie

Der Inhalt der Tabelle Tab. 5.3 ist weitgehend selbsterklärend. Beispielsweise sind unter dem Studienfach Winf 220 weibliche und 180 männliche Studierende gelistet, was in Summe 400 ergibt.

Diese zweidimensionale Tabelle ist im Allgemeinen nicht leicht zu handhaben. Deshalb konzentriert man sich auf die sogenannten eindimensionalen *Randverteilungen*.

Hiermit lassen sich relative Häufigkeiten wie üblich bilden. Es ergibt sich Tab. 5.4.

Allerdings ist, wie oben bereits erwähnt, diese Tabelle etwas irreführend. Es scheint nämlich so zu sein, dass (Winf-Spalte) weniger Männer als Frauen Wirtschaftsinformatik studieren, was doch etwas überrascht. Dabei wird aber nicht berücksichtigt, dass deutlich mehr Frauen als Männer unter den Studierenden sind.

Tatsächlich ist hier ein anderes Vorgehen notwendig. Man muss nämlich die bedingten Häufigkeitsverteilungen betrachten. Dabei werden Frauen und Männer getrennt behandelt und ihre relativen Häufigkeiten werden in der jeweiligen Gruppe angegeben. Dies führt zur Tab. 5.5.

Jetzt wird klar, dass tatsächlich mehr Männer als Frauen Wirtschaftsinformatik studieren, was zu erwarten war.

5.2.4 Einige Kennzahlen

Als wichtigste Kennzahl ist wohl der *Mittelwert (mean)* eines Merkmals zu nennen. Er ist heute bereits jedem Schulkind bekannt, da er im Hinblick auf einen eventuellen Schulwechsel eine besondere Rolle spielt. Darüber hinaus erlaubt er auch Lehrkräften einen schnellen Überblick, ob eine Lehrveranstaltung erfolgreich war.

► **Mittelwert** Gegeben seien N Zahlenwerte (in Übung 5.1 $N = 118$). Dann ergibt sich der Mittelwert (notiert als $\overline{x}$) zu

$$\overline{x} = \frac{(x_1 + x_2 + \ldots x_N)}{N} \tag{5.1}$$

Da in Übung 5.1 bereits eine Tabelle gegeben ist, bietet sich jedoch eine alternative Definition unter Nutzung der Häufigkeiten h_i an

$$\overline{x} = \frac{(x_1 * h_1 + x_2 * h_2 + \ldots + x_k * h_k)}{N} \tag{5.2}$$

Schließlich gibt es noch eine dritte Möglichkeit, da die h_l / N ja die relativen Häufigkeiten darstellen, nämlich

$$\overline{x} = \sum_{i=1}^{k} x_i * p_i \tag{5.3}$$

mit p_i = relative Häufigkeit.

Die letzte in der Definition angegebene Möglichkeit zeigt die Entsprechungen hinsichtlich des weiter unten im Bereich der Wahrscheinlichkeitstheorie definierten Mittelwerts. Dabei entsprechen den relativen Häufigkeiten die Wahrscheinlichkeiten.

#R-Programm für Beispiel 5.5

```
#In Übung 5.1 ergeben sich folgende Zahlenwerte für den
    Notendurchschnitt:
sum(noten*häufigkeit) = 356
sum(häufigkeit) = 118
Durchschnitt = 356/118 = 3.016949
```

Übung 5.2: Mittelwert
Man verifiziere den Mittelwert der Noten in Übung 5.1 unter Nutzung der relativen Häufigkeiten.

Untersucht man beispielsweise die Gehaltsstruktur bei einer bestimmten Firma, so kann es etwa vorkommen, dass die Gehälter stark differieren. Bei einer anderen Firma ist möglicherweise das Gegenteil der Fall. Trotzdem könnte es durchaus vorkommen, dass in beiden Fällen der gleiche Mittelwert vorhanden ist:

In Firma 1 seien 6 Arbeitnehmer mit monatlichem Einkommen gemäß der Tab. 5.6 beschäftigt.

In Firma 2 seien 6 Arbeitnehmer mit monatlichem Einkommen gemäß der Tab. 5.7 beschäftigt.

Für Firma 1 Tab. 5.6, wie auch für Firma 2 Tab. 5.7, erhält man also den Mittelwert 4000. Offenbar beschreibt hier der Mittelwert die tatsächlichen Verhältnisse nur sehr unzureichend.

Tab. 5.6 Arbeitnehmer Firma 1 (ungleichmäßige Verteilung der Gehälter)

	A1	A2	A3	A4	A5	A6
Gehalt	2000	2000	2000	2000	2000	14000

Tab. 5.7 Arbeitnehmer Firma 2 (gleichmäßige Verteilung der Gehälter)

	B1	B2	B3	B4	B5	B6
Gehalt	4000	4000	4000	4000	4000	4000

Dadurch wird klar, dass man zu einer besseren Beschreibung ein Maß für die Streuung benötigt. Dies wird erreicht durch die *Varianz*. Man misst dabei die durchschnittliche Abweichung vom Mittelwert. Dabei führt man allerdings noch Quadrate ein, um zu vermeiden, dass Abweichungen, die sich nur durch das Vorzeichen unterscheiden, sich gegenseitig aufheben.

Die Definition der Varianz (notiert mit s^2) erfolgt in drei Teilen und ähnelt so der Definition des Mittelwerts.

Varianz Gegeben seien N Zahlenwerte. Dann ergibt sich die Varianz zu

$$s^2 = \frac{\sum_{i=1}^{N}(x_i - \overline{x})^2}{N} \tag{5.4}$$

Ist bereits eine Tabelle gegeben, bietet sich die Nutzung der Häufigkeiten h_i an

$$s^2 = \frac{\sum_{i=1}^{k}(x_i - \overline{x})^2 * h_i}{N} \tag{5.5}$$

Schließlich gibt es noch die dritte Möglichkeit nämlich

$$s^2 = \sum_{i=1}^{k}(x_i - \overline{x})^2 * p_i \tag{5.6}$$

mit p_i = relative Häufigkeit.

Die Quadratwurzel der Varianz s wird als *Standardabweichung* bezeichnet und taucht später häufig auf.

Übung 5.3: Varianz
Man berechne die Varianz der Noten in Übung 5.1.

Tab. 5.8 Erwartete Werte bei fehlendem Zusammenhang

Geschlecht	Winf	Soz	VWL	Sowi	Psych	Summe
Weiblich	0,24	0,216	0,06	0,048	0,036	0,6
Männlich	0,016	0,144	0,04	0,032	0,024	0,4
Summe	0,4	0,36	0,1	0,08	0,06	1,0

Bei erneuter Betrachtung der Tab. 5.3 fällt auf, dass offenbar ein statistischer Zusammenhang zwischen Geschlecht und Studienrichtung besteht. Man muss jedoch berücksichtigen, dass es sich hier um einen rein statistischen Zusammenhang handelt, der ausschließlich aus den vorhandenen Daten resultiert. Es ist nichts darüber gesagt, ob dieser Zusammenhang kausaler Natur ist. Die entsprechende Problematik ist seit langer Zeit bekannt. Lösungsansätze existieren aber erst seit Kurzem. Verwiesen sei auf [4, 5].

Versucht man diesen statistischen Zusammenhang zu quantifizieren, so erweist sich folgende einfache Überlegung als hilfreich.

Beispiel 5.6: Statistischer Zusammenhang

Zunächst sei nochmals auf die Tab. 5.4 mit ihren relativen Häufigkeiten verwiesen. Dabei wurde beispielsweise beobachtet, dass 40 % der Studierenden Wirtschaftsinformatik studieren. Gäbe es keinen statistischen Zusammenhang, so müssten in den Teilgesamtheiten der männlichen bzw. weiblichen Studierenden ebenfalls 40 % Wirtschaftsinformatik, 36 % Sozialwissenschaften etc. studieren. Das würde die Tab. 5.8. ergeben.

Dabei wurde die folgende Formel benutzt.

Der ij-te Eintrag des erwarteten Werts $E_{ij} = z_i * s_j$. Dabei steht z_i für Zeilensumme der Zeile i und s_j für Spaltensumme der Spalte j. Beispielsweise ergeben sich die Werte für E_{13} bzw. E_{22} zu $0{,}1 * 0{,}6 = 0{,}06$ bzw. $0{,}36 * 0{,}4 = 0{,}144$.

Die Tab. 5.8 unterscheidet sich nur leicht von der Tab. 5.4. Deshalb würde man nur einen schwachen Zusammenhang erwarten. Um diesen Zusammenhang zu quantifizieren, werden zunächst die Differenzen der Einträge beider Tabellen gebildet. Sie werden quadriert (um sich gegenseitig aufhebende Differenzen, die sich nur durch das Vorzeichen unterscheiden, zu vermeiden). Die sich ergebenden Einträge werden durch die zu erwartenden relativen Häufigkeiten dividiert und danach aufsummiert. Schließlich wird diese Summe noch mit der Gesamtzahl der Erhebungseinheiten (hier 1000) multipliziert. Das Ergebnis wird mit *Chi-Quadrat* (χ^2) bezeichnet. Die Berechnung in R gestaltet sich recht einfach, da die Chi-Quadrat-Funktion leicht programmiert werden kann.

$$x^2 = N * \sum_{i,j} \frac{\left(p_{ij}^b - p_{ij}^e\right)^2}{p_{ij}^e} \tag{5.7}$$

In der Formel in Gl. 5.7 steht p_{ij}^b für beobachtete, p_{ij}^e für erwartete Werte. ◄

#R-Programm für Beispiel 5.6

```
chi = function(x,y,n){z=((x-y)^2)/y;return(n*sum(z))}
# x, y, n Parameter
#Aufruf mit
chi(c(0.23, 0.24, 0.04, 0.05, 0.04, 0.17, 0.12, 0.06, 0.03, 0.02), c
    (0.24, 0.216, 0.06, 0.048, 0.036, 0.16, 0.144, 0.04, 0.032, 0.024)
    , 1000)
[1] 25.69444
```

In diesem Programmcode wurde die Formel in Gl. (5.7) benutzt.

Übung 5.4: χ^2-Funktion mit Häufigkeiten
Man führe die analoge Rechnung in R unter Nutzung der Häufigkeiten durch.

Hinweis: Die Multiplikation mit 1000 entfällt, da sie bereits in den Häufigkeiten enthalten ist. Die erwarteten Werte ergeben sich mittels der Formel

$$E_{ij} = \frac{z_i * s_j}{n}$$

wobei die Gesamtzahl der Beobachtungen mit *n* notiert wurde.

χ^2 beschreibt leider nicht die Stärke des Zusammenhangs (außer dass bei 0 kein Zusammenhang vorliegt). Um ein Maß für die Stärke zu erhalten, muss χ^2, wie in Gl. (5.8), durch das *Cramer'sche V* normiert werden.

$$V = \sqrt{\frac{x^2}{N * (\min(s,t) - 1)}} \tag{5.8}$$

Dabei sind *s* und *t* die Anzahlen der beiden Merkmalsausprägungen (Studienrichtung und Geschlecht), womit sich eine Kennzahl zwischen 0 und 1 ergibt, die umso größer ist, je stärker der Zusammenhang ist. Üblicherweise wird bei einem Wert zwischen 0 und 0,2 von einem schwachen Zusammenhang gesprochen. Bei einem Wert zwischen 0,2 und 0,6 spricht man von einem mittleren Zusammenhang, bei einem Wert darüber von einem starken Zusammenhang.

In Gl. (5.8) ergibt sich:

#R-Programm für Gl. (5.8)

```
(25.69444/1000)^(1/2)
[1] 0.1602949
```

Hier handelt es sich also um einen schwachen Zusammenhang, wie erwartet.

Tab. 5.9 Studienrichtung (beobachtet)

Geschlecht	Winf	Soz	VWL	Sowi	Psych	Summe
Weiblich	0	0	0	0	500	500
Männlich	500	0	0	0	0	500
Summe	500	0	0	0	500	1000

Tab. 5.10 Studienrichtung (erwartete Werte)

Geschlecht	Winf	Soz	VWL	Sowi	Psych	Summe
Weiblich	250	0	0	0	250	500
Männlich	250	0	0	0	250	500
Summe	500	0	0	0	500	1000

Tab. 5.11 Cramer'sches V (Verifikation mit anderen Werten)

Geschlecht	Winf	Soz	VWL	Sowi	Psych	Summe
Weiblich	0	0	0	0	400	400
Männlich	600	0	0	0	0	600
Summe	600	0	0	0	400	1000

Oben wurde behauptet, dass sich das Maximum der χ^2-Funktion bei vollständiger Abhängigkeit ergibt. Laut [2, S. 114] tritt das genau dann auf, wenn in jeder Zeile und jeder Spalte der χ^2-Tabelle genau ein von Null verschiedener Wert auftaucht. Dies soll hier beispielhaft demonstriert werden, da es gar nicht so leicht zu erkennen ist. Insbesondere die Erläuterung der erwarteten Werte trägt zum besseren Verständnis bei.

Es wird von folgender Situation ausgegangen: Alle männlichen Studierenden sollen Wirtschaftsinformatik und alle weiblichen Psychologie studieren. Weiterhin wird angenommen, dass, wie in Übung 5.4, mit den Häufigkeiten und nicht mit den relativen Häufigkeiten gearbeitet wird. Dies erweist sich als vorteilhaft, da ansonsten Divisionen durch Null auftreten würden. Dann würden die beobachteten Werte beispielsweise wie in Tab. 5.9 aussehen.

Die erwarteten Werte würden sich wie in Tab. 5.10 ergeben.

Bemerkung: Man beachte, dass die Wahl von jeweils 500 weiblichen und männlichen Studierenden keine inhaltliche Relevanz besitzt. Sie wurde lediglich getroffen, um die Rechnungen möglichst einfach zu gestalten. Bei einer anderen Wahl ergibt sich das gleiche Resultat für das Cramer'sche V.

Die Berechnung von χ^2 würde $(0-250)^2/250+(500-250)^2/250+(500-250)^2/250+(0-250)^2/250$ und damit 1000 ergeben. Da $\min(s-1, t-1)$ hier 1 ist, folgt, dass das Cramer'sche V hier tatsächlich den Wert $\chi^2/1000 = 1$ annimmt.

Übung 5.5: Cramer'sches V

Man verifiziere die Behauptung in der obigen Bemerkung, indem man die Berechnung für das Cramer'sche V für die Tab. 5.11 durchführt.

Tab. 5.12 Alter und Einkommen: Linearer Zusammenhang

Person	P1	P2	P3	P4	P5	P6
Alter	18	24	36	30	48	54
Einkommen	1200	1860	2400	2100	2220	3000

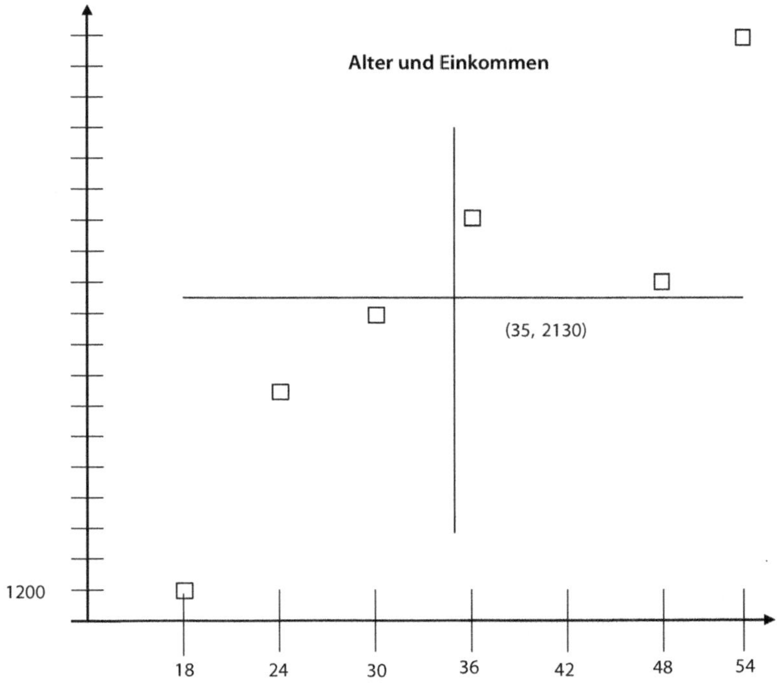

Abb. 5.1 Alter und Einkommen

Eine weitere Möglichkeit für einen speziellen Zusammenhang ergibt sich aus der Tab. 5.12. In ihr werden 6 Personen nach Alter und Einkommen beschrieben.

Einen besseren Überblick erhält man in Abb. 5.1.

Es zeigt sich, dass mit steigendem Alter auch das Einkommen zu steigen scheint. Wieder handelt es sich um einen rein statistischen Zusammenhang. Das anscheinend mit dem Alter steigende Einkommen kann beispielsweise auch von der Qualifikation beeinflusst werden.

Jedenfalls steht man auch hier vor dem Problem, eine Quantifizierung durchzuführen. Hierfür findet man in [6, S. 70] eine schöne Begründung, die auf gerichteten Rechtecken beruht. Allerdings wurden gerichtete Rechtecke bereits in [7, S. 15] behandelt, sodass die eigentliche Idee vermutlich Sedlmeier und Engel zuzurechnen ist. In Abb. 5.1 wurde zunächst ein neues Koordinatensystem eingeführt. Sein Nullpunkt (markiert) ist durch die Mittelwerte von Alter und Einkommen im alten System gegeben, nämlich: (35, 2130).

Tab. 5.13 Alter und Wattleistung: Gegensinniger linearer Zusammenhang

	P1	P2	P3	P4	P5	P6
Alter	18	24	36	30	48	54
Watt	250	240	190	200	170	160

#R-Programm zur Mittelwert-Berechnung für Tab. 5.12

```
Alter <- mean(c(18,24,36,30,48,54))
Alter
[1] 35
Einkommen <- mean(c(1200,1860,2400,2100,2220,3000))
Einkommen
[1] 2130.
```

Multipliziert man die Koordinaten im neuen System miteinander, so ergibt sich eine gerichtete Rechtecksfläche. In Abb. 5.1 liegen alle Punkte, die durch Quadrate gekennzeichnet sind, im neuen System entweder im ersten oder dritten Quadranten des neuen Systems. Damit haben alle Flächen der gerichteten Rechtecke positives Vorzeichen. Die Situation scheint etwas gekünstelt. Sollten allerdings im zweiten oder vierten Quadranten zusätzliche Punkte auftauchen, so würden sie Einfluss auf die Summe der Flächen der gerichteten Rechtecke haben. Ist die Summe positiv, so spricht man von einem *linearen gleichsinnigen Zusammenhang*.

Auch ein linearer gegensinniger Zusammenhang ist möglich. Man denke etwa an bei einem Belastungs-EKG erzielte Leistungen wie in der Tab. 5.13.

Hier wäre die Summe gerichteter Rechtecksflächen negativ.

Man beachte, dass es sich jedenfalls um einen linearen Zusammenhang handelt. Eine andere Art eines statistischen Zusammenhangs ist nicht ausgeschlossen.

Ein linearer gleichsinniger Zusammenhang wird durch die Kovarianz beschrieben. Sie ist durch die folgende Formel gegeben.

► **Kovarianz** Gegeben seien zwei numerische Faktoren gleicher Dimension. Dann wird die Kovarianz s_{xy} definiert als Mittelwert gerichteter Rechtecksflächen. Konkret lautet die Formel

$$s_{xy} = \frac{\sum_{i=1}^{N}(x_i - \overline{x})(y_i - \overline{y})}{N} \tag{5.9}$$

Es fehlt noch die Bestimmung der Stärke des Zusammenhangs. Sie wird durch eine Normierung erreicht. Sie ähnelt der Berechnung des Cramer'schen V für die Chi-Quadrat-Funktion und wird durch den *Korrelationskoeffzienten r* erreicht. Er ist definiert durch

Der Korrelationskoeffizient

$$r = \frac{s_{xy}}{s_x * s_y} \tag{5.10}$$

Hier wurden die Mittelwerte von x bzw. y mit s_x bzw. s_y notiert.

Übung 5.6: Kovarianz
Man berechne die Kovarianz von Alter und Einkommen in Tab. 5.12. Man gebe auch den Korrelationskoeffizienten an.

Übung 5.7: Korrelationskoeffizient
Man zeige, dass der Korrelationskoeffizient nur Werte im Intervall $[-1, +1]$ annehmen kann.

5.2.5 Regression

Die oben berechneten Parameter lassen eine graphische Interpretation zu. Es scheint sinnvoll, den linearen Zusammenhang (nomen est omen) durch eine Gerade zu beschreiben. Man bedient sich dazu der Methode der *kleinsten Fehlerquadrate*. Es wird versucht, die Abweichungsfehler zu minimieren. Eine ausführliche Berechnung, die mittels Standardmethoden für lineare Gleichungssysteme erreicht wird, findet man in [1, S. 175–176].

Allgemein hat eine Geradengleichung die Form $y = b_1 * x + b_2$. Dabei sind b_1 und b_2 Konstanten, die sogenannten *Regressionsparameter*. Dies führt zur folgenden Definition.

Die Regressionsgerade Die Regressionsgerade hat die Form

$$y = b_1 * x + b_2$$

Dabei sind die Regressionsparameter gegeben durch

$$b_1 := \frac{s_{xy}}{s_x^2} \tag{5.11}$$

und

$$b_2 := \overline{y} - b_1 * \overline{x} \tag{5.12}$$

Das Quadrat des Korrelationskoeffizienten bezeichnet das *Bestimmtheitsmaß* und beschreibt die Güte des Modells.

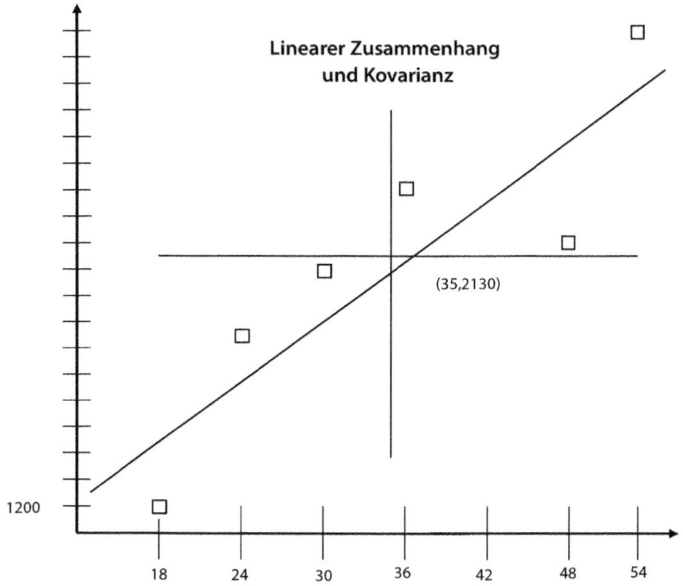

Abb. 5.2 Linearer Zusammenhang und Kovarianz

Die Regressionsgerade lässt sich jetzt explizit berechnen, wie im folgenden Programmcode dargestellt. Allerdings ist das ziemlich mühsam und fehleranfällig. Es bietet sich daher an, die R-Funktion *lm* (für *linear model*) zu nutzen.

#R-Programm für Gl. (5.12)

```
alter <- c(18,24,36,30,48,54)
einkommen <- c(1200,1860,2400,2100,2220,3000)
b1 <- cov(alter,einkommen)/var(alter)
b1
[1] 38.19876
b2 <- mean(einkommen)-b1*mean(alter)
b2
[1] 793.0435
12*38.19876+793.0435
[1] 1251.429
48*38.19876+793.0435
[1] 2626.584
```

Folglich sind 2 Punkte durch die Regressionsgerade gegeben durch (12, 1251.429) und (48, 2626.584). Die Regressionsgerade ist in Abb. 5.2 dargestellt.

Der Nutzen der Regression soll mittels der folgenden (etwas längeren) Fallstudie gezeigt werden. Dabei geht es darum, eine Datenreihe (genauer Zeitreihe) zu Vorhersagezwecken zu untersuchen. Allerdings müssen zur effizienten Ausführung einige Vorbereitungen getroffen werden. Insbesondere muss gezeigt werden, wie in R ein *Data Frame* in Form einer Excel-Tabelle von einem *Working Directory* eingelesen werden und ein *Package* geladen werden kann. Dies ist neu, da bis jetzt die I/O-Problematik in R vermieden wurde und man sich wegen relevanter Syntax auf den Anhang stützen konnte. Trotzdem scheint es sinnvoll, da R ein entsprechendes Funktionsangebot zur Verfügung stellt und so zeitraubende Berechnungen vermieden werden können (s. Abschn. 11.8 und 11.7).

5.2.6 Fallstudie: Zeitreihe

Der Umsatz (in Millionen EUR), der mit einem bestimmten Produkt erzielt wird, unterliegt gewissen saisonalen Schwankungen. Er hat sich in den vergangenen fünf Jahren gemäß der Tab. 5.14 entwickelt (vgl. auch [1, S. 173–180]).

Zum Einlesen der Tabelle dient der folgende Code (s. auch Abschn. 11.8).

Tab. 5.14 Umsatzentwicklung als Zeitreihe (mit saisonaler Komponente und Regressionsparametern)

Quartal	Umsatz	Zeitpunkt	SK		Regress.	Para.
1	8,3	1	−0,8029		8,7037	0,3992
2	10,1	2	0,5979			
3	7,4	3	−2,5013			
4	14,2	4	3,8995			
1	9,6	5	−1,0997			
2	11,8	6	0,7011			
3	8,7	7	−2,7981			
4	16,2	8	4,3027			
1	11,2	9	−1,0965			
2	13,4	10	0,7043			
3	9,5	11	−3,5949			
4	17,3	12	3,8059			
1	12,7	13	−1,1933			
2	14,6	14	0,3075			
3	11,2	15	−3,4917			
4	19	16	3,9091			
1	13,8	17	−1,6901			
2	15,5	18	−0,3893			
3	13,4	19	−2,8885			
4	20	20	3,3123			

#R-Programm für 5.2.6

```
setwd("C:/Users/falkowski/R für Einsteiger")
# Ins Arbeitsverzeichnis wechseln
test.tab = read.csv2("Regression_Umsatz.csv")
# Tabelle als Data Frame einlesen
attach(test.tab) # Datei aktivieren
```

Man beachte die doppelten Hochkommata im Programmcode. Auch ist das read.csv2 zum Einlesen nötig, da in R Dezimalkommata durch Punkt notiert werden (im Gegensatz zu Excel). In Excel ist es prinzipiell möglich, das Dezimalkomma durch einen Punkt zu ersetzen. Es wird jedoch dringend davon abgeraten, da in der Erfahrung des Autors das ordnungsgemäße Funktionieren nicht gewährleistet ist. Das Arbeitsverzeichnis des Autors ist R für Einsteiger. Es wird erreicht über den Menüpunkt Session-Set Working Directory-Choose Directory im R-Studio. Der Pfad ist durch „C:/Users/Falkowski/R für Einsteiger" gegeben. Man beachte auch, dass die doppelten Hochkommata nicht vergessen werden dürfen (Sie werden bei Nutzung von *Set Working Directory* in R-Studio automatisch hinzugefügt; s. Abschn. 11.8).

Einen ersten Überblick kann man sich mittels des folgenden Programmcodes verschaffen.

#R-Programm zu Beispiel 5.7

```
plot(test.tab$Zeitpunkt,test.tab$Umsatz,type="o", main="Zeitreihe (
    erster Eindruck)", ylab="Umsatz", xlab="Zeit", col="black", lwd=2)
     # graphische Darstellung
```

Die Parameterwerte sind weitgehend selbsterklärend. Im Zweifelsfall kann man sie sich erklären lassen durch Eingabe von *?plot* in R-Studio (s. Abschn. 11.7).

Beispiel 5.7: Zeitreihenentwicklung

Man möchte aufgrund dieser Daten in Tab. 5.14 zukünftige Umsatzwerte vorhersagen. ◄

Aus dem Diagramm in Abb. 5.3 lassen sich bereits erste Eigenschaften der *Zeitreihe* erkennen.

Insbesondere kann man gewisse saisonale Schwankungen um einen *Trend* erkennen.

Zur systematischen Behandlung des Problems werden jedoch einige neue Begriffe benötigt.

Eine *Zeitreihe* besteht aus einer geordneten Folge von Werten.

Beispiel

Zeitlich schwankende Preise eines Produkts, Arbeitslosenzahlen.

Daten werden hauptsächlich in *äquidistanter* Form angegeben (Tage, Monate, Quartale, Jahre, ...).

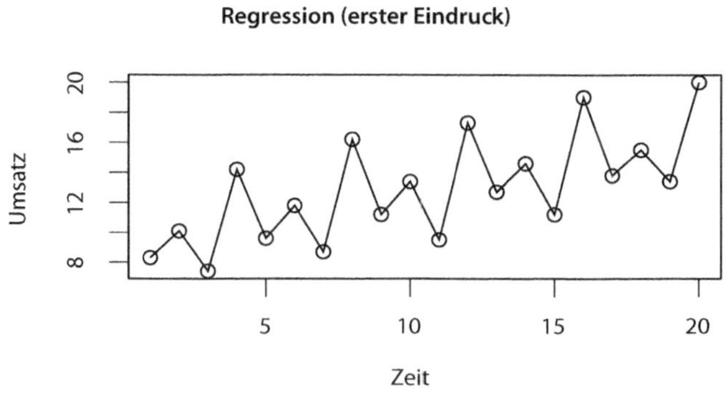

Abb. 5.3 Zeitreihe (erster Überblick). (Falkowski 2002)

Bei einer einzigen Zeitreihe spricht man von *univariater Zeitreihenanalyse*, bei mehreren Zeitreihen von *multivariater Zeitreihenanalyse*.

Hier wird ausschließlich die univariate Zeitreihenanalyse und insbesondere die Zerlegung von Zeitreihen benötigt. ◀

Zerlegung von Zeitreihen

Beim klassischen Ansatz wird angenommen, dass die Zeitreihe in gewisse Komponenten (üblicherweise vier) zerlegt werden kann.

Trendkomponente T_t: In ihr spiegelt sich die langfristige Bewegung der Zeitreihe. Sie quantifiziert die durchschnittliche Änderung der Zeitreihe pro Zeiteinheit. Man benötigt eine „hinreichend lange" Zeitreihe, um einen Trend feststellen zu können.

Zyklische Komponente Z_t: Dies ist eine mittelfristig um den langfristigen Trend schwankende Komponente. Die Theorie ist nicht klar an diesem Punkt, sodass sie häufig zusammen mit $\mathrm{T_t}$ als $\mathrm{G_t}$ (*glatte Komponente*) zusammengefasst wird. Diese glatte Komponente misst die mittel- und langfristigen Effekte.

Saisonale Komponente S_t: Wenn die Zeitreihe, wie in Beispiel 5.8. oben, unterjährige Daten enthält, dann gibt es häufig eine sog. *saisonale Komponente*, die saisonale Effekte widerspiegelt (z. B. Erhöhung des Umsatzes vor Weihnachten). Dies ist ein kurzfristiger Effekt, der eine maximale Periode von einem Jahr besitzt.

Zufallsfehler E_t: Schließlich sind noch zufällige Fehler zu berücksichtigen. Der Zufallsterm enthält alle anderen Einflüsse, die noch nicht berücksichtigt sind.

Dies führt zu folgendem Ansatz:

► **Zeitreihenmodell**

$$\mathrm{y_t = G_t + S_t + E_t}. \qquad (5.13)$$

Ferner wird angenommen

Zeitreihenannahmen

- Die Periode von S_t beträgt 1 Jahr.
- Die y_t-Werte werden in Quartalen gemessen.
- G_t kann angenähert durch eine Gerade beschrieben werden.
- S_t hat annähernd die gleiche Größe in gleichen Quartalen (unabhängig vom Jahr).
- E_t ist im Durchschnitt (über gleiche Quartale) Null.

Diese Annahmen haben zur Folge, dass G_t als Regressionsgerade bestimmt werden kann.

Wegen $y_t - G_t = S_t + E_t$ kann schließlich S_t als arithmetisches Mittel über gleiche Quartale ermittelt werden, da der Fehlerterm aufgrund der getroffenen Annahmen den Mittelwert Null hat. Unter Vernachlässigung des Fehlerterms erhält man daher den folgenden Ausdruck

$$y_t = a + b * t + S_t \tag{5.14}$$

(a und b sind hier die Regressionsparameter).

Diese Annahmen treffen in der Praxis nicht immer zu. Es ist daher in jedem Einzelfall zu entscheiden, ob das beschriebene Modell die Realität in angemessener Weise widerspiegelt. Möglicherweise muss nach eingehender Analyse ein anderes Modell herangezogen werden (es gibt noch etliche). Im Beispiel 5.8. wurden, um das Vorgehen zu demonstrieren, natürlich Werte vorgegeben, die so in der Praxis wohl kaum vorkommen werden. Deshalb kann es jetzt unter Zuhilfenahme der soeben entwickelten Theorie behandelt werden.

Nach dem Einlesen der Datei in R-Studio kann die Berechnung der Regressionsparameter in abgekürzter Form mittels des folgenden Codes erreicht werden.

#R-Programm für Tab. 5.14 und Beispiel 5.7

```
setwd("C:/Users/falkowski/R für Einsteiger") # Ins Arbeitsverzeichnis
    wechseln
test.tab = read.csv2("Regression_Umsatz.csv") # Datei als Data Frame
    einlesen
attach(test.tab) # Datei aktivieren
result <- lm(Umsatz~Zeitpunkt)
result
Call:
lm(formula = Umsatz ~ Zeitpunkt)
Coefficients:
(Intercept) Zeitpunkt
8.7037 0.3992
```

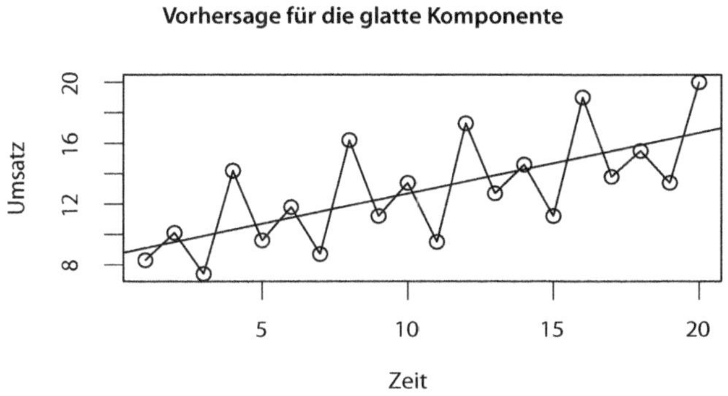

Abb. 5.4 Vorhersage für die glatte Komponente. (Falkowski 2002)

Damit ergibt sich die Vorhersage für die glatte Komponente im 21. Quartal als

#R-Programm für Gl. (5.14) (Glatte Komponente)

```
21*0.3992+8.7037
[1] 17.0869
```

#R-Programm für Abb. 5.4 (Vorhersage für die glatte Komponente)

```
plot(test.tab$Zeitpunkt,test.tab$Umsatz,type="o", main="Vorhersage für
     die glatte Komponente", ylab="Umsatz", xlab="Zeit", col="black",
    lwd=2)
# graphische Darstellung
abline(lm(test.tab$Umsatz~ test.tab$Zeitpunkt))
# Reg. Gerade einfügen
```

Die graphische Darstellung ist Abb. 5.4 zu entnehmen.

Mittels Gl. (5.14) können (unter Vernachlässigung des Fehlerterms) zunächst die einzelnen saisonalen Komponenten, wie sie etwa in Tab. 5.14 auftauchen, berechnet werden. Beispielsweise ergibt sich für SK1 zum Zeitpunkt 1

#R-Programm für SK1 in Tab. 5.14

```
8.3 - (0.3992*1 + 8.7037)
[1] -0.8029
```

In der entsprechenden Excel-Datei können die restlichen SK-Werte durch Kopieren erhalten werden. Dabei sind die Regressionsparameter absolut und Zeiten und Umsatzwerte relativ zu referenzieren.

Vgl. hierzu auch [3, S. 236–237].

Man sieht also, dass durch die Anwendung der R-Funktion *lm* erhebliche Vereinfachungen in den Rechnungen ermöglicht werden.

Die Berechnung der saisonalen Komponente gestaltet sich etwas schwieriger. Die Auswertung der obigen Voraussetzungen ergibt aber

$$\left(\frac{1}{5}\right) * (\mathrm{SK1} + \mathrm{SK5} + \mathrm{SK9} + \mathrm{SK13} + \mathrm{SK17} + \mathrm{E1} + \mathrm{E5} + \mathrm{E9} + \mathrm{E13} + \mathrm{E17}) = \mathrm{SK1} \tag{5.15}$$

Denn: Der Durchschnitt der Fehlerterme ist nach Voraussetzung 0. Zusätzlich gilt aber auch, wieder nach Voraussetzung, dass saisonale Komponenten gleiche Größe haben (unabhängig vom Quartal). Damit kann die SK1 mit dem folgenden Code ermittelt werden.

#R-Programm für Gl. (5.15)

```
# Mosaic laden nicht vergessen
SK1 <- mean(filter(test.tab,test.tab$Quartal == 1)$SK) #Berechnung SK1
SK1
[1] -1.1765
```

Es folgt der voraussichtliche Umsatz für das 21. Quartal.

#R-Programm für Abb. 5.5

```
Umsatz_21 <- 17.08632 -1.1765
Umsatz_21
[1] 15.90982
```

Die ursprüngliche Excel-Tabelle wird zunächst um den Umsatzwert für das 21. Quartal erweitert. Das führt zu einer Excel-Tabelle Umsatz_Regression1, die ebenfalls als CSV-Datei abgespeichert wird.

Mit dem folgenden Code lässt sich dann die entsprechende graphische Darstellung erzeugen, wobei auch die Regressionslinie der glatten Komponente eingefügt wird (s. Abschn. 11.8).

#R-Programm für Abb. 5.5

```
setwd("C:/Users/falkowski/R für Einsteiger") # Ins Arbeitsverzeichnis
    wechseln
test.tab = read.csv2("Regression_Umsatz1.csv") # Datei als Data Frame
    einlesen
attach(test.tab) # Datei aktivieren
plot(test.tab$Zeitpunkt,test.tab$Umsatz,type="o", main="
    Umsatzvorhersage 21. Quartal", ylab="Umsatz", xlab="Zeit", col="
    black", lwd=2)
# graphische Darstellung
abline(lm(test.tab$Umsatz~ test.tab$Zeitpunkt))# Reg. Gerade einfügen
```

Die Situation ist in Abb. 5.5 dargestellt.

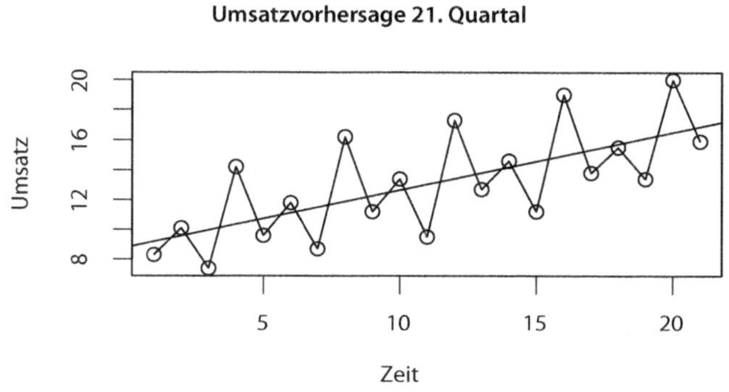

Abb. 5.5 Voraussichtlicher Umsatz für das 21. Quartal (Falkowski 2002)

Tab. 5.15 Einkommen-Alter mit R (CSV-Tabelle zum Einlesen eines Data Frame)

Einkommen	Alter
1200	18
1860	24
2400	36
2100	30
2220	48
3000	54

Übung 5.8: Einlesen einer CSV-Tabelle, Regression

Mosaic laden nicht vergessen.

Gegeben sei Tab. 5.15.

a) Man speichere diese Tabelle als CSV-Datei im Arbeitsverzeichnis.
b) Man lese diese CSV-Datei ein unter Nutzung des in der Fallstudie gegebenen Codes (wobei der Code in sinnvoller Weise abzuändern ist).
c) Man lasse die Regressionsparameter ausgeben.
d) Man erzeuge die graphische Darstellung (wobei der Code wieder in sinnvoller Weise zu verändern ist und insbesondere der Typ Parameter auf type="p"für Punkt zu setzen ist).
e) Man füge die Regressionsgerade ein (wobei wieder der Code in sinnvoller Weise zu verändern ist).
f) Man schätze das Einkommen für Alter = 60.

5.3 Lösungen der Übungsaufgaben

Übung 5.1
a) und b).

#R-Programm für Übung 5.1

```
noten <- c(1,2,3,4,5)
häufigkeit <- c(20,18,35,30,15)
relative.häufigkeit <- (häufigkeit/sum(häufigkeit))
relative.häufigkeit
relative.summen.häufigkeit <- cumsum(relative.häufigkeit)
relative.summen.häufigkeit
relative.summen.häufigkeits.tabelle <-
data.frame(noten,häufigkeit,relative.häufigkeit,relative.summen.
    häufigkeit)
relative.summen.häufigkeits.tabelle
```

Tab. 5.16 gehört zur Lösung der Übungsaufgabe 5.1.

c) 61,86441 %
d) 87,28814 %
e) (100–87,28814) %

Übung 5.2

#R-Programm für Übung 5.2

```
mittelwert <- sum(noten*relative.häufigkeit)
mittelwert
[1] 3.016949
```

Übung 5.3

#R-Programm für Übung 5.3

```
sum((noten-mittelwert)^2*relative.häufigkeit)
[1] 1.592933
```

Tab. 5.16 Häufigkeit, relative Häufigkeit, relative Summenhäufigkeit

Note	Häufigkeit	Relative Häufigkeit	Relative Summenhäufigkeit
1	20	0.1694915	0.1694915
2	18	0.1525424	0.3220339
3	35	0.2966102	0.6186441
4	30	0.2542373	0.8728814
5	15	0.1271186	1.0000000

Übung 5.4

#R-Programm für Übung 5.4

```
chi = function(x,y,n){z=((x-y)^2)/y;return(n*sum(z))}
# x, y, n Parameter
#Aufruf mit
chi(c(230, 240, 40, 50, 40, 170, 120, 60, 30, 20), c(240, 216, 60, 48,
     36, 160, 144, 40, 32, 24), 1)
[1] 25.69444
```

Übung 5.5

Maximalwert für Cramer'sches V:

Geschlecht	Winf	Soz	VWL	Sowi	Psych	Summe
Weiblich	240	0	0	0	160	400
Männlich	360	0	0	0	240	600
Summe	600	0	0	0	400	1000

Nur zur Erinnerung: Der ij-te Eintrag des erwarteten Werts $E_{ij} = z_i * s_j$. Dabei steht z_i für Zeilensumme der Zeile i und s_j für Spaltensumme der Spalte j.

Damit erhält man $\chi^2 = (0-240)\text{^}2/240 + (400-160)\text{^}2/160 + (600-360)\text{^}2/360 + (0-240)\text{^}2/240 = 1000$ und somit $V = \chi^2/1000 = 1$.

Übung 5.6

#R-Programm zur Übung 5.6

```
alter <- c(18,24,36,30,48,54)
mw1 <- mean(alter)
einkommen <- c(1200,1860,2400,2100,2220,3000)
mw2 <- mean(einkommen)
co <- sum((alter-mw1)*(einkommen-mw2))/6
co
[1] 6150
sx <- (sum((alter-mw1)*(alter-mw1))/6)^(1/2)
sy <- (sum((einkommen-mw2)*(einkommen-mw2))/6)^(1/2)
sx
[1] 12.68858
sy
[1] 544.1507
r <- co/(sx*sy)
r
[1] 0.8907236
```

Funktionen für Varianz und Kovarianz in R

Es gibt in R fertige Funktionen für Varianz und Kovarianz. Diese beziehen sich jedoch ausschließlich auf Stichproben. Die Varianz bzw. Stichprobenvarianz differiert bei großen Stichproben nur unwesentlich von den entsprechenden Werten für die Grundgesamtheit (bei den Varianz- bzw. Stichprobenwerten wird durch $N - 1$ statt durch N dividiert). Bei den in Übung 5.5 vorkommenden Erhebungseinheiten ($N = 6$) treten jedoch erhebliche Differenzen auf:

#R-Programm für Übung 5.6

```
(5/6)*cov(alter,einkommen)
[1] 6150
((5/6)*var(alter))^(1/2)
[1] 12.68858
r <- cov(alter,einkommen)/(var(alter)^(1/2)*var(einkommen)^(1/2))
r
[1] 0.8907236
```

Beim Korrelationskoeffizienten kürzen sich die Korrekturfaktoren heraus, sodass die Unterscheidung zwischen Grundgesamtheit und Stichproben unerheblich ist

Übung 5.7

Mögliche Werte des Regressionskoeffizienten r:

Sei $x := (\frac{1}{N})^{\frac{1}{2}}(x_1 - \overline{x}, x_2 - \overline{x}, \ldots, x_N - \overline{x})$ und $y := (\frac{1}{N})^{\frac{1}{2}}(y_1 - \overline{y}, y_2 - \overline{y}, \ldots, y_N - \overline{y})$, dann folgt $<x, y> = 1/N \sum_{i=1}^{N}(x_i - \overline{x})(y_i - \overline{y}) = cov(x, y)$ und $|x|^2 = 1/N \sum_{i=1}^{N}(x_i - x^{-})^2 = s_x^2$ mit einem ähnlichen Ausdruck für $|y|^2$.

Anwendung der Cauchy-Schwarz-Ungleichung ergibt:

$$|<x, y>| = |cov(x, y)| \leq |x||y| = s_x\, s_y.$$

Folglich liegt r im Intervall $[-1, +1]$.

Übung 5.8

a) Microsoft bietet die Möglichkeit, eine Excel-Datei als CSV-Datei abzuspeichern (mit „Speichern unter").

b) und c), s. auch Abschn. 11.8.

 # R-Programm Übung 5.8

```
setwd("C:/Users/Falkowski/R für Einsteiger")
# Ins Arbeitsverzeichnis wechseln
test.tab = read.csv2("Einkommen_Alter.csv")
# Datei als Data Frame einlesen
attach(test.tab)
# Datei aktivieren
```

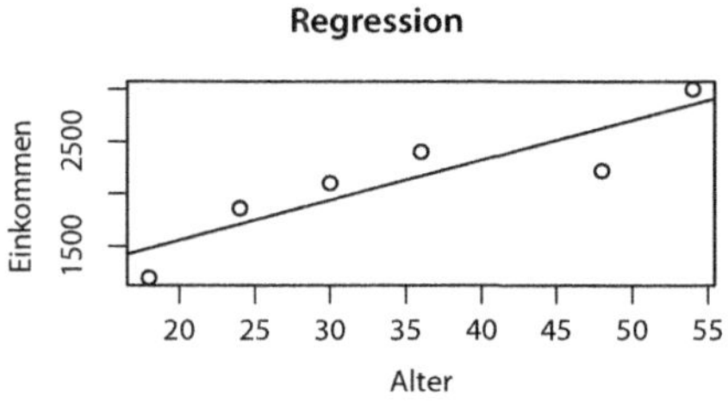

Abb. 5.6 Regression

```
result <- lm(Einkommen~Alter)
#Regressionsparameter ausgeben
result
Call:
lm(formula = Einkommen ~ Alter)
Coefficients:
(Intercept)Alter
793.0 38.2
```

#R-Programm für Abb. 5.6

```
plot(test.tab$Alter,test.tab$Einkommen,type="p", main="Regression",
    ylab="Einkommen", xlab="Alter", col="black ", lwd=2) # graphische
    Darstellung
```

e) und f).

#R-Programm für Abb. 5.6

```
abline(lm(test.tab$Einkommen~ test.tab$Alter))
38.2*60+793.0
[1] 3085
```

Die Situation wird in Abb. 5.6 veranschaulicht.

Literatur

1. Falkowski, B.-J.: Business Computing. Springer, Beltz Verlag (2002)
2. Kohn, W.: Statistik. Springer (2005)
3. Luhmann, M.: R für Einsteiger, 3. Aufl. (2013)
4. Pearl, J., Glymour, M., Jewell, N.P.: Causal Inference in Statistics. Wiley (2016)
5. Pearl, J., Mackenzie, D.: The Book of Why. Penguin (2019)
6. Quatember, A.: Statistik ohne Angst vor Formeln, 4. Aufl. Pearson Deutschland (2014)
7. Sedlmeier, P., Engel, J.: Regression und Korrelation: Alles klar, oder voller Tücken? Stochastik in der. Schule **30**, 2 (2010)

Wahrscheinlichkeitsrechnung 6

Zusammenfassung

Im vorigen Kapitel wurden Häufigkeitsverteilungen besprochen, um bei großen Datenmengen einen besseren Überblick zu behalten. Daneben diente das Kapitel auch dazu, einige Grundbegriffe zu definieren, die in der inferenziellen Statistik Entsprechungen besitzen. Hier werden zunächst Ereignisräume beschrieben. Wahrscheinlichkeitsmaße werden nach Darstellung der Kolmogorov-Axiome über die Abzählregel eingeführt. Der Satz von Bayes, der bei der wahrscheinlichkeitstheoretischen Interpretation neuronaler Netze eine wichtige Rolle spielt, wird mittels mehrerer Beispiele erläutert. Die Binomial- und die hypergeometrische Verteilung werden aus dem Urnenmodell abgeleitet. Die Normalverteilung ergibt sich nach dem zentralen Grenzwertsatz als Grenzwert der Binomialverteilung.

6.1 Einführung

Bei der Definition von Ereignisräumen wird von Zufallsexperimenten ausgegangen. Sie werden anhand von Beispielen erläutert. Dabei werden Zufallsvariablen informell eingeführt, um maßtheoretische Probleme zu vermeiden. Die mengentheoretischen Definitionen von *Vereinigung*, *Durchschnitt* und *Komplement* werden mittels der Wahrheitstafeln, s. Abschn. 2.4.1.2, beschrieben. *Menge* wird in diesem Zusammenhang als nicht definierter Grundbegriff vorausgesetzt. Wahrscheinlichkeitsmaße werden informell behandelt. Der später sehr wichtige Satz von Bayes wird bei bedingten Wahrscheinlichkeiten ausführlich erläutert. Schließlich führt die Behandlung der Binomialverteilung über den zentralen Grenzwertsatz zur Normalverteilung.

B.-J. Falkowski, *KI, Statistik und Anwendungen*,
https://doi.org/10.1007/978-3-658-49450-6_6

6.2 Grundbegriffe

Hier werden zunächst *Zufallsexperimente* betrachtet, bei denen das Ergebnis des Experiments, aus welchen Gründen auch immer, nicht von vornherein feststeht. Klassischerweise werden immer die folgenden Beispiele erwähnt.

6.2.1 Zufallsexperimente

Beispiel 6.1: Werfen einer Münze

Beim Werfen einer Münze ist das Ergebnis Kopf oder Zahl, wenn man davon absieht, dass die Münze möglicherweise auf der Kante stehen bleibt. Es wird hier also ein *Merkmal* (oder eine *Zufallsvariable*) beobachtet. Die *Merkmalsausprägungen* wären in diesem Beispiel Kopf oder Zahl. Die einzelnen möglichen Merkmalsausprägungen werden als Elementarereignisse bezeichnet. Häufig wird das Ergebnis Kopf durch eine 1 kodiert, während das Ergebnis Zahl durch eine 0 kodiert wird. ◄

Beispiel 6.2: Würfeln

Beim Würfeln mit einem üblichen Würfel (Seiten nummeriert von 1 bis 6) wird nach Ausführung des Experiments eine Seite oben liegen, die mit ihrer Nummer identifiziert werden soll. Hier wird folglich wieder eine Zufallsvariable beobachtet. Sie hat die Ausprägungen 1 bis 6, die in diesem Fall die Elementarereignisse bilden ◄

Zur Terminologie bemerke man auch die Analogien in Abschn. 5.2.1.

Eine beliebige Ansammlung von Elementarereignissen wird als *Ereignis* bezeichnet. Die Menge aller Elementarereignisse (Ω) wird ebenfalls als *Ereignis* (das *sichere* Ereignis) bezeichnet. Das macht Sinn, da beispielsweise beim Würfeln sicher eine der Zahlen von 1 bis 6 resultieren wird. Es stellt sich als günstig heraus, auch die *leere Menge* ($\varnothing$) als Ereignis zu bezeichnen (das *unmögliche Ereignis*). Hier wäre als Beispiel beim Würfeln die 7 zu nennen, da sie niemals erreicht werden kann.

Wieder sei auf die die Analogien in Abschn. 5.2.1 verwiesen: Der Ereignisraum entspricht der Grundgesamtheit.

6.2.2 Operationen auf Mengen von Elementarereignissen

Teilmengen des Ereignisraums kommen häufig vor. Seien E_1, E_2 und E Mengen von Elementarereignissen, dann gilt

► **Elementare Mengenoperationen** $E_1 \cup E_2$ definiert als $\{x | x \in E_1 \text{ ODER } x \in E_2\}$ (Vereinigung)

Tab. 6.1 Anzahl pro Serie/Auszahlungsbetrag in Euro

5 ×	1 Luxusauto
12 ×	35000
18 ×	4000
40 ×	2000
100 ×	400
2000 ×	200
7000 ×	60
15000 ×	40
60000 ×	10
200000 ×	6
600000 ×	3
1000000 ×	1,50

$E_1 \cap E_2$ definiert als $\{x|x \in E_1 \text{UND} x \in E_2\}$ (Durchschnitt)
$\overline{E}$ definiert als $\{x|x \notin E\}$ (Komplement)
$\varnothing$ definiert als leere Menge (leere Menge)

Beispiel 6.3: Fortsetzung von Beispiel 6.2

Sei $E_1 = \{2,3\}$, $E_2 = \{3,5,6\}$, $E = \{4,5\}$.

Dann ist $E_1 \cup E_2 = \{2,3,5,6\}$, $E_1 \cap E_2 = \{3\}$, $\overline{E} = \{1,2,3,6\}$, $E_1 \cap E = \varnothing$. E_1 und E sind *disjunkt*. Man vergleiche hierfür auch die entsprechenden Wahrheitstafeln in Abschn. 2.4.1.2. ◄

6.2.3 Wahrscheinlichkeiten

Zur Einführung von Wahrscheinlichkeiten möge ein oft genutztes Beispiel dienen, vgl. [6, S. 84]. Betrachtet wird eine Lotterie mit 10^7 Losen, siehe Tab. 6.1.

► **Wahrscheinlichkeit mit der Abzählregel** Ist die Wahrscheinlichkeit für den Ausgang eines Zufallsexperiments überall gleich groß, so kann man sie mit der *Abzählregel* bestimmen. Man berechnet die Wahrscheinlichkeit für Ereignis E, indem man die Anzahl der günstigen Fälle für Ereignis E durch die Anzahl aller möglichen Fälle dividiert. Wahrscheinlichkeiten werden üblicherweise mit Pr (aus dem Englischen für *Pr*obability) notiert.

Diese Definition der Wahrscheinlichkeit erinnert stark an die relative Häufigkeit: Der Ereignisraum hat sein Analogon in der Grundgesamtheit, während die absolute Häufigkeit als Analogon eines Ereignisses erscheint. Sie entspricht deshalb auch weitgehend der Intuition.

Mit diesen Festsetzungen ergibt sich aus Tab. 6.1 für die Wahrscheinlichkeit, ein Luxusauto zu gewinnen: $5/10^7 = 0{,}0000005$.

Ähnlich ergibt sich die Wahrscheinlichkeit, den Lospreis zurückzubekommen, als 0,1.

Will man etwa die Wahrscheinlichkeit berechnen, mindestens 3 Euro zu gewinnen, so lässt sich das berechnen, indem man die Wahrscheinlichkeiten Pr(3 EUR) + Pr(6 EUR) + ... addiert. Das wäre allerdings ungeschickt. Man bedient sich stattdessen des Komplements, vgl. auch die Auswertung der Tab. 5.1. in Abschn. 5.2.2.

Übung 6.1: Abzählregel
Man berechne mittels der Tab. 6.1 die Wahrscheinlichkeit, mindestens 3 EUR zu gewinnen. Es sollte dabei berücksichtigt werden, dass die Anzahl der Nieten nicht explizit gegeben ist.

6.2.3.1 Die Kolmogorov-Axiome

In den dreißiger Jahren hat Alexei Kolmogorov bereits Wahrscheinlichkeitsmodelle axiomatisch charakterisiert. Beim oben beschriebenen Abzählverfahren sind die entsprechenden Axiome erfüllt. Sie sind unten aufgelistet.

► **Kolmogorov-Axiome** Axiom 1: Für jedes Ereignis E des Ereignisraums Ω existiert eine Wahrscheinlichkeit

$$\mathrm{Pr(E)} \quad \text{mit} \quad 0 \leq \mathrm{Pr(E)} \leq 1. \tag{6.1}$$

Axiom 2: Das sichere Ereignis, also der gesamte Ereignisraum Ω, hat die Wahrscheinlichkeit 1.

Axiom 3: Für paarweise disjunkte Ereignisse $\mathrm{Ei} \cap \mathrm{Ej} = \varnothing$ gilt

$$\mathrm{Pr}(\mathrm{E}_1 \cup \mathrm{E}_2 \cup \mathrm{E}_3 \cup \mathrm{E}_4 \ldots) = \mathrm{Pr}(\mathrm{E}_1) + \mathrm{Pr}(\mathrm{E}_2) + \mathrm{Pr}(\mathrm{E}_3) + \mathrm{Pr}(\mathrm{E}_4) + \ldots \tag{6.2}$$

Übung 6.2
Man zeige, ausgehend von den Kolmogorov-Axiomen, dass $\mathrm{Pr}(\varnothing) = 0$.

6.2.4 Bedingte Wahrscheinlichkeiten

Im vorigen Kapitel waren bereits bedingte Häufigkeitsverteilungen aufgetaucht. Insofern überrascht es nicht, dass *bedingte Wahrscheinlichkeiten* ebenfalls von Bedeutung sind. In der Tat wird sich später noch zeigen, dass sie besonders in der Medizin eine wichtige Rolle spielen können. Da in Tab. 6.1 bereits die Anzahl der Nieten zu berechnen war, scheint es sinnvoll als Bedingung anzunehmen, dass bekannt ist, dass keine Nieten gezogen wurden. Wie würde sich damit die Wahrscheinlichkeit für einen Hauptgewinn (Luxusauto) verändern?

Beispiel 6.4: Abzählregel

Die möglichen Fälle würden sich zu **1884175** ergeben. Die Anzahl der günstigen Fälle bleibt mit 5 unverändert. Folglich hat sich die Wahrscheinlichkeit für einen Hauptgewinn durch die verfügbare Information wesentlich verändert. Sie beträgt nun **2,653681 * 10**$^{-6}$.

Diese bedingte Wahrscheinlichkeit wird üblicherweise notiert mit Pr(Luxusauto|keine Niete). ◄

Allgemeiner: Falls ein Ereignis E_1 in einem Ereignis E_2 enthalten ist, so folgt

$$\Pr(E1|E2) = \Pr(E1)/\Pr(E2).$$

Falls im allgemeinsten Fall die Ereignisse weder disjunkt noch ineinander enthalten sind, so gilt

► **Bedingte Wahrscheinlichkeit**

$$\Pr(E_1|E_2) = \frac{\Pr(E_1 \cap E_2)}{\Pr(E_2)} \text{ für } E_2 \neq \varnothing \tag{6.3}$$

Man notiere, dass beide oben erwähnten Spezialfälle in dieser Definition enthalten sind. Deshalb stellt diese Definition eine echte Erweiterung der Spezialfälle dar.

Übung 6.3: Bedingte Wahrscheinlichkeit

Man verifiziere die Aussage von Beispiel 6.5 durch Tab. 6.1, nämlich die Wahrscheinlichkeit für den Gewinn eines Autos, gegeben, dass keine Niete gezogen wurde.

Hinweis: Günstige Fälle enthalten in E1 ∩ E2, mögliche Fälle enthalten in E_2.

6.2.5 Der Satz von Bayes

Dieser äußerst wichtige Satz im Hinblick auf spätere Anwendungen im Bereich der neuronalen Netze resultiert aus einer einfachen Beobachtung:

$$\mathrm{Pr}(E_1 \cap E_2) = \mathrm{Pr}(E_1|E_2) * \mathrm{Pr}(E_2), \tag{6.4}$$

wobei E_2 als Bedingung verwendet wird. Andererseits gilt aber auch

$$\mathrm{Pr}(E_1 \cap E_2) = \mathrm{Pr}(E_2|E_1) * \mathrm{Pr}(E_1), \tag{6.5}$$

wobei E_1 als Bedingung verwendet wird.

Damit ergibt sich

$$\mathrm{Pr}(E_1|E_2) * \mathrm{Pr}(E_2) = \mathrm{Pr}(E_2|E_1) * \mathrm{Pr}(E_1), \tag{6.6}$$

und schließlich der

► **Satz von Bayes**

$$\mathrm{Pr}(E_1|E_2) = \frac{(\mathrm{Pr}(E_2|E_1) * \mathrm{Pr}(E_1))}{\mathrm{Pr}(E_2)} \text{ für } \mathrm{Pr}(E_2) \neq 0. \tag{6.7}$$

Benötigt wird auch eine Verallgemeinerung des Satzes von Bayes.

► **Verallgemeinerung des Satzes von Bayes** Sei durch $\{E_1, E_2, E_3, \ldots E_n\}$ eine Partition des Ereignisraums gegeben (also eine Menge von paarweise disjunkten Ereignissen, deren Vereinigung den gesamten Ereignisraum Ω ergibt). Dann gilt Gl. (6.8)

$$\mathrm{Pr}(E_i|F) = \frac{\mathrm{Pr}(E_i) * \mathrm{Pr}(F|E_i)}{(\mathrm{Pr}(E_1) * \mathrm{Pr}(F|E_1) + \mathrm{Pr}(E_2) * \mathrm{Pr}(F|E_2) + \ldots + \mathrm{Pr}(E_n) * \mathrm{Pr}(F|E_n))} \tag{6.8}$$

Beweis

$$\mathrm{Pr}(E_i|F) = \frac{(\mathrm{Pr}(E_i) * \mathrm{Pr}(F|E_i))}{\mathrm{Pr}(F)} = \frac{\mathrm{Pr}(E_i) * \mathrm{Pr}(F|E_i)}{\mathrm{Pr}(F \cap \Omega)} \tag{6.9}$$

Die Identität $F \cap \Omega = F$ in Gl. (6.9) folgt, weil Ω der gesamte Ereignisraum ist.

$$\mathrm{Pr}(E_i|F) = \frac{\mathrm{Pr}(E_i) * \mathrm{Pr}(F|E_i)}{\mathrm{Pr}(F \cap (\bigcup_k E_k))} = \frac{\mathrm{Pr}(E_i) * \mathrm{Pr}(F|E_i)}{\mathrm{Pr}(\bigcup_k (F \cap_k E_k))} \tag{6.10}$$

Die Identität $F \cap (\bigcup_k E_k) = \bigcup_k (F \cap E_k)$ in Gl. (6.10) ergibt sich aus der paarweisen Disjunktheit der E_k.

$$\Pr(E_i|F) = \frac{\Pr(E_i) * \Pr(F|E_i)}{(\Pr(F \cap E_1) + \Pr(F \cap E_2) + \Pr(F \cap E_3) + \ldots + \Pr(F \cap E_n))} \qquad (6.11)$$

Gl. (6.11) folgt aus Gl. (6.10) ebenfalls, da die E_k paarweise disjunkt sind.

Gl. (6.12) folgt aus Gln. (6.11) und (6.4). Q.E.D.

Das Theorem von Bayes scheint auf den ersten Blick sehr einfach, führt manchmal aber zu erstaunlichen Ergebnissen. Das folgende Problem ist bekannt als das *Ziegenproblem* und hat eine verblüffende Lösung.

Beispiel 6.5: Das Ziegenproblem

Im Rahmen einer Quizshow wird einem Kandidaten ein Problem gestellt. Kann er das Problem lösen, so gewinnt er ein Luxusauto. Andernfalls muss er sich mit einer Ziege begnügen. (Er hat nichts gegen Ziegen, würde aber doch lieber das Auto nehmen.)

Das Problem stellt sich wie folgt dar. Der Kandidat sieht drei identische Türen. Er muss sich für eine Tür entscheiden, ohne sie zu öffnen. Hinter zwei der drei Türen verbirgt sich eine Ziege, hinter der dritten das Luxusauto. Der Wagen und die Ziegen wurden zufällig platziert. Der Quizmaster weiß, was sich hinter den Türen verbirgt. Er muss anschließend eine Tür öffnen und eine Ziege zeigen. Jetzt wird der Kandidat gefragt, ob er bei seiner Wahl bleiben oder die Tür wechseln möchte.

$\Pr(A_i)$ sei die Wahrscheinlichkeit, dass sich das Auto hinter Tür i befindet.

$\Pr(Q_i)$ sei die Wahrscheinlichkeit, dass der Quizmaster Tür i öffnet.

Angenommen, der Kandidat entscheidet sich für Tür 1.

Dann sind die Wahrscheinlichkeiten $\Pr(A_i) = 1/3$ für $1 \leq i \leq 3$.

Die Wahrscheinlichkeit, dass der Quizmaster die dritte Tür öffnet, gegeben dass das Auto hinter Tür 1 ist, ist

$$\Pr(Q_3|A_1) = \frac{1}{2}.$$

Er kann nämlich sowohl Tür 2 als auch Tür 3 öffnen, da der Kandidat sich bereits für Tür 1 entschieden hat.

Die Wahrscheinlichkeit, dass der Quizmaster die dritte Tür öffnet, falls das Auto hinter Tür 2 ist, ist

$$\Pr(Q_3|A_2) = 1.$$

Er kann nämlich Tür 1 nicht öffnen, da der Kandidat sich bereits dafür entschieden hat, und hinter Tür 2 befindet sich das Auto.

Schließlich gilt offenbar

$$\Pr(Q_3|A_3) = 0.$$

Damit folgt aus dem verallgemeinerten Satz von Bayes

$$\begin{aligned}
\Pr(A_2|Q_3) &= (\Pr(A_2) * \Pr(Q_3|A_2))/(\Pr(A_1) * \Pr(Q_3|A_1) \\
&\quad + \Pr(A_2) * \Pr(Q_3|A_2) + \Pr(A_2) * \Pr(Q_3|A_2)) \\
&= (1 * 1/3)/((1/2) * (1/3) + 1 * (1/3) + 0 * (1/3)) \\
&= 2/3
\end{aligned}$$

Angenommen, der Kandidat entscheidet sich für Tür 2.

Dann sind die Wahrscheinlichkeiten $\Pr(A_i) = 1/3$ für $1 \le i \le 3$, wie oben. $\Pr(Q_3|A_1) = 1$, $\Pr(Q_3|A_2) = ½$, $\Pr(Q_3|A_3) = 0$. Damit folgt wie oben

$$\begin{aligned}
\Pr(A_1|Q_3) &= (\Pr(A_1) * \Pr(Q_3|A_1))/(\Pr(A_1) * \Pr(Q_3|A_1) \\
&\quad + \Pr(A_2) * \Pr(Q_3|A_2) + \Pr(A_2) * \Pr(Q_3|A_2)) \\
&= (1/3) * 1/((1/3) * 1 + (1/3) * (1/2) + (1/3) * 0) = 2/3
\end{aligned}$$

Angenommen, der Kandidat entscheidet sich für Tür 3.

Dann sind die Wahrscheinlichkeiten $\Pr(A_i) = 1/3$ für $1 \le i \le 3$, wie oben. $\Pr(Q_2|A_1) = 1$, $\Pr(Q_2|A_2) = 0$, $\Pr(Q_2|A_3) = 1/2$. Damit folgt wie oben

$$\Pr(A_2|Q_2) = 2/3.$$

In jedem Fall kann also der Kandidat seine Gewinnchancen verdoppeln, falls er, nachdem der Quizmaster seine Tür geöffnet hat, seine ursprünglich gewählte Tür wechselt.

Man notiere, dass die Argumentation für Tür 2 und Tür 3 verkürzt dargestellt ist, da es sich um Wiederholungen der ausführlichen Überlegungen für Tür 1 handelt. ◄

Diese überraschende Lösung des Problems stieß anfangs auf erhebliche Skepsis. Allerdings haben zahlreiche Leser das obige Resultat experimentell verifiziert.

Das folgende Beispiel entstammt der Medizin und zeigt ebenfalls ein überraschendes Ergebnis, s. [1, S. 153–157].

Beispiel 6.6: Beispiel aus der Medizin

Dieses Beispiel bezieht sich auf das Rektumkarzinom (Mastdarmkrebs). Die Wahrscheinlichkeit, dass jemand ohne spezifische Symptome an Mastdarmkrebs leidet, liegt in Deutschland laut [1] bei etwa 0,2 %. Bei einem gebräuchlichen Test zur Krebsfrüherkennung beträgt die Wahrscheinlichkeit für falsch positive Testergebnisse (Wahrscheinlichkeit, dass der Test positiv ausfällt, gegeben, dass der Patient gesund ist, in Zeichen $\Pr(TP|G)$) = 3 % und für falsch negative Testergebnisse (Wahrscheinlichkeit, dass der Patient gesund ist, gegeben, dass er krank ist, in Zeichen $\Pr(TN|K)$) sogar 50 % (und damit auch $\Pr(TP|K) = 50\,\%$). Aus dem Satz von Bayes folgt dann, dass die

Wahrscheinlichkeit für Krebs bei positivem Testergebnis überraschenderweise gegeben ist durch:

$$\Pr(K|TP) = \Pr(TP|K) * \Pr(K)/(\Pr(TP|K) * \Pr(K) + \Pr(TP|G) * \Pr(G))$$

Das Resultat hängt stark von den angenommenen Wahrscheinlichkeiten ab. Da die Verfasser von [1] offenbar am Universitätsklinikum Hamburg beschäftigt sind/waren, scheinen die Angaben jedoch vertrauenswürdig. Es könnte sein, dass seit Erscheinen des Buches [1] Krebstests deutlich verbessert worden sind. Jedenfalls scheinen die vor ca. 10 Jahren erzielten Ergebnisse überraschend. ◀

Die Berechnung lässt sich in R leicht durchführen. Aus dem Programmcode ergibt sich gerundet 3,2 %!

#R-Programm für Beispiel 6.6[1]

```
Pr_K <- 0.002
Pr_G <- 0.998
Pr_TP_gegebenG <- 0.03
Pr_TP_gegebenK <- 0.5
Pr_K_gegebenTP <- (Pr_TP_gegebenK*Pr_K)/(Pr_TP_gegebenK*Pr_K +
    Pr_TP_gegebenG*Pr_G)
Pr_K_gegebenTP
[1] 0.03232062
```

In [5, S. 25] findet man ein weiteres lehrreiches Beispiel zum Satz von Bayes (die Zahlen wurden leicht verändert), s. auch [4, S. 217].

Übung 6.4: Satz von Bayes

In einer Fabrik produzieren zwei Maschinen 10 % bzw. 90 % des gesamten Outputs eines gewissen Artikels. Maschine 1 produziert einen fehlerhaften Artikel mit Wahrscheinlichkeit 0.02 während Maschine 2 einen fehlerhaften Artikel mit Wahrscheinlichkeit 0.05 liefert. Wie groß ist die Wahrscheinlichkeit, dass ein zufällig ausgewählter Artikel der Tagesproduktion durch Maschine 1 produziert wurde, gegeben dass er fehlerhaft ist?

Diese Übung ist auch deswegen von Interesse, da so Hinweise im Hinblick auf Instandhaltungsmaßnamen zu bekommen sind. Da gegenwärtig durch den Einsatz von LLMs viele KI-Firmen noch keineswegs (nach Berichten verschiedener renommierter Tageszeitungen) profitabel arbeiten, scheint dieser Aspekt wichtig. Als Ausnahme gilt im deutschsprachigen Raum „Aleph Alpha“.[2]

[1] Alle R-Programme sind auch in Form von digitalem Zusatzmaterial online auf SpringerLink abrufbar. Das Zusatzmaterial ist auf der Produktseite zum Buch unter der Vorschau zu Kap. 1 zu finden.
[2] https://aleph-alpha.com.

Da der Satz von Bayes für die Interpretation des Outputs neuronaler Netze von großer Bedeutung ist, soll hier noch ein weiteres Beispiel präsentiert werden. Es ist [1, S. 22–23] entnommen. Es wird in [1] informell behandelt, soll hier aber mit dem Satz von Bayes erklärt werden. Dabei kann man gut erkennen, wie im Satz von Bayes zusätzliche Information dazu dient, a priori Wahrscheinlichkeiten zu verbessern.

Übung 6.5: Zweifelhafte Zeugenaussage

Es geht um eine Zeugenaussage wegen eines Unfalls. Involviert sind 2 Taxifirmen. Die eine Firma besitzt 5 blaue Taxis, die andere 25 grüne Taxis. Ein Zeuge hält ein blaues Taxi für grün mit Wahrscheinlichkeit 20 %. Er hält es tatsächlich für blau mit Wahrscheinlichkeit 80 %.

Er hält ein grünes Taxi für grün ebenfalls mit Wahrscheinlichkeit 80 % und es für blau mit Wahrscheinlichkeit 20 %.

Ein nach Aussage des Zeugen blaues Taxi hat nach dem Unfall Fahrerflucht begangen. Die Anwältin der Geschäftsführung der blauen Taxis argumentiert jedoch, dass der Zeuge sich geirrt haben müsse, da es schließlich 25 grüne Taxis und nur 5 blaue gebe. Man greife auf den Satz von Bayes zurück, um neue Irrtumswahrscheinlichkeiten zu berechnen. Das Beispiel erscheint sowohl in [1] wie auch in [4].

6.2.6 Unabhängigkeit

Falls bei einer bedingten Wahrscheinlichkeit diese unabhängig von der Bedingung ist, so gilt

$$\mathrm{Pr}(\mathrm{E}_1|\mathrm{E}_2) = \mathrm{Pr}(\mathrm{E}_1) \tag{6.12}$$

In diesem Fall gilt aber auch

$$\mathrm{Pr}(\mathrm{E}_2|\mathrm{E}_1) = \frac{(\mathrm{Pr}(\mathrm{E}_2) * \mathrm{Pr}(\mathrm{E}_1|\mathrm{E}_2))}{\mathrm{Pr}(\mathrm{E}_1)} = \mathrm{Pr}(\mathrm{E}_2) \tag{6.13}$$

da der Unabhängigkeitsbegriff symmetrisch ist.

Aus Gl. (6.13) und Gl. (6.14) folgt aber wegen $\mathrm{Pr}(\mathrm{E}_1|\mathrm{E}_2) = \mathrm{Pr}(\mathrm{E}_2|\mathrm{E}_1)$

$$\mathrm{Pr}(\mathrm{E}_1 \cap \mathrm{E}_2) = \mathrm{Pr}(\mathrm{E}_1) * \mathrm{Pr}(\mathrm{E}_2) \tag{6.14}$$

falls $\mathrm{Pr}(\mathrm{E}_1|\mathrm{E}_2) \neq 0$.

Diese Bedingung ist automatisch erfüllt, falls entweder $\mathrm{Pr}(\mathrm{E}_1)$ oder $\mathrm{Pr}(\mathrm{E}_2)$ Null ist.

▶ **Unabhängigkeit** E_1 und E_2 sind *unabhängig*, wenn gilt

$$Pr(E_1 \cap E_2) = Pr(E_1) * Pr(E_2). \tag{6.15}$$

Ein nützliches Beispiel zur Erläuterung des Unabhängigkeitsbegriffs findet man in [5, S. 27.]. (Es wurde leicht verändert.)

Beispiel 6.7: Unabhängigkeit

Eine Karte wird aus einem Standard-Bridge-Kartenstapel gezogen. (Es gibt die Farben Pik, Kreuz, Herz und Karo jeweils mit 2, 3, 4, ... As, also 52 Karten insgesamt.) Betrachtet werden die Ereignisse

E_1 = Die Karte ist ein Kreuz und
E_2 = Die Karte ist eine Dame oder ein König.
Damit folgt $Pr(E_1) = 13/52$, sowie $Pr(E_2) = 8/52$ und weiterhin

$$Pr(E_1 \cap E_2) = 2/52 = 1/4 * 2/13 = Pr(E_1) * Pr(E_2).$$

Also sind die beiden Ereignisse unabhängig. ◀

6.2.7 Erwartungswert und Varianz

Bei einer diskreten Zufallsvariable x werden Erwartungswert (Mittelwert) (x) und Varianz Var(x) ähnlich wie bei Häufigkeitsverteilungen definiert. Die Wahrscheinlichkeit ist dabei analog zur relativen Häufigkeit zu sehen. Es ergibt sich

▶ **Erwartungswert und Varianz bei diskreten Zufallsvariablen**

$$E(x) = \sum_{x_i} x_i * Pr(x_i) \tag{6.16}$$

$$Var(x) = E(x - E(x))^2 \tag{6.17}$$

Beispiel 6.8: Bernoulli-Verteilung

Betrachtet wird der Wurf einer Münze. Dabei soll die Seite Kopf mit 1 und die Seite Zahl mit 0 kodiert werden. Für die Wahrscheinlichkeit, dass beim Wurf Kopf erhalten wird, gelte Pr(Kopf) = p und entsprechend Pr(Zahl) = (1 − p). Dann ergibt sich für den Erwartungswert $E(x) = 0 * (1 - p) + 1 * p = p$. Ähnlich erhält man für die Varianz $Var(x) = p * (1 - p)$. Dies ist die sog. *Bernoulli-Verteilung*. ◀

Übung 6.6: Varianz bei der Bernoulli-Verteilung
Man verifiziere die Angaben hinsichtlich der Varianz in Beispiel 6.8.

Beispiel 6.9: Erwartungswert beim Würfeln

Gegeben sei ein üblicher Würfel mit der Zufallsvariablen x = Anzahl der Augen der oberen Seite. Dann ist der Erwartungswert

$$E(x) = (1/6) * (1 + 2 + 3 + 4 + 5 + 6) = (1/6) * 21 = 3{,}5. \blacktriangleleft$$

Die erforderlichen Berechnungen sind im Allgemeinen nicht immer leicht durchzuführen.

6.3 Zwei wichtige diskrete Verteilungen

Zur Einführung der Binomial-Verteilung soll das wiederholte Werfen einer Münze dienen. Die Würfe sollen *unabhängig* voneinander ausgeführt werden. Die bei den einzelnen Würfen erscheinenden Seiten sollen die Wahrscheinlichkeiten Pr(Kopf) = p und Pr(Zahl) = 1 − p besitzen. Die betrachtete Zufallsvariable x soll die Anzahl von Kopf bei n Würfen sein. Wird die Seite Kopf mit „1" kodiert und die Seite Zahl mit „0", so ist der Wert der Zufallsvariablen x gleichzeitig die Summe der Nullen und Einsen, die mit dem Experiment verbunden ist. (Diese einfache Beobachtung wird sich später bei der Anwendung des *zentralen Grenzwertsatzes* als nützlich erweisen.) Die Werte, die x annehmen kann, laufen von 0 bis n. Die Berechnung der entsprechenden Wahrscheinlichkeiten erfordert einige Vorbereitungen.

6.3.1 Der Binomialkoeffizient

Zur Einführung des Binomialkoeffizienten soll die folgende (etwas allgemeiner gehaltene) Überlegung dienen.

Es sollen n = 2 (n = 3) aus N (4) Objekten ausgewählt werden, ohne Zurücklegen. Wie viele Möglichkeiten gibt es?

Seien die 4 Objekte mit a, b, c, d bezeichnet. Dann gibt es für die Auswahl des 1. Objekts 4 Möglichkeiten, für die des 2. Objekts noch 3 Möglichkeiten und schließlich für die des 3. Objekts noch 2 Möglichkeiten. Die vollständigen Listen sehen wie folgt aus:

ab ac ad bc bd cd
ba ca da cb db dc

Die erste Zeile gibt alle Möglichkeiten an.

abc abd acd bcd
acb adb adc bdc
bac bad cad cbd
bca bda cda cdb
cab dab dac dbc
cba dba dca dcb

Wieder gibt die erste Zeile alle Möglichkeiten an.

Man hat also insgesamt $4 * 3 = 12$ ($4 * 3 * 2 = 24$) Möglichkeiten. Da die Reihenfolge aber unerheblich ist, bleiben nur $4 * 3/1 * 2 = \binom{4}{2} = 6$ im ersten Fall.

($4 * 3 * 2 / 1 * 2*3) = \binom{4}{3} = 4$ im zweiten Fall.

Dabei gibt $2! = 1 * 2$ ($3! = 1 * 2 * 3$) die Anzahl der Elemente in den Spalten der jeweiligen Matrix, also die Anzahl der möglichen Permutationen (Anordnungen) von 2 (3) verschiedenen Elementen, an.

Fakultät $n! = n * (n - 1) * (n - 2) * \ldots * 1$, gesprochen „n Fakultät", ist eine in der Statistik und Wahrscheinlichkeitstheorie häufig vorkommende Funktion. Dabei gilt $0! = 1$.

Man beachte, dass diese Funktion exponentiell wächst und deswegen für große n nicht geeignet ist.

#R-Programm zu 6.3.1

```
n <-5
factorial(n)
[1] 120
```

Binomialkoeffizient Allgemein ist dann der Binomialkoeffizient definiert durch

$$\binom{N}{n} = \frac{N * (N-1) * \ldots * (N-n+1)}{n!} = \frac{N!}{(n! * (N-n)!)}. \qquad (6.18)$$

Das letzte Gleichheitszeichen in Gl. (6.18) folgt aus der untenstehenden Identität, die durch Erweiterung des obigen Bruchs mit $(N-n)*(N-n-1)*\ldots*2*1$ und anschließendes Kürzen erhalten wurde.

$$N * (N-1) * \ldots * (N-n+1) * (N-n) * (N-n-1) * \\ \ldots * 2 * 1/(n! * (N-n) * (N-n-1) * \ldots * 2 * 1),$$

wobei $n! = 1 * 2 * 3 * \ldots * n$ ist, wie oben bereits angedeutet und per Definition $0! = 1$.

Beispiel 6.10: Definition des Binomialkoeffizienten

Die Definition des Binomialkoeffizienten N!/n! ist direkt nicht möglich, da die in der Fakultätsfunktion vorkommenden Zahlen zu groß würden. ◀

#R-Programm für Beispiel 6.10

```
N <- 49
n <- 6
choose(N,n)
[1] 13983816
```

6.3.2 Die Binomialverteilung

Falls also k-mal Kopf beim in Abschn. 6.3 beschriebenen Experiment erscheinen soll, so ist das auf

$$\binom{n}{k}$$

Arten möglich. Die Wahrscheinlichkeit für eine solche Anordnung ist gegeben durch $p^k * (1-p)^{n-k}$, da ja Unabhängigkeit vorausgesetzt wurde.

► **Binomialverteilung** Damit ergibt sich die Wahrscheinlichkeit zu

$$\Pr(x = k) = \binom{n}{k} * p^k * (1-p)^{n-k} \tag{6.19}$$

Man beachte, dass in R bereits eine entsprechende Funktion **dbinom** vorhanden ist. Sie hat drei Argumente. An erster Stelle ist der Wert der Zufallsvariablen einzugeben. Es folgt die Anzahl der Versuche. Als letztes wird die entsprechende Wahrscheinlichkeit für Kopf eingegeben. Unten war als Wert für x 2 angenommen worden, bei 10 Versuchen und einer Wahrscheinlichkeit von 0.05.

Ein Test mit den in der Definition der Binomialverteilung genannten Werten liefert die im R-Programm für Abschn. 6.3.2 angegebenen Werte

#R-Programm für 6.3.2

```
dbinom(2,size=10,prob = 0.05)
[1] 0.0746348
```

Beispiel 6.11: Fakultätsfunktion in R

Mit der Fakultätsfunktion lässt sich die Binomialwahrscheinlichkeit ebenfalls leicht in R programmieren.

Zu Testzwecken wurden hier die Parameterwerte 2, 10, 0.05 angegeben und mit dem erwarteten Wert verglichen. ◄

 # R-Programm für Beispiel 6.11

```
Binomial_wahrscheinlichkeit <- function (k ,n , p ) {
( factorial( n ) / ( factorial ( k ) * factorial (n - k ) ) ) * p ^( k
    ) *
(1 - p ) ^( n - k )
}
Binomial_wahrscheinlichkeit(2,10,0.05)
[1] 0.0746348
```

Die Wahrscheinlichkeiten der Binomialverteilung müssen in der Summe aber 1 ergeben, was in Gl. (6.20) gezeigt wird.

$$\sum_{k=0}^{n} \binom{n}{k} * p *^{k} \ (1 - p*)^{n-k} = (p + 1 - p)^{n} = 1. \tag{6.20}$$

Der Erwartungswert für die Binomialverteilung ist, wie oben bereits angedeutet, nicht sehr leicht direkt zu berechnen. Das gilt ebenso für die Varianz.

► **Erwartungswert und Varianz für die Binomialverteilung** Für die Binomialverteilung gilt (im Vorgriff auf den zentralen Grenzwertsatz)

$$E(x) = np \tag{6.21}$$

und

$$Var(x) = np(1 - p). \tag{6.22}$$

Eine Begründung für die beiden Formeln wird in Abschn. 6.3.4.1 gegeben. Sie ergibt sich aus Beispiel 6.9 und dem zentralen Grenzwertsatz.

Übung 6.7: Anwendung der Binomialverteilung

Bei der Hintereinanderschaltung von 10 Glühbirnen ist für jede einzelne eine Ausfallwahrscheinlichkeit von 0.05 innerhalb von 5 Jahren gegeben. Wie hoch ist die die Ausfallwahrscheinlichkeit für

(a) keine Glühbirne
(b) mindestens 1 Glühbirne
(c) mehr als 1 Glühbirne

6.3.3 Die hypergeometrische Verteilung

Zur Einführung der hypergeometrischen Verteilung dient üblicherweise das sog. *Urnenmodell.* Man geht aus von einer Urne (einem Behälter), in der sich eine Anzahl von Kugeln befindet (N). Diese Kugeln weisen gewisse Eigenschaften auf, die sie voneinander unterscheiden. Sie könnten nummeriert sein. Eine Anzahl von Kugeln w sei weiß, N − w sei schwarz. Nachdem die Kugeln durchgemischt wurden, werden n Kugeln ohne Zurücklegen gezogen und deren Farben notiert. Dieses Prozedere erinnert an die Ziehung von Lottozahlen. Alle Kombinationen von Kugeln sind offenbar gleichwahrscheinlich, sodass die auftretenden Wahrscheinlichkeiten mit der Abzählregel bestimmt werden können.

Beispiel 6.12: Hypergeometrische Verteilung

In einer Urne befinden sich 12 Kugeln. 5 dieser Kugeln seien weiß, der Rest schwarz. Daraus sollen 4 Kugeln ohne Zurücklegen gezogen werden.

Mit den oben eingeführten Bezeichnungen gilt also $N = 12$, $w = 5$, $n = 4$.

Berechnet werden soll die Anzahl der gezogenen weißen Kugeln.

Als Erstes soll der einfachste Fall betrachtet werden, nämlich dass keine weiße Kugel gezogen wird, also $x = 0$.

Es gibt folglich

$$\binom{12}{4}$$

Möglichkeiten, 4 Kugeln aus der Urne zu ziehen und damit die Anzahl der möglichen Fälle.

Die Zahl der günstigen Fälle ergibt sich, wenn man berücksichtigt, dass in diesem Fall nur schwarze Kugeln aus sieben gezogen werden müssen, also

$$\binom{7}{4}.$$

Damit gilt

$$\Pr(x = 0) = \binom{7}{4} \bigg/ \binom{12}{4}.$$

Mit

$$\binom{5}{0} = 1$$

lässt sich dieser Ausdruck aber auch in symmetrischer Form schreiben (im Hinblick auf eine noch abzuleitende allgemeine Formel):

$$\Pr(x = 0) = \left(\binom{5}{0} * \binom{7}{4}\right) \bigg/ \binom{12}{4}.$$

Als nächstes soll genau eine weiße Kugel gezogen werden.

Die Zahl der möglichen Fälle bleibt unverändert mit

$$\binom{12}{4}.$$

Für die günstigen Fälle muss genau eine Kugel aus 5 weißen Kugeln gezogen werden mit

$$\left(\binom{5}{1} \text{ Möglichkeiten}\right).$$

Zusätzlich müssen genau drei Kugeln aus sieben schwarzen Kugeln gezogen werden

$$\binom{7}{3} \text{ : Möglichkeiten).}$$

Damit ergibt sich

$$\Pr(x = 1) = \left(\binom{5}{1} * \binom{7}{3}\right) \bigg/ \binom{12}{4}.$$

Mit einer analogen Argumentation folgt allgemein

$$\Pr(x = k) = \left(\binom{5}{k} * \binom{7}{4-k}\right) \bigg/ \binom{12}{4}.$$ ◄

Aus dem Beispiel lässt sich nun leicht eine allgemeine Formel für die hypergeometrische Verteilung ableiten.

▶ **Hypergeometrische Verteilung** Mit den oben eingeführten Bezeichnungen gilt für die hypergeometrische Verteilung

$$\Pr(x = k) = \frac{\left(\binom{w}{k} * \binom{N-w}{n-k}\right)}{\binom{N}{n}}. \tag{6.23}$$

Der Mittelwert und die Varianz sind gegeben durch

$$E(x) = \left(\frac{n * w}{N}\right). \tag{6.24}$$

und

$$\mathrm{Var}(x) = n * \left(\frac{w}{N}\right) * \left(1 - \left(\frac{w}{N}\right)\right) * \frac{(N-n)}{(N-1)}. \tag{6.25}$$

Beispiel 6.13: Hypergeometrische Verteilung

Um die Wahrscheinlichkeit für die hypergeometrische Verteilung zu testen, wird auf Beispiel 6.13 zurückgegriffen. (Vorsicht: Es können sehr große Zahlen auftreten, die zu einem *stack overflow* führen könnten.)

Die eigentliche Rechnung wird im Programmteil „Test der hypergeometrischen Verteilung" durchgeführt. ◀

#R-Programm für Beispiel 6.13

```
choose(49,6)
[1] 13983816

# Aus Gl. 6.23 folgt
choose(n,k)
Aber
13983816^-1
[1] 7.151124e-08
```

Es sei noch zusätzlich angemerkt, dass auch die hypergeometrische Verteilung mittels Urnenmodell abzuleiten gewesen wäre. Allerdings hätte man dabei mit Ziehungen mit

Zurücklegen arbeiten müssen. Hier wurde bewusst ein anderer Ansatz gewählt, um die Anwendung des zentralen Grenzwertsatzes zu erleichtern.

Beispiel 6.14: Die Lottoziehung

Als klassisches Beispiel für eine Anwendung der hypergeometrischen Verteilung bietet sich die Ziehung der Lottozahlen in Deutschland an. Es werden dabei 6 aus 49 nummerierten Zahlenbällen, die sich in einer Lostrommel befinden, nach gründlichem Mischen gezogen. Dadurch werden die 49 Zahlen in der Trommel durch den abgegebenen Tipp in schwarze und weiße Kugeln unterteilt, indem man die sechs (w) Zahlen des Tipps als weiß deklariert und den Rest als schwarz.

Vergleicht man die Zahlen der gezogenen weißen Kugeln mit denen des Tipps, so ergeben sich die „Richtigen“. Damit kann die Formel für die hypergeometrische Verteilung zur Berechnung der Wahrscheinlichkeiten dienen. Beispielsweise ergibt sich für die Wahrscheinlichkeit von 6 Richtigen (ohne Berücksichtigung der Superzahl):

$$\Pr(x = 6) = \left(\binom{6}{6} * \binom{43}{0}\right) \Big/ \binom{49}{6} = 1 \Big/ \binom{49}{6}.$$

Analog lassen sich die übrigen Wahrscheinlichkeiten berechnen. ◄

Als wichtigste nicht-diskrete Verteilung soll die Normalverteilung als Näherung der Binomialverteilung über den zentralen Grenzwertsatz eingeführt werden.

6.3.4 Die Normalverteilung

6.3.4.1 Binomialverteilung und Normalverteilung

Abb. 6.1 soll zunächst einen Überblick liefern.

Diese Abbildung wurde mit dem R-Programm für Abb. 6.1 erzeugt.

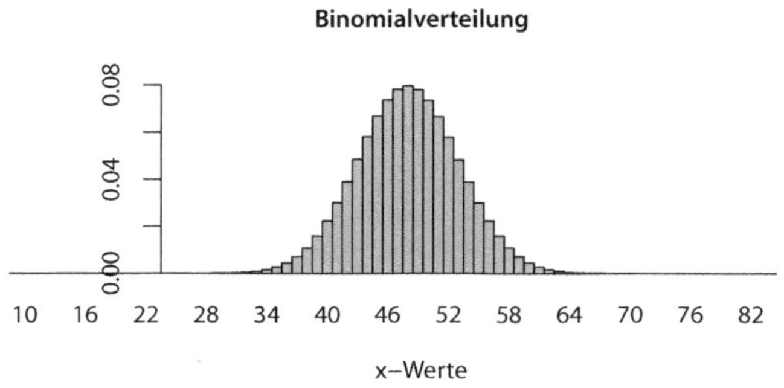

Abb. 6.1 Binomialverteilung

#R-Programm für Abb. 6.1

```
setwd("C:/Users/falkowski/R für Einsteiger")
probs = dbinom(1:100, size=100, prob=.48)
barplot(probs, names.arg=c(1:100), space=0,main="Binomialverteilung",
    xlab= "x-Werte", xlim=c(25,75), ylim=c(0,0.08))
```

Es ist deutlich die „Glockenkurve" der Normalverteilung zu erkennen, wie sie beispielsweise auf dem alten 10-DM-Schein abgebildet war. Dies ist offenbar der großen Anzahl von unabhängigen Versuchen (100) geschuldet. Allerdings handelt es sich hierbei keineswegs um einen Zufall. Entscheidend ist vielmehr der zentrale Grenzwertsatz.

► **Zentraler Grenzwertsatz** Sei eine (endliche) Folge identisch verteilter Zufallsvariablen $x_1, x_2, x_3, \ldots$ gegeben. Jede endliche Untermenge dieser Folge enthalte unabhängige Variablen. Der Mittelwert $E(x_i)$ und die Varianz $Var(x_i)$ seien gegeben mit $Var(x_i) < \infty$. Sei S_n die Summe der Zufallsvariablen. Dann gilt für alle z

$$\lim_{n \to \infty} Pr((S_n - n * E(x))/(vax(x)^{(1/2)} * \sqrt{n}) < z) = (1/\sqrt{2\pi}) * \int_{-\infty}^{z} e^{-(1/2)u^2} du \tag{6.26}$$

N.B. $(1/\sqrt{2\pi}) * \int_{-\infty}^{\infty} e^{-(1/2)u^2} du = 1$. Dies ist nicht offensichtlich.

Die angegebene Wahrscheinlichkeit ist die durch Integration erhaltene Fläche links von z, die sich unter der als Dichte fungierenden Kurve $e^{-(\frac{1}{2})u^2}$ oberhalb der x-Achse befindet.

Siehe auch [5, S. 147].

Beim zentralen Grenzwertsatz in Gl. (6.26) handelt es sich nicht nur um ein sehr überraschendes Resultat. Er ist vielmehr von großer Bedeutung für Approximationen, die im Kap. 7 genutzt werden. Hervorzuheben ist die besondere Rolle der Bernoulli-Verteilung mit Mittelwert p und Varianz $p * (1 - p)$ wie in Beispiel 6.8. Dies hat zur Folge, dass die Binomialverteilung als Verteilung einer Summe unabhängiger, identisch verteilter Bernoulli-Variablen gesehen werden kann. Als wichtigste Konsequenz erhält man, dass die Binomialverteilung für große n den Erwartungswert $E(x) = np$ und die Varianz $Var(x) = np * (1 - p)$ besitzt, vgl. Gl. (6.21) und (6.22).

Ein hundertfach wiederholter Wurf einer Münze (mit $p = 0{,}48$) hat also einen ungefähren Mittelwert $100 * 0{,}48 = 48$, während die Normalverteilung nach dem zentralen Grenzwertsatz denselben Mittelwert aufweisen muss.

Wieder nach dem zentralen Grenzwertsatz ergibt die Standardabweichung der Normalverteilung, s. R-Programm für Abb. 6.1, 4.995998.

#R-Programm für Abb. 6.1

```
(100*0.52*0.48)^(1/2)
[1] 4.995998
```

Diese Beobachtungen führen zur Abb. 6.2.

Diese Abbildung wurde mit dem R-Programm für Abb. 6.2 unter Nutzung der R-Funktion dnorm erzeugt. Die eingezeichnete Kurve entstammt der R-Funktion.

#R-Programm für Abb. 6.2

```
probs = dbinom(1:100, size=100, prob=.48)
barplot(probs, names.arg=c(1:100), space=0, xlim=c(25,75), ylim=c
    (0,0.08))
lines((c(1:100)-.5), dnorm(c(1:100), 48, 5), type="h", lwd=2, col="
    black")
curve(dnorm(c(x), mean=47.5, sd=5), from=25, to=75, xlim = c(25:75),
    add=T,col="black")
```

Natürlich ist es nicht möglich, die R-Funktion vollständig zu simulieren, da an jedem einzelnen Punkt eine Wahrscheinlichkeit angegeben werden müsste. Man vergleiche auch die cumsum-Funktion, die im Beispiel 5.4. auftauchte. Sie führte zu einer empirischen Wahrscheinlichkeitsverteilung. Ohne eine strenge Rechtfertigung geben zu wollen, leuchtet doch ein, dass bei einer großen Anzahl von Messwerten die relativen Häufigkeiten der cumsum-Funktion immer näher zusammenrücken. Die Summenbildung wird dann durch ein Integral (wie im zentralen Grenzwertsatz gegeben) abgelöst. Dabei fungiert die bekannte Glockenkurve als *Dichte.* In Abb. 6.3 ist die Dichte der *Standardnormalverteilung* dargestellt (Mittelwert = 0, Standardabweichung = 1). Sie wurde mit dem R-Programm für Abb. 6.3 erzeugt.

#R-Programm für Abb. 6.3

```
x <- seq(-3,3, by=0.005)
plot(x,dnorm(x,mean=0,sd=1), col="black", type="l", xlab="x", ylab="f(
    x)",main="Dichte der Standardnormalverteilung")
```

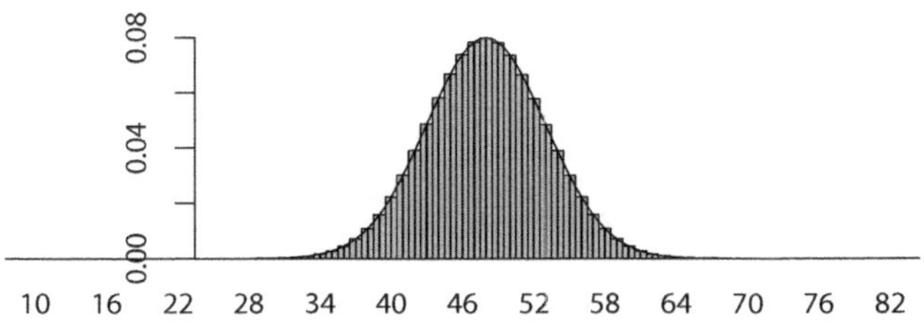

Abb. 6.2 Binomialverteilung versus Normalverteilung

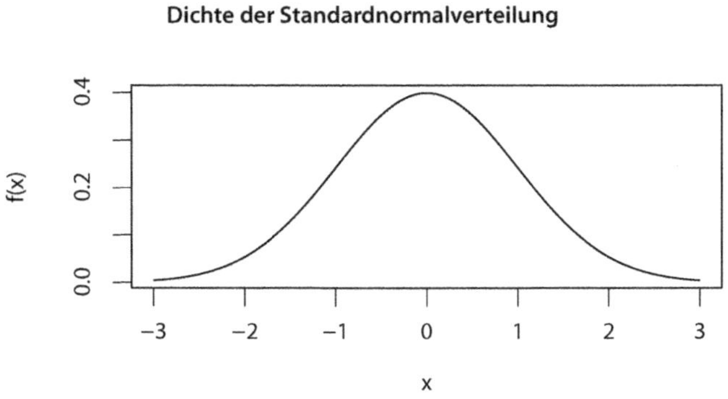

Abb. 6.3 Dichte der Standardnormalverteilung

Eine allgemeinere Normalverteilung lässt sich darstellen, indem man die Parameter für den Mittelwert (mean) und die Standardabweichung (sd) entsprechend im R-Programm für Abb. 6.3 variiert, s. Gl. (6.27).

▶ **Transformation einer allgemeinen Normalverteilung auf eine Standardnormalverteilung** Die Transformation einer allgemeinen Normalverteilung auf eine Standardnormalverteilung lässt sich mittels der Formel

$$y = (x - \mu)/\sigma \tag{6.27}$$

durchführen. Hier steht μ für den Mittelwert und σ für die Standardabweichung. Wesentlich hierbei ist, dass dies ohne Veränderung der Wahrscheinlichkeiten (Flächen) geschieht.

Diese Formel lässt sich aber auch umkehren, sodass bei gegebenem y das zugehörige x berechnet werden kann. Es gilt offenbar

$$\sigma * y + \mu = x \tag{6.28}$$

Im zentralen Grenzwertsatz Gl. (6.26) wurde offenbar die Normalisierung bereits durchgeführt ($\mu = 0, \sigma = 1$), s. auch Abb. 6.3.

Übung 6.8: Dichte einer Normalverteilung
Man stelle die Dichte der Normalverteilung mit mean = 48 und sd = 2 in schwarz (black) dar (Abkürzung: N(48,2)).

Wahrscheinlichkeiten erhält man, indem man im einfachsten Fall die Fläche für Intervalle [a, b] unterhalb der Dichte über Integration berechnet. Dies ist als Analogon zur Berechnung der Studierenden mit den Noten 3 oder 4 in Beispiel 5.4 zu sehen.

Leider taucht bei der Normalverteilung im zentralen Grenzwertsatz ein Integral auf, das in geschlossener Form nicht ausgewertet werden kann. Heute bereitet das aber keine größeren Probleme mehr, da jederzeit die entsprechende R-Funktion genutzt werden kann. Sie wurde unter Anwendung numerischer Verfahren erstellt. Das wird sich bei späteren Anwendungen als sehr hilfreich herausstellen.

6.3.4.2 Hypergeometrische Verteilung und Normalverteilung

Wenn man die Beschreibung der hypergeometrischen Verteilung genauer betrachtet, so ergibt sich kein wesentlicher Unterschied zur Binomialverteilung. Die eigentliche Formel für die Wahrscheinlichkeiten, die sich doch von der Binomialverteilung deutlich unterscheidet, täuscht darüber hinweg. Nimmt man aber große N an, so sind Mittelwert und Varianz identisch. Dabei ist jedoch w/N mit dem Parameter p zu identifizieren. Mit dieser Identifikation reduziert sich der letzte Faktor der Varianz der hypergeometrischen Verteilung für große N und nicht zu große n auf $(N - n)/(N - 1) \approx 1$, vgl. auch Gl. (6.24).

Das überrascht nicht sehr, wenn man bedenkt, dass beide Verteilungen aus dem Urnenmodell erhalten werden können. Der Unterschied kommt allein dadurch zustande, dass bei der hypergeometrischen Verteilung ohne Zurücklegen gezogen wird. Intuitiv ist sofort verständlich, dass bei großem N dieser Unterschied zu vernachlässigen ist.

Ein entsprechendes Beispiel ist an Beispiel 26 in [6, S. 117] angelehnt. (Die Parameter wurden etwas verändert, um die Annäherung an die hypergeometrische Verteilung zu zeigen.) Es wird angenommen, dass von 7 Mio. Wahlberechtigten 3,4 Mio. eine bestimmte Partei wählen. Folglich wurde $w/N = 3{,}4/7 = 0{,}4857143 \approx 0{,}486$ gesetzt). Dabei entsprechen die Wähler der Partei den weißen Kugeln des Urnenmodells. Wählt man nun aus der Grundgesamtheit $n = 100$ Personen nach dem Urnenmodell aus, so können die verschiedenen Wahrscheinlichkeiten (relativen Häufigkeiten) der Personen berechnet werden, die in dieser Stichprobe die Partei wählen. Wegen (7 * 10^6 – 100)/(7 * 10^6 – 1) = 0,9999859 kann in guter Näherung der Mittelwert der entsprechenden hypergeometrischen Verteilung mit 48,6 angenommen werden, siehe auch Gl. (6.24). Ähnlich ergibt sich die Standardabweichung zu (100 * 0,486 * (1 – 0,486))^(1/2) = 4,99804, vgl. Gl. (6.25). Die analogen Werte ergeben sich für die Binomialverteilung (sie ergibt sich, wenn man die Wahl der Partei mit Kopf kodiert und die gegenteilige Entscheidung entsprechend mit Zahl) und die Normalverteilung (folgt aus dem zentralen Grenzwertsatz!) betrachtet. Hier ist deutlich zu sehen, dass zwischen Binomialverteilung und hypergeometrischer Verteilung für große N nur ein sehr geringer Unterschied besteht. Allerdings ist eine geeignete Interpretation der Parameter erforderlich. Oben wurde bereits $w/N = 3{,}4/7$ angegeben. Dies entspricht dem Parameter p in der Binomialverteilung (Wahrscheinlichkeit für Kopf im Münzenbeispiel), siehe auch Gl. (6.21) und (6.22).

Die Situation wird in Abb. 6.4 veranschaulicht.

Abb. 6.4 wurde mit dem R-Programm zur Abb. 6.4 erstellt.

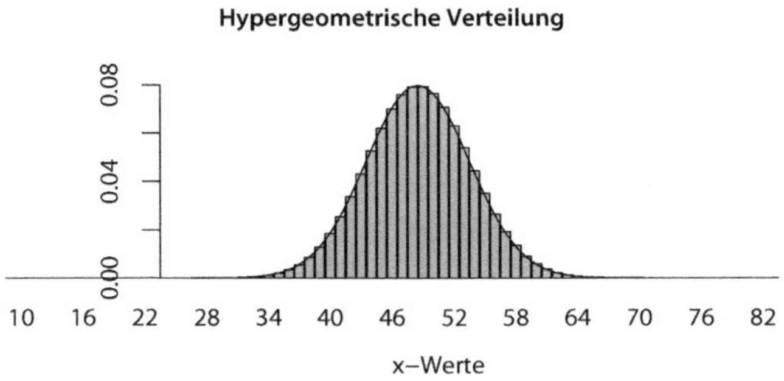

Abb. 6.4 Hypergeometrische- und Normalverteilung

#R-Programm zur Abb. 6.4

```
probs <- dhyper(1:100,3400000, 3600000,100)
barplot(probs, names.arg=c(1:100),space=0,main="Hypergeometrische
    Verteilung", xlab="x-Werte", xlim=c(25,75), ylim=c(0,0.08))
lines(c(1:100), dnorm(c(1:100), 48, 5), type="h", lwd=4, col="black")
curve(dnorm(c(x), mean=48, sd=5), from=25, to=75, xlim = c(25:75), add
    =T, col="black")
```

Die Abb. 6.4 lässt sich nunmehr als empirische Verteilungsfunktion interpretieren.

Die Auswertung der hypergeometrischen Verteilung bereitet bisweilen Schwierigkeiten, da die Berechnung der Binomialkoeffizienten zu sehr großen Zahlen führen kann. Deshalb wird oft mittels der Binomial- oder sogar der Normalverteilung approximiert.

6.3.5 Der Satz von Bayes für stetige Verteilungen

Der Satz von Bayes für stetige Verteilungen nutzt bedingte Dichten für Klassen. Im einfachsten Fall geht es ausschließlich um zwei bedingte Dichten. Dabei können die A-priori-Wahrscheinlichkeiten mit den bedingten Dichten kombiniert werden, um so die A-posteriori-Wahrscheinlichkeiten zu erhalten. Der Satz von Bayes nimmt die folgende Form für 2 Klassen C_1 und C_2 an. Dichten sollen dabei immer mit Kleinbuchstaben notiert werden.

► **Satz von Bayes für stetige Wahrscheinlichkeiten**

$$\Pr(C_k|\mathbf{x}) = p(\mathbf{x}|C_k) * \Pr(C_k)/p(\mathbf{x}) \tag{6.29}$$

mit

$$p(\mathbf{x}) = p(\mathbf{x}|C_1) * \Pr(C_1) + p(\mathbf{x}|C_2) * \Pr(C_2). \tag{6.30}$$

Hier ist $p(\mathbf{x})$ ein Normalisierungsfaktor, der sicherstellt, dass $\Pr(C_1|\mathbf{x}) + \Pr(C_2|\mathbf{x}) = 1$ ist.

Übung 6.9: Normalisierung
Man verifiziere, dass Multiplikation mit dem Normalisierungsfaktor $p(\mathbf{x})$ sicherstellt, dass $Pr(C_1|\mathbf{x}) + Pr(C_2|\mathbf{x}) = 1$ gilt.

Beispiel 6.15: Zwei Normalverteilungen

Gegeben seien 2 Normalverteilungen $N(\mu_1, 1)$, $N(\mu_2, 1)$ mit gleicher Varianz 1, aber verschiedenen Mittelwerten. Die bedingten Klassendichten seien also mit $p(\mathbf{x}|C_k)$ gegeben. Dann ist

$$Pr(C_1|\mathbf{x}) = \left(1/(2\pi)^{\frac{1}{2}}\right) * \exp(-(1/2) * (\mathbf{x} - \mu_1)^2) * Pr(C_1)/p(\mathbf{x}),$$
$$Pr(C_2|\mathbf{x}) = \left(1/(2\pi)^{\frac{1}{2}}\right) * \exp(-(1/2) * (\mathbf{x} - \mu_2)^2) * Pr(C_2|\mathbf{x})/p(\mathbf{x}). \blacktriangleleft$$

Übung 6.10: Anwendung Satz von Bayes
Man zeige, dass gilt

$$\begin{aligned} Pr(C_1|x) &= 1/(1 + p * (x|C_2) * Pr(C_2)/(p * (x|C_1) * Pr(C_1))) \\ &= 1/(1 + (\exp(-(1/2) * (x - \mu_2)^2)/\exp(-(1/2) * (x - \mu_1)^2)) \\ &\quad * (Pr(C2)/Pr(C1))) \\ Pr(C_2|x) &= 1/(1 + p * (x|C_1) * Pr(C_1)/(p * (x|C_2) * Pr(C_2))) \\ &= 1/(1 + (\exp(-(1/2) * (x - \mu_1)^2/\exp(-(1/2) * (x - \mu_2)^2)) \\ &\quad * (Pr(C_1)/Pr(C_2)))) \end{aligned}$$

Bis jetzt wurden ausschließlich eindimensionale Wahrscheinlichkeitsverteilungen betrachtet. Um Muster, wie im Kap. 3 bereits angedeutet, klassifizieren zu können, werden mehrdimensionale Wahrscheinlichkeitsverteilungen benötigt. Verallgemeinerungen können ähnlich wie im Kap. 3 erfolgen. Wahrscheinlichkeiten, die über die Dichte als Flächen auftraten und durch Integrale berechnet wurden, werden hierbei als Mehrfachintegrale interpretiert.

Allerdings wird häufig eine strenge Rechtfertigung der eingesetzten Methoden nicht erfolgen können. Sie würde tiefergehende Kenntnisse der Maßtheorie benötigen und damit den Rahmen dieser Arbeit deutlich übersteigen, s. [3].

Jedenfalls soll daran erinnert werden, dass Randverteilungen bereits bei der Herleitung der *Chi-Quadrat*(χ^2)-Funktion in Abschn. 5.2.3 aufgetaucht waren. Auch die Kovarianz wurde schon behandelt, s. Abschn. 5.2.5.

Später wird eine allgemeine Formel für den Satz von Bayes benötigt, s. [2, S. 23]. Man möchte sie benutzen, um Wahrscheinlichkeitsdichten unter Nutzung von Beispieldaten abzuleiten.

6.3.5.1 Allgemeine Form des Satzes von Bayes

Gegeben seien n Klassen $C_1, C_2, \ldots C_n$ und ein Datenvektor $\mathbf{x}$. Dann erhält der Satz von Bayes die Form

Satz von Bayes

$$\Pr(C_i|\mathbf{x}) = \frac{p(\mathbf{x}|C_i) * \Pr(C_i)}{p(\mathbf{x})} \tag{6.31}$$

mit

$$p(\mathbf{x}) = \sum_{i=1}^{n} p(\mathbf{x}|C_i) * \Pr(C_i) \tag{6.32}$$

Hier ist wiederum $p(\mathbf{x})$ ein Normalisierungsfaktor, der sicherstellt, dass sich die $\Pr(C_i|\mathbf{x})$ zu 1 aufsummieren.

Es ist leicht einzusehen, s. Übung 6.9, dass die Summe der $\Pr(C_i|\mathbf{x})$ eins ergibt.

Eine optimale Klassifikation wird erreicht, indem $\mathbf{x}$ der Klasse zugewiesen wird, die die größte A-posteriori-Wahrscheinlichkeit besitzt. Genauer:

$\mathbf{x}$ wird C_i zugeordnet, falls $C_j > C_j \; \forall j \neq i$.

Da $p(\mathbf{x})$ unabhängig von der jeweiligen Klasse ist, kann der Faktor entfallen und man erhält:

Ordne $\mathbf{x}$ der Klasse C_i zu, falls $p(\mathbf{x}|C_i) * \Pr(C_i) > p(\mathbf{x}|C_j) * \Pr(C_j) \; \forall j \neq i$, s. [2, S. 23].

Für jede einzelne Klasse lässt sich also über den Satz von Bayes eine Entscheidungsfunktion $f_k(\mathbf{x})$ herstellen, mit $f_k(\mathbf{x}) = p(\mathbf{x}|C_k) * \Pr(C_k)$.

Da nur die relative Größe der Entscheidungsfunktionen für die Entscheidung von Bedeutung ist, kann auch $g(f_k(\mathbf{x}))$ Verwendung finden, falls es sich bei g um eine monotone Funktion handelt. In der Tat wird hier traditionell der natürliche Logarithmus eingesetzt, sodass sich für die Entscheidungsfunktionen $h_k(\mathbf{x})$ der folgende Ausdruck ergibt:

Entscheidungsfunktion

$$h_k(\mathbf{x}) = \ln(p(\mathbf{x}|C_k)) + \ln(\Pr(C_k)). \tag{6.33}$$

Beispiel 6.16: Spezialfall (2 Klassen)

Von besonderem Interesse ist der Spezialfall, in dem bloß 2 Klassen vorkommen. Hier wird üblicherweise nur eine einzige Entscheidungsfunktion verwendet, die durch

$$h(x) = h_1(x) - h_2(x) = \ln(p * (x|C_1))/\ln(p * (x|C_2)) + \ln(Pr(C_1))/\ln(Pr(C_1))$$

definiert ist. ◀

Es bleibt aber noch das Problem, die Dichten zu schätzen.

6.3.6 Dichteschätzungen und Maximum Likelihood

Das Problem der Dichteschätzungen kann hier nur mittels eines speziellen Beispiels und keineswegs in voller Allgemeinheit behandelt werden. Betrachtet werden soll ein Produkt von statistisch unabhängigen Normalverteilungsdichten $p(\mathbf{x}) = \prod_{i=1}^{d} p * (x_i)$, wobei mit d die Dimension des Vektors $\mathbf{x}$ bezeichnet sei. Weiterhin sei angenommen, dass die einzelnen Normalverteilungsdichten sich nur in den Erwartungswerten unterscheiden und alle Varianz 1 haben. Dann ergeben sich die Entscheidungsfunktionen zu

$$h_k(\mathbf{x}) = \ln(p(\mathbf{x}|C_k)) + \ln(Pr(C_k)) = -(1/2) * <\mathbf{x} - \boldsymbol{\mu}_k, \mathbf{x} - \boldsymbol{\mu}_k> + \ln(Pr(C_k)) \quad (6.34)$$

Falls die Klassen identische A-priori-Wahrscheinlichkeiten besitzen, nimmt die Entscheidungsregel eine besonders einfache Form an:

Ordne den Vektor $\mathbf{x}$ der Klasse zu, deren Mittelwert am nächsten liegt, s. auch [2, S. 39].

Diese Entscheidungsfunktionen können als Funktionen ihrer Parameter aufgefasst werden. Das Ziel ist dann, die Parameter zu optimieren. Dies soll erreicht werden, indem die Likelihood-Funktionen, die von den Trainingsdaten abgeleitet wurden, maximiert werden.

Gegeben sei eine Dichtefunktion, die von Parametern $p_1, p_2, \ldots p_m$ abhängt. Wie in [2, S. 40] soll eine Klassenkennzeichnung unterbleiben, obwohl bei einem Klassifikationsproblem eine Dichtefunktion für jede einzelne Klasse erforderlich ist. Da das entsprechende Verfahren in allen Fällen nahezu identisch ist, sollte das unproblematisch sein. Die Dichtefunktion lässt sich somit als $p(\mathbf{x}|\mathbf{p})$ schreiben. Gegeben sei weiterhin eine Menge von N Vektoren $\mathbf{X} := \{\mathbf{x}_1, \mathbf{x}_2, \ldots, \mathbf{x}_N\}$ als Daten. Werden diese Vektoren unabhängig voneinander aus der Verteilung mit der Dichte $p(\mathbf{x}|\mathbf{p})$ gezogen, dann ist die gemeinsame Wahrscheinlichkeitsdichte der gesamten Datenmenge $\mathbf{X}$ gegeben durch $L(\mathbf{p}) := p(\mathbf{X}|\mathbf{p}) = \prod_{i=1}^{N} p * (\mathbf{x}_i|\mathbf{p})$. Jetzt kann L als Funktion von $\mathbf{p}$ für das gegebene $\mathbf{X}$ gesehen werden (*Likelihood-Funktion*). Damit ist es möglich, L zu maximieren. Das ist plausibel, da auf diese Weise die gegebenen Daten bestmöglich erklärt werden. In praxi wird jedoch üblicherweise der negative natürliche Logarithmus der Likelihood-Funktion genommen. Dieser wird dann minimiert und kann als Fehler interpretiert werden, s. [2, S. 40].

Für die meisten Dichten erfordert die Berechnung des optimalen **p** komplizierte, iterative, numerische Verfahren.

Beispiel 6.17: Spezialfall

Für den speziellen Fall einer multivariaten Normaldichte gibt [2, S. 41] unter anderem an: $\hat{\mu} = (1/N) * \sum_{i=1}^{N} x_i$. Damit ergibt sich als intuitiv plausibles Resultat, dass die Maximum-Likelihood-Schätzung $\hat{\mu}$ des Mittelwertvektors μ durch den Mittelwert der Daten gegeben ist. ◂

6.4 Lösungen der Übungsaufgaben

Übung 6.1

$$\Pr(x >= 3) = 1 - \Pr(x < 3)$$
$$\Pr(x < 3) = \text{Ergebnis}$$

#R-Programm für Übung 6.1

```
Nieten <- 10000000-sum(c
    (5,12,18,40,100,2000,7000,15000,60000,200000,600000,1000000))
Nieten
[1] 8115825
Ergebnis <- 9115825/10^7
Ergebnis
[1] 0.9115825
#Pr(x>=3) =
1- 0.9115825
[1] 0.0884175
```

Übung 6.2

$$\varnothing \cup \varnothing = \varnothing \ (1)$$
$$\text{Aber } \varnothing \cap \varnothing = \varnothing \ (2)$$
$$\Pr(\varnothing) = \Pr(\varnothing \cup \varnothing)(3) \quad \text{wegen} \quad (1)$$

Da $\varnothing$ mit sich selbst disjunkt ist, folgt aus Axiom 3

$$\Pr(\varnothing \cup \varnothing) = \Pr(\varnothing) + \Pr(\varnothing) \ (4)$$

(3) und (4) ergibt nun

$$\Pr(\varnothing) = \Pr(\varnothing) + \Pr(\varnothing) \ (5)$$

Indem bei (5) auf beiden Seiten $\Pr(\varnothing)$ abgezogen wird, erhält man das behauptete Resultat.

Übung 6.3

#R-Programm für Übung 6.3

```
mögliche_fälle <- 10000000-8115825
mögliche_fälle
[1] 1884175
wahrscheinlichkeit_autogewinn <- 5/1884175
wahrscheinlichkeit_autogewinn
[1] 2.653681e-06
```

Übung 6.4

Der Satz von Bayes ist anwendbar mit der Bedingung F, dass ein Artikel fehlerhaft ist.

A_1 sei die Bedingung, dass der Artikel durch Maschine 1 produziert wurde, A_2 die Bedingung, dass der Artikel durch Maschine 2 produziert wurde.

Damit ergibt sich die Wahrscheinlichkeit

$$\mathrm{Pr}(\mathrm{M\ 1\ produziert\ den\ Artikel}|\mathrm{F}) = \mathrm{Pr}(\mathrm{A}_1|\mathrm{F})$$

$$\mathrm{Pr}(\mathrm{A}_1|\mathrm{F}) = \mathrm{P}(\mathrm{A}_1) * \mathrm{Pr}(\mathrm{F}|\mathrm{A}_1)/(\mathrm{P}(\mathrm{A}_1) * \mathrm{Pr}(\mathrm{F}|\mathrm{A}_1) + \mathrm{P}(\mathrm{A}_1) * \mathrm{Pr}(\mathrm{F}|\mathrm{A}_1))$$

#R-Programm für Übung 6.4

```
0.1*0.02/(0.1*0.02 + 0.90*0.05)
[1] 0.04255319
```

Übung 6.5

Als im Folgenden unveränderliche Wahrscheinlichkeiten sind $\mathrm{Pr(B)} = 5/30$ und $\mathrm{Pr(G)} = 25/30$ zu nennen (B, G stehen für blau bzw. grün).

Für die Aussagen des Zeugen gibt es die folgenden A-priori-Wahrscheinlichkeiten.

$\mathrm{Pr(B|B)} = 4/5$ (Wahrscheinlichkeit Zeuge hält blaues Taxi für blau)
$\mathrm{Pr(G|G)} = 20/25$ (Wahrscheinlichkeit Zeuge hält grünes Taxi für grün)
$\mathrm{Pr(G|B)} = 5/25$ (Irrtumswahrscheinlichkeit Zeuge hält blaues Taxi für grün)
$\mathrm{Pr(B|G)} = 5/25$ (Irrtumswahrscheinlichkeit Zeuge hält blaues Taxi für grün)

Mit dem Satz von Bayes ergeben sich als neue Irrtumswahrscheinlichkeiten

$$\begin{aligned}
\underset{\text{neu}}{\mathrm{Pr}}(\mathrm{B|G}) &= \frac{\mathrm{Pr(G|B)} * \mathrm{Pr(B)}}{\mathrm{Pr(G|B)} * \mathrm{Pr(B)}} + \mathrm{Pr(G|G)} * \mathrm{Pr(G)} \\
&= ((1/5) * (5/30))/(((1/5) * (5/30) + (20/25) * (25/30)) \\
&= (1/30)/((1/30) + (20/30)) \\
&= (1/30)/(21/30) \\
&= 1/21 (= \text{ca. } 5\,\%)
\end{aligned}$$

$$\begin{aligned}\Pr_{\text{neu}}(G|B) &= (\Pr(B|G) * \Pr(G))/(\Pr(B|G) * \Pr(G)) + \Pr(B|B) * \Pr(B)) \\ &= ((5/25) * (25/30))/((5/25) * (25/30) + (4/5) * (5/30)) \\ &= (5/30)/((5/30) + (4/30)) \\ &= 5/9\end{aligned}$$

Auch in diesem Beispiel sind die neuen (A-posteriori-)Wahrscheinlichkeiten durchaus etwas überraschend. Beispielsweise liegt die Irrtumswahrscheinlichkeit bei den grünen Taxis nur noch bei ca. 5 %, während sie bei den blauen Taxis stolze 56 % erreicht. Diese Tatsachen können leicht schwerwiegende Irrtümer zur Folge haben.

Übung 6.6

(a) $\Pr(x = 0) = (1 - 0{,}05)^{10}$

(b) $1 - \Pr(x = 0)$

(c) $1 - (\Pr(x = 0) + \Pr(x = 1))$ mit $\Pr(x = 1) = 10 * 0{,}05^1(1 - 0{,}05)^9$

Übung 6.7

$x = 0$ mit $\Pr(x = 0) = (1 - p)$ und $x = 1$ mit $\Pr(x = 1) = p$. Weiter gilt $E(x) = p$. Damit folgt

$$\begin{aligned}\mathrm{Var}(x) &= E(x - E(x))^2 = (0 - p*)^2 * (1 - p*) + (1 - p*)^2 * p* \\ &= p*^2 *(1 - p*) = p*^2 - p*^3 + (p* - 2p*^2 + p*^3) \\ &= p*^2 + p* - 2p*^2 = p* - p*^2 = p*(1 - p*).\end{aligned}$$

Übung 6.8

#R-Programm für Übung 6.8

```
x <- seq(40,56, by=0.005)
plot(x,dnorm(x,mean=48,sd=2), col="black", type="l", xlab="x", ylab="f
    (x)",main="Dichte der N(48,2)")
```

Übung 6.9

$$\begin{aligned}\Pr(C_1|x) + \Pr(C_2|x) &= p * (x|C_1) * \Pr(C_1)/p * (x) + p * (x|C_2) * \Pr(C_2)/p * (x) \\ &= (1/p * (x)) * (p * (x|C_1) * \Pr(C_1) + p * (x|C_2) * \Pr(C_2)) = 1.\end{aligned}$$

Übung 6.10

Um den ersten Ausdruck zu zeigen, dividiere Zähler und Nenner des Bruchs durch $p(x|C_1) * \Pr(C_1)$.

$$\begin{aligned}&\Pr(C_1|x) \\ &= p * (x|C_1) * \Pr(C_1)/(p * (x|C_1) * \Pr(C_1) + p * (x|C_2) * \Pr(C_2)) \\ &= 1/(1 + (p * (x|C_2) * \Pr(C_2)/p * (x|C_1) * \Pr(C_1))) \\ &= 1/(1 + (\exp(-(1/2) * (x - \mu_2)^2/\exp(-(1/2) * (x - \mu_1)^2)) * (\Pr(C_2)/\Pr(C_1)))\end{aligned}$$

Um den zweiten Ausdruck zu zeigen, dividiere Zähler und Nenner des Bruchs durch $p(x|C_2) * Pr(C_2)$.

$$\begin{aligned}
&Pr(C_2|x)\\
&= p * (x|C_2) * Pr(C_2)/(p * (x|C_1) * Pr(C_1) + p * (x|C_2) * Pr(C_2))\\
&= 1/(1 + (p * (x|C_1) * Pr(C_1)/p * (x|C_2) * Pr(C_2)))\\
&= 1/(1 + (\exp(-(1/2) * (x - \mu_1)^2/\exp(-(1/2) * (x - \mu_2)^2)) * (Pr(C_1)/Pr(C_2)))
\end{aligned}$$

Literatur

1. Beck-Bornholdt, H.-P., Dubben, H.-H.: Der Schein der Weisen. Rowohlt (2003)
2. Bishop, C.: M.: Neural Networks for Pattern Recognition. Oxford University Press, reprinted (2013)
3. Halmos, P.: R.: Measure Theory. Van Nostrand Reinhold Company, Reprinted (1969)
4. Kohn, W.: Statistik. Springer (2005)
5. Lindgren, B.W.: Statistical Theory. MacMillan (1962)
6. Quatember, A.: Statistik ohne Angst vor Formeln, 4. Aufl. Pearson Deutschland (2014)

Inferenzielle Statistik

7

Zusammenfassung

In diesem Kapitel werden Stichproben behandelt. Dies erweist sich als notwendig, da die relevanten Grundgesamtheiten häufig zu groß sind und so eine aufwendige und teure Behandlung erfordern würden. Die stetige Normalverteilung bietet gute Voraussetzungen, um Näherungsverfahren anzuwenden. Es werden einige Beispiele behandelt, die einerseits Approximationsverfahren zum Gegenstand haben. Andererseits werden auch klassische Statistikmethoden erklärt, wie etwa Wahlprognosen.

7.1 Einführung

Es ist keineswegs beabsichtigt, eine lückenlose Behandlung der *inferenziellen Statistik* zu präsentieren. Vielmehr sollen einige klassische Beispiele zu Standardfragen aufgezeigt werden. Dabei werden Approximationsverfahren zum Einsatz kommen. Dies ist möglich, da die Beispiele hauptsächlich größere Stichproben erfordern (≥ 100). Die relevanten Grundbegriffe werden erläutert. Anschließend wird auf Parameterschätzungen für Häufigkeitsverteilungen eingegangen. Dies führt zur Schätzung von Stichprobengrößen für Wahlprognosen.

Die Notwendigkeit, Stichproben zu ziehen, um eine Grundgesamtheit wie die deutsche Bevölkerung im Rahmen einer Wahlprognose zu behandeln, liegt auf der Hand. Um etwa eine Wahlprognose für die 18-Uhr-Nachrichten der ARD zu erstellen, wäre es natürlich organisatorisch unmöglich, die Grundgesamtheit zu behandeln. Hinzu kommt auch ein sehr großer finanzieller Aufwand. Prima facie scheint es ein einfaches Problem zu sein, eine Stichprobe zu ziehen. Bei genauerem Hinsehen zeigt sich aber schnell, das dem nicht so ist. Schließlich soll die Stichprobe repräsentativ für die Grundgesamtheit sein.

B.-J. Falkowski, *KI, Statistik und Anwendungen*,
https://doi.org/10.1007/978-3-658-49450-6_7

Beispiel 7.1: Mögliche Fehler bei Stichproben

Man versucht etwa das Wahlverhalten zufällig ausgewählter Personen aus der wahlberechtigten Bevölkerung per Telefonanfrage (Festnetz) zu ermitteln.

Das würde fast sicher zu verfälschten Resultaten führen, da möglicherweise viele Leute gar kein Festnetztelefon mehr besitzen. ◄

Zu einer ausführlichen Behandlung der Problematik sei auf [5] verwiesen. Hier sollen ausschließlich uneingeschränkte, hinreichend große Zufallsstichproben behandelt werden. Die Ergebnisse der Stichproben sollen so Rückschlüsse auf interessierende Parameter der Grundgesamtheit liefern.

7.2 Parameterschätzungen von Häufigkeitsverteilungen

Zunächst sind einige Berechnungen für die Normalverteilung vorzunehmen. Dabei sind neben der Dichte der Normalverteilungen auch zwei weitere R-Funktionen von Bedeutung. Sie nehmen Umrechnungen vor, die früher bei jeder Normalverteilung erfolgen mussten, vgl. hierzu auch die beiden wichtigen Umrechnungsformeln in Abschn. 6.3.4.1.

Beispiel 7.2: $N(\mu, \sigma)$

Die Wahrscheinlichkeit, dass $x \leq z$, ist für eine Normalverteilung mit Mittelwert μ und Standardabweichung σ (Kurzform wie oben $N(\mu, \sigma)$) gegeben durch pnorm(z, μ, σ). ◄

#R-Programm für Beispiel 7.2[1]

```
pnorm(135,120,10)
[1] 0.9331928
```

Aber auch die Umkehrfunktion zu pnorm existiert. Sie wird mit qnorm bezeichnet und berechnet den x-Wert, um beispielsweise 0.9331928 der gesamten Fläche zu berechnen. Ein Beispielcontainer für Beispiel 7.3 ist nicht zusätzlich aufgeführt worden.

#R-Programm für Beispiel 7.3

```
qnorm(0.9331928,120,10)
[1] 135
```

Zur Vorbereitung auf die Parameterschätzungen bei Häufigkeitsverteilungen sind einige Rechnungen mit der Normalverteilung notwendig. Dabei werden insbesondere gewis-

[1] Alle R-Programme sind auch in Form von digitalem Zusatzmaterial online auf SpringerLink abrufbar. Das Zusatzmaterial ist auf der Produktseite zum Buch unter der Vorschau zu Kap. 1 zu finden.

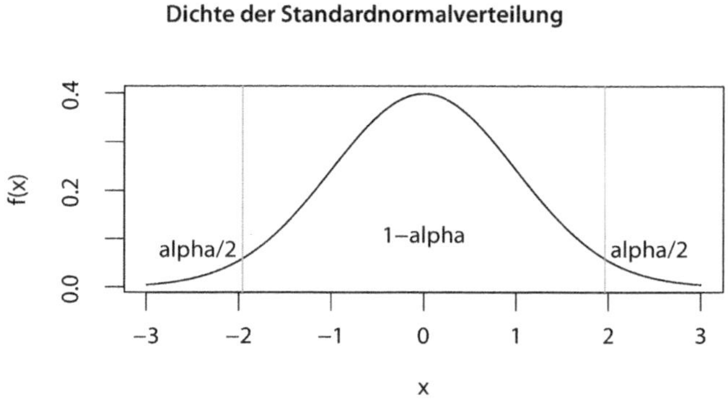

Abb. 7.1 Wahrscheinlichkeit 1 – alpha. Standardnormalverteilung unter Berücksichtigung verschiedener Symmetrieeigenschaften

se Symmetrieeigenschaften der Dichtefunktion ausgenutzt. Sie dienen dazu, eine Wahrscheinlichkeit von vorgegebener Größe (Fläche) mit identischen Resten auf beiden Seiten der Fläche zu konstruieren. Die Situation ist in Abb. 7.1 für die Standardnormalverteilung dargestellt.

Diese Abbildung wurde mit dem R-Programm für Abb. 7.1 erstellt.

#R-Programm für die Abb. 7.1

```
x <- seq(-3,3, by=0.005)
plot(x,dnorm(x,mean=0,sd=1), col="black", type="l", xlab="x", ylab="f(
    x)",main="Dichte der Standardnormalverteilung")
abline(v = 1.96, col = "gray60") # Einfügen vertikale Gerade bei 1.96
text(2.3, 0.01, "alpha/2",cex = .4) # Einfügen Text bei (2.3,0.01)
abline(v = -1.96, col = "gray60") # Einfügen vertikale Gerade bei
    -1.96
text(-2.3, 0.01, "alpha/2",cex = .4) # Einfügen Text bei (-2.3,0.01)
text(0, 0.1, "1-alpha",cex = .5) # Einfügen Text bei (0,0.01)
```

Dabei wurde ein Wert von alpha $= 0.05$ angenommen, der häufig bei Schätzungen von Parameterwerten auftaucht. Damit wäre alpha/2 $= 0.025$. Mit qnorm((1-0.025),0,1) ergäbe sich das R-Programm für Abb. 7.1 mit alpha $= 0.05$,

#R-Programm für Abb. 7.1 mit alpha = 0.05

```
qnorm((1-0.025),0,1)
[1] 1.959964
```

was den x-Wert der ersten eingefügten vertikalen Linie ergibt. Da das Intervall symmetrisch sein muss, ergibt sich der x-Wert für die zweite vertikale Linie ohne weitere Rechnung als -1.96 (gerundet).

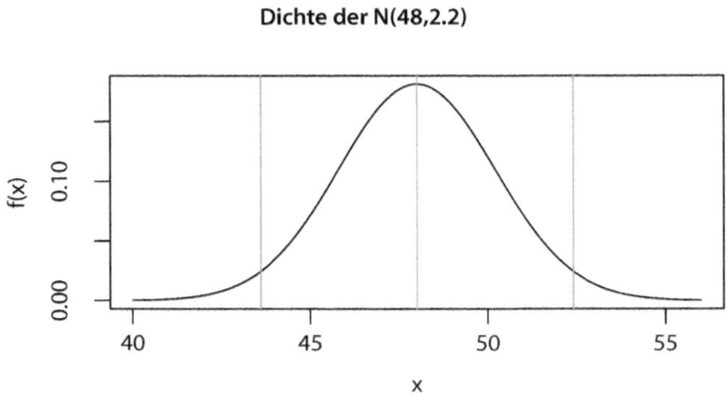

Abb. 7.2 Fläche 1 – alpha für allgemeine Normalverteilung. Situation für eine allgemeine Normalverteilung

Übung 7.1: Eine Rechnung mit N(120,10)
Man führe die analoge Rechnung für N(120,10) für alpha = 0.2 aus.

Hinweis: Der Programm-Code zur Erstellung von Abb. 7.1 sollte als Vorbild ausreichen. Es sind nur geringfügige Änderungen vorzunehmen.

Die Situation für eine allgemeine Normalverteilung $N(\alpha, \sigma)$ ist in Abb. 7.2 dargestellt. Unten wird im Vorgriff auf Gln. (7.1) und (7.2) bereits ein Vertrauensintervall behandelt.

Als Hintergrund für die Abb. 7.2 diente eine Meinungsumfrage hinsichtlich einer bestimmten Eigenschaft, bei der eine Stichprobe von 500 Leuten ausgewählt wurde. Es sollte zur Sicherheit $1 - \alpha$ mit $\alpha = 0.05$ ein Vertrauensintervall für die Grundgesamtheit konstruiert werden. Der Stichprobenparameter war als 0.48 ermittelt worden. Die Abbildung wurde mit dem entsprechenden Code erstellt.

#R-Programm für Abb. 7.2

```
x <- seq(43,53, by=0.005) plot(x,dnorm(x,mean=48,sd=2.2), col="black",
    type="l", xlab="x", ylab="f(x)",main="Dichte der N(48,2.2)")
abline(v = 44, col = "gray60")
abline(v = 48, col = "gray60")
abline(v = 52, col = "gray60")
```

Dabei ist die x-Koordinate der rechten vertikalen Linie ermittelt worden in R-Programm zur Ermittlung einer vertikalen Linie in Abb. 7.2.

#R-Programm zur Ermittlung einer vertikalen Linie in Abb. 7.2

```
qnorm(0.975,0.48, (0.48*(1-0.48)/500)^(1/2))
[1] 0.5237911
```

Die x-Koordinate der linken vertikalen Linie erhält man ohne weitere Rechnung durch 0.48 – (0.5237911 – 0.48) = 0.4362089 wegen der Symmetrie bezüglich des Mittelwerts.

7.2.1 Konfidenzintervalle

Das klassische Münzwurfbeispiel 6.8 ist im Rahmen von relativen Häufigkeitsschätzungen wohl doch etwas unrealistisch. Eine Aufgabe, die bei Wahlen ständig gelöst werden muss, ist aber die Schätzung der relativen Häufigkeit von Wählern einer bestimmten Partei. Abstrakt gesprochen handelt es sich um ein ähnliches Problem, wie das beim Münzwurfbeispiel behandelte. Mittels einer (großen) Stichprobe soll die relative Häufigkeit geschätzt werden. Dabei kann der zentrale Grenzwertsatz wieder angewendet werden. Oben wurden Häufigkeiten behandelt. Dabei stellten sich für die Normalverteilung die beiden Parameter als n * p bzw. n * p * (1 – p) für Mittelwert bzw. Varianz heraus. Hierbei waren Wähler bzw. Nichtwähler einer bestimmten Partei mit 1 bzw. 0 kodiert worden (analog zum Münzwurfbeispiel). Um die Parameterwerte für relative Häufigkeiten zu erhalten, muss man durch n bzw. n^2 dividieren und erhält so als neue Parameterwerte p bzw. p * (1 – p)/n. Dies sind dann auch die Parameterwerte für die angenäherte Normalverteilung der Stichprobe. Um die Parameterwerte der Stichprobe von denen der Grundgesamtheit zu unterscheiden, seien die Stichprobenparameter mit p_{st} und die Parameterwerte der Grundgesamtheit mit p_{gg} bezeichnet. Der Parameterwert p_{st} gibt jetzt einen Punktschätzer für den Parameterwert p_{gg} ab. Wegen des zentralen Grenzwertsatzes lassen sich jedoch Ober- und Untergrenzen für p_{st} angeben. Gibt man eine Wahrscheinlichkeit α vor (üblich ist $\alpha = 0.05$), so ist p_{st} mit Wahrscheinlichkeit $(1 - \alpha)$ in der mittleren Fläche in Abb. 7.1 enthalten. Damit ergeben sich Ober- bzw. Untergrenze als p_{st}(oben) bzw. p_{st}(unten) als $p_{st} + (p_{st} * (1 - p_{st})/n)$^(1/2) bzw. $p_{st} - (p_{st} * (1 - p_{st})/n)$^(1/2).

Ersetzt man den zunächst unbekannten Parameter der Grundgesamtheit durch den Punktschätzer, so erhält man ein Konfidenzintervall für den Parameter der Grundgesamtheit zur Sicherheit $1 - \alpha$.

Konfidenzintervall zur Sicherheit $1 - \alpha$

$$p_{gg}(\text{oben}) = \text{qnorm}\left(\left(1 - \frac{\alpha}{2}\right)\right) * (p_{st} * (1 - p_{st})/n))^{\frac{1}{2}} \tag{7.1}$$

$$p_{gg}(\text{unten}) = p_{st} - (p_{gg}(\text{oben}) - p_{st}) \tag{7.2}$$

Dies führt zum Konfidenzintervall (ci), also zum R-Programm für Gln. (7.1) und (7.2).

#R-Programm für Gln. (7.1) und (7.2)

```
ci <- function(alpha,pst,n){
pgg_oben = qnorm(1- alpha/2, pst,(pst*(1-pst)/n)^(1/2));
pgg_unten = pst-(pgg_oben-pst);
result = c(pgg_unten,pgg_oben); return(result)}
```

Übung 7.2: Ermittlung eines Konfidenzintervalls
Bei einer Stichprobe von 1000 Wahlberechtigten gaben 18 % an, für eine bestimmte Partei bei der Bundestagswahl stimmen zu wollen. Man bestimme das Konfidenzintervall für den Parameter der Grundgesamtheit zur Sicherheit $1-\alpha$ mit $\alpha = 0.05$.

Übung 7.3: Ermittlung eines Konfidenzintervalls
Eine Zufallsstichprobe von 500 Werkstücken in einer Produktionshalle ergab fehlerhafte Produkte bei 13 %. Man ermittle ein Konfidenzintervall für die Gesamtproduktion zur Sicherheit $1-\alpha$ mit $\alpha = 0{,}4$.

7.2.2 Berechnung von Stichprobengrößen

Ein praktisches Problem, das von erheblicher Bedeutung ist, lässt sich mittels Konfidenzintervallen leicht lösen. Sei eine hinreichend große, uneingeschränkte Stichprobe zur Bestimmung des Parameters der Grundgesamtheit einer Häufigkeitsverteilung zur Sicherheit $1-\alpha$ gegeben. Dann ist die *Schwankungsbreite* des Konfidenzintervalls definiert als

$$\varepsilon = \mathrm{qnorm}((1-\alpha/2)) * (p_{gg} * (1-p_{gg})/n)^{\frac{1}{2}} \tag{7.3}$$

mit zunächst unbekanntem Parameter p_{gg}. Man vergleiche hierzu auch die Umrechnungsformeln, die in Gl. (6.28) und (6.29) angegeben wurden. Diese Gleichung lässt sich nach n auflösen und es ergibt sich

Stichprobenumfang

$$n = \frac{(\mathrm{qnorm}(1-\alpha/2)^2 * (p_{gg} * (1-p_{gg}))}{\varepsilon^2} \tag{7.4}$$

Leider ist der Parameter der Grundgesamtheit immer noch unbekannt. Hat man jedoch Informationen etwa über den Anteil einer Partei, deren Parameter geschätzt werden soll, so kann man diese Information nutzen und diesen Wert in die Formel für n eintragen. Ansonsten ist der *Worst Case* anzunehmen. Das Maximum der Funktion $p_{gg} * (1-p_{gg})$ kann sofort durch Differentiation oder quadratische Ergänzung ermittelt werden:

$$p_{gg} * (1-p_{GG}) = p_{gg} - p_{gg}^2 = (1/2)^2 - ((1/2) - p_{gg})^2 = (1/2)^2 \quad \text{für} \quad p_{gg} = (1/2),$$

s. auch [4, S. 139] für eine graphische Darstellung der Funktion.

Daraus soll eine R-Funktion für eine vorgegebene Schwankungsbreite ε konstruiert werden. Das R-Programm für Gl. (7.4) leistet das Gewünschte.

#R-Programm für Gl. (7.4)

```
stpg <- function(alpha, epsilon, pgg){ n = (qnorm(1-alpha/2)^2) * (pgg
    *(1-pgg))/ epsilon^2;
return(n)}
stpg(0.05,0.01,0.5)
[1] 9603.647
```

Übung 7.4: Berechnung der Stichprobengröße bei gegebener Schwankungsbreite
Man berechne die erforderliche Stichprobengröße, falls die Situation, die in der Übung 7.2 beschrieben ist, vorausgesetzt wird. Dabei soll eine Schwankungsbreite von 0.01 erreicht werden.

Übung 7.5: Wahl des unbekannten Parameters
Gegeben sei, dass bei einer Stichprobenberechnung der Stimmenanteil einer Partei zwischen 45 und 55 % schwankt. Welcher Wert ist für den unbekannten Parameter der Grundgesamtheit anzunehmen?

7.2.3 Die χ^2-Verteilung

In Abschn. 5.2.4, Beispiel 5.6 tauchte diese Verteilung bereits auf. Leider blieb die Behandlung etwas unbefriedigend, da über den Grad des Zusammenhangs nur das Cramer'sche V Informationen liefern konnte. Es fehlt eine Art Konfidenzintervall. Zum damaligen Zeitpunkt wurde die entsprechende Funktion zudem als R-Funktion (auch zu Übungszwecken) programmiert. Jetzt soll die in R bereits vorhandene Chi-Quadrat-Verteilung chisq Anwendung finden. Sie wird später im Rahmen von Normalitätstests benötigt. Hierfür wird die Angabe der *Freiheitsgrade* (Parameter) der Chi-Quadrat-Verteilung benötigt. Zunächst soll aber die Chi-Quadrat-Funktion mit 4 Freiheitsgraden dargestellt werden, s. Abb. 7.3.

Die Abb. 7.3 wurde mit dem R-Programm für Abb. 7.3 erzeugt.

#R-Programm für Abb. 7.3 (Chi-Quadrat-Verteilung mit 4 Freiheitsgraden)

```
x <- seq(0,25, by=0.005)
plot(x,dchisq(x,4), col="black", type="l", xlab="x", ylab="Dichte",
    main="Chiquadrat-Funktion (4 Freiheitsgerade) ")
```

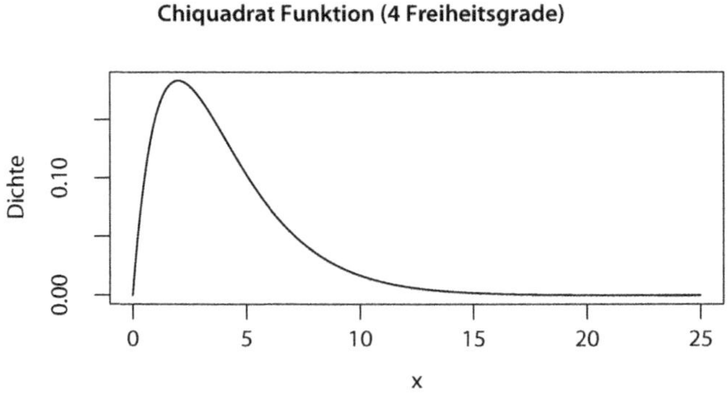

Abb. 7.3 Chi-Quadrat-Verteilung mit 4 Freiheitsgraden

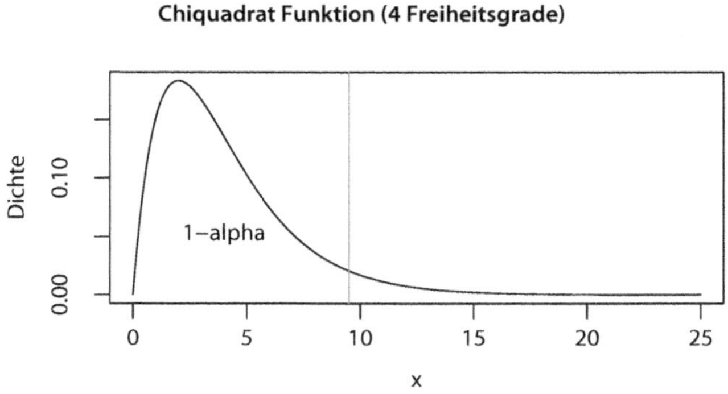

Abb. 7.4 Chi-Quadrat-Funktion: Stichprobenbereich bei fehlendem Zusammenhang

Die Freiheitsgrade der Chi-Quadrat-Verteilung wurden ermittelt, indem man von der Anzahl der Spalten bzw. Zeilen der Tabelle in Abschn. 5.2.4, Beispiel 5.6 jeweils 1 abzieht und sie danach miteinander multipliziert ($4 * 1 = 4$). Wenn beispielsweise die Werte der ersten 4 Spalten der Tabelle bekannt sind, so ergibt sich der 5. Wert automatisch. Man hat also 4 Freiheitsgrade. Für das Geschlecht gilt ein analoges Argument ($2 - 1 = 1$). Die Abb. 7.3 beschreibt folglich die für Abschn. 5.2.4, Beispiel 5.6, relevante Situation. Man weiß aber, dass bei Annahme keines Zusammenhangs die möglichen Stichprobenergebnisse eine Chi-Quadrat-Verteilung besitzen. Damit lässt sich ein *Bereich für die Stichprobenwerte bei fehlendem Zusammenhang* (das Analogon eines Konfidenzintervalls) für die Chi-Quadrat-Verteilung ermitteln. Bereits in Abschn. 5.2.4, Beispiel 5.6, wurde festgestellt, dass der Chi-Quadrat-Wert bei fehlendem Zusammenhang Null ist.

Nimmt man, wie üblich, $\alpha = 0.05$, so ergibt sich der entsprechende Bereich, wie in Abb. 7.4 dargestellt.

Die Abb. 7.4 wurde mit dem R-Programm für Abb. 7.4 erzeugt.

#R-Programm für Abb. 7.4 (Stichprobenbereich bei fehlenden Zusammenhang)

```
qchisq(1-0.05,4)
x <- seq(0,25, by=0.005)
plot(x,dchisq(x,4), col="black", type="l", xlab="x", ylab="Dichte",
    main="Chi-Quadrat-Funktion (4 Freiheitsgerade) ")
abline(v = 9.5, col = "gray60")
text(4, 0.05, "1-alpha",cex = .5) # Einfügen Text bei (4,0.05)
```

Da der in Abschn. 5.2.4, Beispiel 5.6, ermittelte Stichprobenwert mit 25.69444 deutlich außerhalb der mit $1 - \alpha$ bezeichneten Fläche in Abb. 7.4 liegt, ist von einem Zusammenhang auszugehen. Allerdings zeigt die mit dem Cramer'schen V vorgenommene Normalisierung,

#Normalisierung mit Cramer'schem V für Abb. 7.4

```
(25.69444/1000)^(1/2)
[1] 0.1602949
```

dass es sich wohl um einen schwachen Zusammenhang handelt. Insofern ist der berechnete Chi-Quadrat-Wert etwas irreführend.

7.2.4 Überprüfung einer Normalverteilungsannahme

Die Chi-Quadrat-Verteilung eignet sich auch, um eine Normalverteilungsannahme zu überprüfen. Man vergleicht dabei beobachtete Werte relativer Häufigkeiten in einzelnen Intervallen mit den bei Gültigkeit der Normalverteilungsannahme zu erwartenden relativen Häufigkeiten. Eine vollständige Übereinstimmung ist nicht zu erwarten. Allerdings sollten die Unterschiede nicht zu groß sein.

Als Faustregel für die Anzahl der Intervalle gilt, dass sie in etwa gleich der Wurzel aus dem Stichprobenumfang sein sollte. Aber hier werden nur 4 Intervalle genutzt, um zu umfangreiche Rechnungen zu vermeiden. Das folgende Beispiel ist an Ü83 in [4, S. 174], angelehnt.

Beispiel 7.4: Überprüfung der Normalverteilung

Bei $n = 350$ zufällig ausgewählten Autos wurde die Kilometerleistung (in 1000 km) bis zur ersten Reparatur erhoben. Die Ergebnisse sind in Tab. 7.1 enthalten.

Der Mittelwert der Stichprobe betrug 60000 km bei einer Standardabweichung von 20000 km.

$$\Pr(x < 40) = \text{pnorm}(40,60,20) = 0.158655 \tag{7.5}$$

$$\Pr(40 < x < 60) = \text{pnorm}(60,60,20) - \text{pnorm}(40,60,20) = 0.3413447 \tag{7.6}$$

Tab. 7.1 Kilometerleistung bis zur ersten Reparatur

Kilometerleistung	Beobachtete relative Häufigkeit
Unter 40	0.145
40–60	0.345
60–80	0.375
Über 80	0.135

Tab. 7.2 Beobachtete und erwartete relative Häufigkeit

Kilometerleistung	Beobachtete rel. Häufigkeit	Erwartete rel. Häufigkeit
Unter 40	0.145	0.1586553
40–60	0.345	0.3413447
60–80	0.375	0.3413447
Über 80	0.135	0.1586553

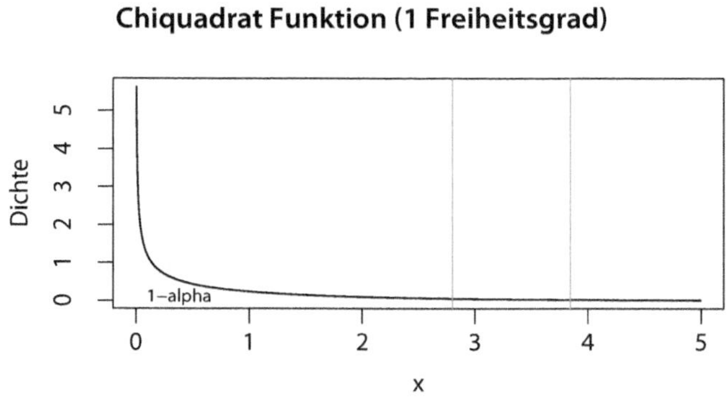

Abb. 7.5 Chi-Quadrat-Verteilung mit 1 Freiheitsgrad

$$\Pr(60 < x < 80) = \text{pnorm}(80{,}60{,}20) - \text{pnorm}(60{,}60{,}20) = 0.3413447 \tag{7.7}$$

$$\Pr(x > 80) = 1 - \text{pnorm}(80{,}60{,}20) = 0.1586553 \tag{7.8}$$

Aus Gl. (7.5)–(7.8) ergibt sich Tab. 7.2.

Anwendung der Chi-Quadrat-Funktion in R ergibt das R-Programm für Abb. 7.5.

Zur Berechnung der Freiheitsgrade muss von der Anzahl der Intervalle zunächst 1 abgezogen werden. Danach ist nochmals 2 abzuziehen, da ja Mittelwert und Standardabweichung aus der Stichprobe geschätzt wurden. Somit erhält man $4 - 3 = 1$.

Dies führt zu Abb. 7.5.

Abb. 7.5 wurde mit dem R-Programm für Abb. 7.5 erzeugt.

Der Wert der Chi-Quadrat-Funktion (2.82) zeigt, dass der Unterschied in den relativen Häufigkeiten gering ist. Deshalb kann die Normalverteilungsannahme akzeptiert werden. Man vergleiche auch hierzu die vertikale Linie an der x-Koordinate 2.8 in Abb. 7.5. ◄

#R-Programm für Abb. 7.5 (Chi-Quadrat-Funktion in R)

```
chi = function(x,y,n){z=((x-y)^2)/y;return(n*sum(z))}
# x, y, n Parameter
x <- c(0.145,0.345,0.375,0.135)
y <- c(0.1586553,0.3413447,0.3413447,0.1586553)
chi(x,y,350)
[1] 2.820895
```

#R-Programm für Abb. 7.5 unter Nutzung der Chi-Quadrat-Verteilungs Funktion in R mit 1 Freiheitsgrad

```
qchisq(1-0.05,1)
x <- seq(0,5, by=0.005)
plot(x,dchisq(x,1), col="black", type="l", xlab="x", ylab="Dichte",
    main="Chiquadrat Funktion (1 Freiheitsgrad) ")
abline(v = 3.84, col = "gray60")
abline(v = 2.82, col = "gray60")
text(0.5, 0.05, "1-alpha",cex = .5) # Einfügen Text bei (0.5,0.05)
```

Die folgende Übung lehnt sich an Beispiel 39 in [4, S. 172], an.

Übung 7.6: Überprüfung der Normalverteilungsannahme
In einem Kaufhaus werden Pakete mit Reis verkauft. Es soll auf einem Signifikanzniveau von $\alpha = 0.05$ überprüft werden, ob deren Gewicht nicht normalverteilt ist (Falsifikation à la Popper). Wieder werden, um zu aufwendige Rechnungen zu vermeiden, nur vier Intervalle gebildet. Bei einer Stichprobe mit $n = 100$ ergab sich die Tab. 7.3 (Gewichtsangaben in Gramm). Als Mittelwert ergab sich bei dieser Stichprobe 999.5. Die Stichprobenvarianz betrug 0.25.

Abschließend sei noch darauf verwiesen, dass sich im Package *nortest* in R verschiedene Normalitätstests befinden, s. [2, S. 191].

Tab. 7.3 Beobachtete relative Häufigkeit

Intervall	Beobachtete rel. Häufigkeit
Unter 999.0	0.19
[999.0, 999.5]	0.31
[999.5,1000.0]	0.35
Über 1000.0	0.15

7.3 Yield-Management

Während in Abschn. 7.2 klassische Statistikverfahren im Rahmen von Parameterschätzungen behandelt wurden, wird hier auf das *Revenue-* oder *Yield-Management* eingegangen. Es entstand durch Anforderungen der Luftfahrtgesellschaften. Bahnbrechend war eine Arbeit von Belobaba, s. [1]. Heute sind erhebliche Fortschritte zu verzeichnen, da sehr große Datenmengen leicht gehandhabt werden können. Daneben ist man nicht mehr auf Tabellen für Statistikverteilungen angewiesen, da R die entsprechenden Verfahren deutlich verkürzt.

Bereits in Belobabas Arbeit tauchen die Begriffe *Booking Limit (Buchungslimit)* und *Protection Level (Reservierungslimit)* auf. Die hier behandelte Aufgabe geht im einfachsten Fall auf ein Airline-Problem zurück. Man unterscheidet zwischen zwei Klassen von Kunden. Einerseits geht es um Geschäftskunden, die aus Termingründen den vollen Preis für einen bestimmten Flug bezahlen müssen. Andererseits handelt es sich um Urlaubsreisende, die im Voraus (vor den Geschäftskunden) buchen und deshalb mit einem reduzierten Preis rechnen können. Das Problem besteht darin, eine optimale Balance zwischen dem reduzierten und dem teuren Preis zu finden. Genauer soll zwischen vielen frühzeitigen Buchungen zum reduzierten Preis ein Booking Limit festgelegt werden, damit später noch hinreichend viele Tickets zum teuren Preis verkauft werden können. Hierfür steht der Airline eine Datei zur Verfügung, in der in der Vergangenheit die Nachfrage nach den teuren Sitzen (Durchschnittswerte) festgehalten wurde. Sie enthält also, da auch die Anzahl der Sitze berücksichtigt wurde, eine empirische Wahrscheinlichkeitsverteilung.

7.3.1 EMSR (Expected Marginal Seat Revenue)

Der Berechnung des Reservierungslimits könnte Tab. 7.4, in der in abstrakter Form die Nachfrage nach hochpreisigen Sitzen beschrieben wird, dienen. In der dritten Spalte der Tabelle handelt es ich um eine empirisch gewonnene Wahrscheinlichkeitsverteilung. Man vergleiche hierzu auch die cumsum-R-Funktion in Abschn. 5.2.2, Beispiel 5.4.

In Tab. 7.4 steht D für Nachfrage (Demand). Die Tabelle kann besser durch Beispiel 7.5 erklärt werden.

Beispiel 7.5: Nachfrage in Flugzeugen

Gegeben sei ein hoher Preis p_h = EUR 430 und ein niedriger Preis p_n = EUR 200. Weiterhin habe das Flugzeug 250 Sitze. Die Nachfrage nach teuren Sitzen werde mit Q in Tab. 7.5 notiert. Q ist dabei als fest anzusehen, während D (*Demand*) als Zufallsvariable fungiert. ◀

Tab. 7.4 Nachfrage nach teuren Sitzen (empirische Wahrscheinlichkeitsverteilung)

Anzahl der Sitze	Nachfrage (Q)	$Pr(D \leq Q)$
s1	n1	w1
s2	n2	w2
s3	n3	w3
s4	n4	w4
s5	n5	w5
s6	n6	w6
s7	n7	w7
s8	n8	w8
s9	n9	w9
s10	n10	w10
s11	n11	w11
s12	n12	w12
s13	n13	w13
s14	n14	w14
s15	n15	w15
s16	n16	w16
s17	n17	w17
s18	n18	1
Total	Summe(n1:n18)	

Tab. 7.5 Flugzeug-Beispiel

Anzahl der Sitze	Nachfrage (Q)	**$Pr(D \leq Q)$**
45	0,03	0,03
46	0,05	0,08
47	0,04	0,12
48	0,08	0,2
49	0,1	0,3
50	0,07	0,37
51	0,09	0,46
52	0,07	0,53
53	0,06	0,59
54	0,03	0,62
55	0,1	0,72
56	0,09	0,81
57	0,09	0,9
58	0,1	1

Die folgende wahrscheinlichkeitstheoretische Betrachtung findet man in *Littlewood's Rule*[2].

[2] https://en.wikipedia.org/wiki/Littlewood%27s_rule, Verfasser unbekannt, zuletzt besucht am 12.10.2024.

Es gelte, dass der reduzierte Preis EUR p_n und der höhere Preis EUR p_h beträgt.

Die Frage ist nun: Wie viele der billigen Sitze sollte man verkaufen, um einen möglichst hohen Gewinn zu erzielen? Es ist also gegeneinander abzuwägen:

Einerseits der sichere Gewinn, falls man einen zusätzlichen Sitz zum Preis p_n verkauft.

Andererseits der erwartete Gewinn, falls man den Sitz reserviert und darauf hofft, ihn zu einem späteren Zeitpunkt noch zum Preis p_h verkaufen zu können. Littlewood schlägt vor, den Verkauf der billigen Sitze zu beenden, wenn der sichere Profit durch den Verkauf eines billigen Sitzes von dem erwarteten Gewinn durch einen reservierten Sitz übertroffen wird.

Dies würde bedeuten, dass man Sitze zum Preis p_n verkauft, solange gilt

$$p_n \geq p_h * \Pr(D > Q) = p_h * (1 - \Pr(D \leq Q)).$$

Äquivalent hierzu ist

$$\Pr(D \leq Q) > (p_h - p_n)/p_h.$$

Also erhält man das optimale Reservierungslimit Q*, indem man in der rechten Spalte der Tab. 7.4 die entsprechende Wahrscheinlichkeit aufsucht und in der ersten Spalte die zugehörigen Sitze. Aus der Gesamtzahl der Sitze folgt unmittelbar das Buchungslimit.

Damit ergibt sich die relevante Wahrscheinlichkeit zu

$$(430 - 200)/430 = 0.5348837.$$

Aus der rechten Spalte der Tab. 7.5 folgt, dass 53 Sitze reserviert werden sollten. Daraus resultiert ein Buchungslimit von $250 - 53 = 197$ (Sitzen).

► **Littlewood's Rule** Man notiere, dass sich im Fall einer stetigen Verteilung und einer stetigen Nachfrage das Reservierungslimit einfach aus $\Pr(D \leq Q) = (p_h - p_n)/p_h$ ergeben würde, und dies wird in der Praxis auch oft angenommen.

Es ergibt sich i. a. keine ganze Zahl. Deswegen wird als Lösung für das Reservierungslimit die nächstgelegene ganze Zahl genommen. Dies wird als *Littlewood's Rule* bezeichnet.

Übung 7.7: Ableitung einer R-Funktion für das Reservierungslimit
Man leite aus Tab. 7.4 eine R-Funktion ab, die ausgehend von einer Gauß-Verteilung mit Mittelwert μ und Standardabweichung σ für die Nachfrage nach hochpreisigen Zimmern (Preis $= p_h$) das Reservierungslimit berechnet. Dabei sei der Preis für die billigeren Zimmer mit p_n notiert.

7.3.2 Überbuchungen

Dieses Problem tauchte zuerst im Airline-Kontext auf. Es ist möglich (und kommt auch häufiger vor), dass ein Kunde ein Ticket kauft, und dann zum Abflug nicht erscheint (No-show). In diesem Fall findet der Flug mit einem leeren Sitz statt, sodass der Airline ein Verlust entsteht. Um *No-shows* zu berücksichtigen, überbuchen Airlines routinemäßig ihre Flüge. Auf der Basis der Anzahl von No-shows in der Vergangenheit werden regelmäßig mehr Tickets verkauft, als Sitze verfügbar sind. Falls allerdings eine außergewöhnlich große Anzahl von Passagieren tatsächlich fliegen will, dann muss die Airline Kunden auf andere Flüge umbuchen. Das optimale Überbuchungslimit muss die beiden folgenden Verluste möglichst gut ausbalancieren:

- Verluste aufgrund leerer Sitze
- Strafzahlungen an Kunden (und Verlust an Ansehen)

Diese Problematik lässt sich ebenfalls mit der EMSR-Methode behandeln. Die Einzelheiten werden in [3, S. 39–40] beschrieben.

7.3.3 Reservierungslimits für n > 2 Buchungsklassen

Bei mehr als zwei Buchungsklassen wird es wesentlich schwieriger, Reservierungslimits für die einzelnen Klassen anzugeben. Üblicherweise werden deshalb vereinfachende Annahmen getätigt, um zu einer Lösung zu gelangen.

7.3.3.1 Vereinfachende Annahmen

Die Klassen werden so indiziert, dass die Preise durch $p_1 > p_2 > \ldots > p_n$ gegeben sind. Mit $Pr_j(x)$ wird die Wahrscheinlichkeit der Nachfrage nach der Klasse C_j notiert, und die Nachfrage nach preiswerteren Klassen tritt vor der Nachfrage nach höherpreisigen Klassen ein, d. h., wenn $i < j$, dann wird C_i vor C_j nachgefragt. Darüber hinaus wird aus technischen Gründen angenommen, dass die Verteilungsfunktionen der Nachfragen stetig sind.

7.3.4 Verallgemeinerung von EMSR

Obgleich eine strenge Optimierung mit *dynamischer Programmierung* innerhalb des Modells möglich ist (siehe z. B. [6, S. 41]), wird hier eine Verallgemeinerung des EMSR für n > zwei Klassen vorgestellt, die auf Heuristiken basiert. Dies scheint sinnvoll (obgleich nicht immer optimale Resultate erzielt werden). Darüber hinaus werden mit dieser einfachen Methode in der Praxis oft nützliche Ergebnisse erzielt.

Tab. 7.6 Vier Buchungsklassen. (Quelle: In Anlehnung an [6])

j für Klasse C_j	p_j	α_j	σ_j
1	1050	17.3	5.8
2	950	45.1	15.0
3	699	39.6	13.2
4	520	34.0	11.3

Diese Verallgemeinerung von EMSR resultiert aus der Überlegung, dass man einfach die Reservierungslimits, die mittels Littlewood's Rule für zwei aufeinanderfolgende Klassen berechnet wurden, addieren könnte. Genauer: Man betrachtet Stufe $j + 1$, in der Nachfrage für Klasse C_{j+1} mit Preis p_{j+1} eintritt. Das Ziel ist hier, das Reservierungslimit für Klasse C_j und teurere Klassen zu erhalten. Zu diesem Zweck sei C_k unter den verbliebenen Klassen $C_j, C_{j-1}, \ldots, C_1$ ausgewählt. Dann wird C_k mit C_{j+1} allein verglichen (unter Anwendung von Littlewood's Rule), d. h., es wird ein Reservierungslimit y_k^{j+1} für die Klasse C_k berechnet. Dieses Verfahren wird für alle möglichen Klassen C_k durchgeführt und die erhaltenen Reservierungslimits werden addiert, um so näherungsweise ein Reservierungslimit für die Klasse C_j und teurere Klassen zu erhalten. Diese Berechnung wird für alle Stufen durchgeführt. (Offenbar ist kein Reservierungslimit für C_n zu berechnen!)

► **Warnung** Die oben beschriebene Methode liefert nicht immer gute Resultate, siehe z. B. [6, S. 47], und insbesondere die dortige Fußnote. Sind jedoch die Preise der verschiedenen Klassen hinreichend unterschiedlich, so gibt es kaum Probleme. Das Beispiel 7.8 ist angelehnt an [6, S. 48].

Beispiel 7.6: Vier Buchungsklassen

ALIDA Cruises bietet 4 Buchungsklassen für eines ihrer Kreuzfahrtschiffe an. Die Preise und Nachfrageverteilungen sind in der Tab. 7.6 aufgelistet (die Nachfragen seien unabhängig normalverteilt mit Erwartungswert μ_j und Standardabweichung σ_j).

Die allgemeine Formel, die wiederholt genutzt wird, lautet: $\Pr_k(y_k^{j+1}) = 1 - p_{j+1}/p_k$. Dies führt zu folgenden Ergebnissen:

$$1 - p2/p1 = 0,0952381 \Rightarrow y_1^2 = 9,7$$
$$\text{qnorm}(1 - 950/1050,\ \text{mean} = 17.3,\ \text{sd} = 5.8) = 9.706804$$
$$1 - p3/p2 = 0,26421053 \Rightarrow y_2^3 = 35,645,1$$
$$\text{qnorm}(1 - 699/950,\ \text{mean} = 45.1,\ \text{sd} = 15.0) = 35.64373$$
$$1 - p3/p1 = 0.33428571 \Rightarrow y_1^3 = 14.8$$
$$\text{qnorm}(1 - 699/1050,\ \text{mean} = 17.3,\ \text{sd} = 5.8) = 14.81697$$
$$1 - p4/p3 = 0.25608011 \Rightarrow y_3^4 = 30.9$$
$$\text{qnorm}(1 - 520/699,\ \text{mean} = 39.6,\ \text{sd} = 13.2) = 30.94769$$

Tab. 7.7 Vier Buchungsklassen. (Quelle: in Anlehnung an [6])

j für Klasse C_j	p_j	α_j	σ_j
1	1070	17.3	5.8
2	950	45.1	15.0
3	730	39.6	13.2
4	520	34.0	11.3

$$1 - \text{p}4/p2 = 0.45263158 \Rightarrow \text{y}_2^4 = 43.3$$
$$\text{qnorm}(1 - 520/950,\ \text{mean} = 45.1,\ \text{sd} = 15.0) = 43.3147$$
$$1 - \text{p}4/\text{p}1 = 0,5047619 \Rightarrow \text{y}_1^4 = 17,4$$
$$\text{qnorm}(1 - 520/1050,\ \text{mean} = 17.3,\ \text{sd} = 5.8) = 17.36923$$

Damit ergeben sich die Reservierungslimits zu

$$y_1 = 9.7,\ y2 = 35.6 + 14.8 = 50.4,\ y3 = 30.9 + 43.3 + 17.4 = 91.6.$$ ◄

Übung 7.8: Vier Buchungsklassen
Gegeben sei die Tab. 7.7. Man berechne die Reservierungslimits wie oben angegeben.

7.4 Lösungen der Übungsaufgaben

Übung 7.1

#R-Programm für Übung 7.1

```
qnorm(0.9,120,10)
[1] 132.8155
x <- seq(100,140, by=0.005) plot(x,dnorm(x,mean=120,sd=10), col="black
    ", type="l", xlab="x", ylab="f(x)",main="Dichte der N(120,10)")
abline(v = 132.8, col = "gray60") # Einfügen vertikale Gerade bei
    132.8
text(134.8, 0.007, "alpha/2",cex = .4) # Einfügen Text bei (2.3,0.01)
abline(v = 107.2, col = "gray60") # Einfügen vertikale Gerade bei
    107.2
text(105.2, 0.007, "alpha/2",cex = .4) # Einfügen Text bei
    (105.2,0.007)
text(120,0.015, "1 - alpha",cex = .5) # Einfügen Text bei (120,0.015)
```

Übung 7.2

#R-Programm für Übung 7.2

```
ci <- function(alpha,pst,n){
pgg_oben = qnorm(1- alpha/2, pst,(pst*(1-pst)/n)^(1/2));
pgg_unten = pst-(pgg_oben-pst);
result = c(pgg_unten,pgg_oben); return(result)}
ci(0.05,0.18,1000)
[1] 0.1561883 0.2038117
```

Bemerkung: Die 18 % entsprechen momentan etwa dem Stimmenanteil der AfD. Interessanterweise ist das Konfidenzintervall doch recht groß.

Übung 7.3

#R-Programm für Übung 7.3

```
ci <- function(alpha,pst,n){
pgg_oben = qnorm(1- alpha/2, pst,(pst*(1-pst)/n)^(1/2));
pgg_unten = pst-(pgg_oben-pst);
result = c(pgg_unten,pgg_oben); return(result)}
ci(0.04,0.13,500)
[1] 0.09911173 0.16088827
```

Übung 7.4

#R-Programm für Übung 7.4

```
stpg <- function(alpha, epsilon, pgg){ n = (qnorm(1-alpha/2)^2) * (pgg
    *(1-pgg))/ epsilon^2;
return(n)}
stpg(0.05,0.01,0.18)
[1] 5669.99
```

Übung 7.5
Hier ist der *Worst Case* anzunehmen, da 0,5 zwischen 0,45 und 0,55 liegt. Es ist also von 0,5 auszugehen.

Übung 7.6

#R-Programm für Übung 7.6

```
#Pr(x<0.999.0)              =
pnorm(999.0,999.5,0.5)
[1] 0.1586553
#Pr(999.0<x<999.5)          =
```

```
pnorm(999.5,999.5,0.5) - pnorm(999.0,999.5,0.5)
[1] 0.3413447
#Pr(999.5<x<1000.0)          =
pnorm(1000.0,mean = 999.5, 0.5) - pnorm(999.5,999.5,0.5)
[1] 0.3413447
#Pr(x>1000.0)                =
1-pnorm(1000.0,mean = 999.5, sd = 0.5)
[1] 0.1586553
```

Dies führt zum R-Programm für Übung 7.6.

#R-Programm für Übung 7.6: Chi-Quadrat-Verteilungsfunktion in R

```
chi = function(x,y,n){z=((x-y)^2)/y;return(n*sum(z))}
# x, y, n Parameter
x <- c(0.19,0.31,0.35,0.15)
y <- c(0.1586553,0.3413447,0.3413447,0.1586553)
chi(x,y,100)
[1] 0.9762553
```

Hier muss für die Chi-Quadrat-Verteilung in R mit 1 Freiheitsgrad angenommen werden (Mittelwert und Standardabweichung wurden geschätzt).

qchisq(1-0.05,1) = 3.841459

Wegen 0.9762553 < 3.841459 kann die Normalverteilungsannahme akzeptiert werden.

Übung 7.7

Reservierungslimit = nächste ganze Zahl zu qnorm($(p_h - p_n)/p_h$, μ, σ)

Übung 7.8

Allgemeine Formel:

$$\Pr_k(y_k^{j+1}) = 1 - p_j + 1/p_k.$$

Zu berechnen sind die einzelnen Limits.

$$1 - p2/p1 = 0.1121495 \Rightarrow y_1^2 = 10.3$$
$$\text{qnorm}(1 - 950/1070,\ \text{mean} = 17.3,\ \text{sd} = 5.8) = 10.25198$$
$$1 - p3/p2 = 0.2315789 \Rightarrow y_2^3 = 34.1$$
$$\text{qnorm}(1 - 730/950,\ \text{mean} = 45.1,\ \text{sd} = 15.0) = 34.09515$$
$$1 - p3/p1 = 0.3047619 \Rightarrow y_1^3 = 14.3$$
$$\text{qnorm}(1 - 730/1050,\ \text{mean} = 17.3,\ \text{sd} = 5.8) = 14.33763$$
$$1 - p4/p3 = 0.2876712 \Rightarrow y_3^4 = 32.2$$
$$\text{qnorm}(1 - 520/730,\ \text{mean} = 39.6,\ \text{sd} = 13.2) = 32.20535$$

$$1 - p4/p2 = 0.45263158 \Rightarrow y_2^4 = 43.3$$
$$\text{qnorm}(1 - 520/950,\ \text{mean} = 45.1,\ \text{sd} = 15.0) = 43.3147$$
$$1 - p4/p1 = 0.5140187 \Rightarrow y_1^4 = 17.5$$
$$\text{qnorm}(1 - 520/1070,\ \text{mean} = 17.3,\ \text{sd} = 5.8) = 17.50385$$

Damit folgt

$$y_1 = 10.3,\ y_2 = 34.1 + 14.3 = 48.4,\ y_3 = 32.2 + 43.3 + 17.5 = 93$$

Literatur

1. Belobaba, P.P.: Application of a Probabilistic Decision Model to Airline Seat Inventory Control. Oper Res **37**(2), 183 (1989)
2. Luhmann, M.: R für Einsteiger, 3. Aufl. Beltz (2013)
3. Netessine, S., Shumsky, R.: Introduction to the Theory and Practice of Yield Management. Informs Trans. Educ. **3**, 1 (2002)
4. Quatember, A.: Statistik ohne Angst vor Formeln, 4. Aufl. Pearson Deutschland (2014)
5. Stenger, H.: Stichproben. Physica-Verlag (1986)
6. Talluri, K.T., van Ryzin, G.J.: The Theory and Practice of Revenue Management. Springer (2005)

Output neuronaler Netze als Wahrscheinlichkeiten 8

Zusammenfassung

In diesem Kapitel wird der Output neuronaler Netze als Wahrscheinlichkeit interpretiert, falls das möglich ist. Dabei wird wiederholt auf den Satz von Bayes zurückgegriffen. Von besonderer Bedeutung ist in diesem Zusammenhang die Exponentialfamilie von Dichten. Zunächst wird der Spezialfall von nur 2 Klassen behandelt. Später erweist sich im Rahmen von Bankkrediten die Verwendung von mehr als 2 Klassen als notwendig.

8.1 Einführung

Bereits in Abschn. 6.3.5 und 6.3.6 war eine allgemeine Form des Satzes von Bayes angegeben worden. Daneben war auch auf die Maximum-Likelihood-Methode zur Schätzung von Dichten eingegangen worden. Hier wird systematisch die Verwendung des Satzes von Bayes zur Erzeugung von Wahrscheinlichkeiten beim Output neuronaler Netze beschrieben. Das wird insbesondere durch Banken gefordert, da ansonsten eine Voraussage für die erwarteten Profite kaum möglich ist. Hierfür ist eine Beschreibung der *Exponentialfamilie* erforderlich. Da zu ihr viele gängige Wahrscheinlichkeitsverteilungen (Dichten) gehören, erlaubt sie eine Anwendung des Satzes von Bayes in verschiedenen Spezialfällen.

B.-J. Falkowski, *KI, Statistik und Anwendungen*,
https://doi.org/10.1007/978-3-658-49450-6_8

8.1.1 Die Exponentialfamilie

Hier wird die in [1, S. 233] gegebene Definition der Dichte für zwei Klassen benutzt.

► **Bedingte Dichte der Exponentialfamilie** Die bedingte Dichte für die beiden Klassen ist gegeben durch

$$p(\mathbf{x}|C_k) = \exp[A(\boldsymbol{\theta}_k) + B(\mathbf{x}, \varphi) + <\boldsymbol{\theta}_k, \mathbf{x}>], \ k = 1{,}2. \tag{8.1}$$

Die Parameter $\boldsymbol{\theta}_k$ und φ beschreiben die Form der Dichte. Dabei ist implizit vorausgesetzt, dass der Parameter φ unabhängig von der Klasse sein soll.

Beispiel 8.1: Zwei bedingte Dichten als Teil der Exponentialfamile

Seien 2 Wahrscheinlichkeiten multivariat normalverteilt und ihre bedingten Dichten gegeben durch

$$p(\mathbf{x}|C_1) = \left(1/(2\pi)^{n/2}\right) * \exp[-(1/2)<\mathbf{x} - \boldsymbol{\mu}_1, \mathbf{x} - \boldsymbol{\mu}_1>]$$
$$p(\mathbf{x}|C_2) = \left(1/(2\pi)^{n/2}\right) * \exp[-(1/2)<\mathbf{x} - \boldsymbol{\mu}_2, \mathbf{x} - \boldsymbol{\mu}_2>].$$

Dann sind diese Dichten Teil der Exponentialfamilie.
Hinweis: Man setze

$$A(\boldsymbol{\mu}_k) = -(1/2) * <\boldsymbol{\mu}_k, \boldsymbol{\mu}_k> \quad \text{für} \quad k = 1{,}2$$
$$B(\mathbf{x}) = \ln((1/(2\pi)^{(d/2)}) * \exp[(-1/2) * <\mathbf{x}, \mathbf{x}>]).$$

Das d in $B(\mathbf{x})$ entspricht hier der Dimension des Vektors $\mathbf{x}$. Es ist notwendig, um den korrekten Normalisierungsfaktor zu erhalten. ◄

Übung 8.1: Fortsetzung von Beispiel 8.1
Man verifiziere die Behauptung des Beispiels 8.1 durch explizite Angabe der Funktionen der Parameter.

Beispiel 8.2: Die Bernoulli-Verteilung

Betrachtet sei eine binäre Zufallsvariable x, die nur die Werte Null und Eins annehmen kann. Sie soll eine Bernoulli-Wahrscheinlichkeitsverteilung haben, s. Beispiel 6.8 in Abschn. 6.2.7, also $p(x|C_1) = p^x * (1 - p)^{1-x}$. Dabei soll $x = 1$ die bedingte Wahrscheinlichkeit der Klasse C_1 anzeigen.

Das führt zum Mitglied einer Exponentialfamilie.

Hinweis: Man setze

$$\begin{aligned} p(x|C_1) &= p^x * (1-p)^{1-x} = \exp[x * \ln(p) + \ln(1-p) - x * \ln(1-p)] \\ &= \exp[x * \ln(p/(1-p)) + \ln(1-p)]. \end{aligned}$$ ◄

Übung 8.2: Fortsetzung von Beispiel 8.2
Man verifiziere die Behauptung des Beispiels 8.2 durch explizite Angabe der Funktionen der Parameter.

Beispiel 8.3 (Fortsetzung von Beispiel 8.2)

Setzt man Unabhängigkeit voraus und geht wie in Abschn. 6.3.2 vor, so erhält man die Binomialverteilung

$$\Pr(x = k) = \binom{n}{k} * p^k (1-p)^{n-k} \quad \text{für festes n.}$$

Das führt zum Mitglied einer Exponentialfamilie.
Hinweis: Ein ähnliches Vorgehen wie in Beispiel 8.2 ist sinnvoll. ◄

Übung 8.3: Fortsetzung von Beispiel 8.3
Man verifiziere die Behauptung in Beispiel 8.3 durch explizite Angabe der Funktionen der Parameter.

Damit lässt sich der Satz von Bayes anwenden, um zu weiteren Wahrscheinlichkeiten zu gelangen. Es wird gleich von der allgemeineren Version der Exponentialfamilie ausgegangen werden.

8.1.2 Wahrscheinlichkeiten für 2 Klassen

Wendet man den Satz von Bayes auf die obige Definition der bedingten Dichten der Exponentialfamilie an, so erhält man folgendes Resultat:

► **Satz von Bayes und Exponentialfamilie**

$$\Pr(C_i|\mathbf{x}) = \frac{\Pr(\mathbf{x}|C_i) * \Pr(C_i)}{p(\mathbf{x})} \quad \text{für} \quad k = 1{,}2. \tag{8.2}$$

Hier ist $p(\mathbf{x})$ gegeben durch Gl. (6.8) mit $n = 2$.

Dies kann für $k = 1$ auch geschrieben werden als

$$Pr(C_1|\mathbf{x}) = \frac{1}{(1 + \exp -a)} \quad \text{mit} \quad a = \ln\left[\frac{p(\mathbf{x}|C_1) * Pr(C1)}{p(\mathbf{x}|C_2) * Pr(C_2)}\right]$$
$$\text{für } k = 1. \tag{8.3}$$

Siehe auch [1, S. 233].

Übung 8.4: Verifikation Gl. (8.3)
Man verifiziere die Aussage in Gl. (8.3).

Nimmt man an, dass beide bedingten Dichten der Exponentialfamilie entstammen, s. Gl. (8.1), dann lässt sich das in Gl. (8.3) definierte a schreiben als

► **Wahrscheinlichkeit für bedingte Dichten aus der Exponentialfamilie**

$$a = <\mathbf{w}, \mathbf{x}> + w_0 \tag{8.4}$$

Dabei ist $\mathbf{w}$ gegeben durch $\boldsymbol{\theta}_1 - \boldsymbol{\theta}_2$, während $w_0 = A(\boldsymbol{\theta}_1) - A(\boldsymbol{\theta}_2) + \ln[Pr(C_1)/Pr(C_2)]$.

Mit Gl. (8.3) folgt unter der Voraussetzung, dass beide bedingten Dichten der Exponentialfamilie angehören

$$Pr(C_1|x) = 1/(1 + \exp -a).$$

Vergleicht man dieses Resultat mit dem einfachen PTA, so muss festgehalten werden, dass durch die Angabe der Wahrscheinlichkeit ein wesentlicher Fortschritt erreicht wurde. Andererseits waren hierfür einige Annahmen erforderlich. Insbesondere folgt aus der speziellen Rolle der Exponentialfamilie, der die bedingten Dichten entstammen sollen, nicht unbedingt, dass diese Annahme gerechtfertigt ist. Diese Familie ist aber nicht nur wegen der mathematischen Handhabbarkeit gewählt worden. Sie enthält vielmehr, wie oben bereits erwähnt, eine Vielzahl gängiger Verteilungen.

Daneben sind auch die A-priori-Wahrscheinlichkeiten zur Anwendung des Satzes von Bayes erforderlich. Diese sollten, zumindest im Zusammenhang mit der Bankenproblematik, durch vorhandene Bankunterlagen leicht geschätzt werden können.

Übung 8.5 (Fortsetzung von Übung 8.4)
Man verifiziere, dass die Gl. (8.4) korrekt ist.

Beispiel 8.5: Zwei normalverteilte bedingte Dichten mit Standardabweichung 1.

Spezialisiert man weiter, indem als Mitglieder der Exponentialfamilie zwei Normalverteilungen mit gleicher Varianz (Eins) gewählt werden, so kann die Gl. (8.4) verfeinert werden. Hinzu kommt, dass mittels Normalitätstest, s. Abschn. 7.2.4, geprüft werden kann, ob die Annahmen gerechtfertigt sind.

Nimmt man an, dass die beiden bedingten Wahrscheinlichkeitsdichten zwei Normalverteilungen entstammen, die verschiedene Mittelwerte aber Standardabweichung Eins besitzen, so können die Funktionen A und B dem Beispiel 8.1 entnommen werden.

Man erhält

$$\theta_1 - \theta_2 = \mu_1 - \mu_2,$$

und damit

$$\begin{aligned} w &= \mu_1 - \mu_2 \\ A(\mu_k) &= -(1/2 * <\mu_k, \mu_k>) \quad \text{für} \quad k = 1,2 \\ w_0 &= A(\mu_1) - A(\mu_2) + \ln[\Pr(C_1)/\Pr(C_2)] \end{aligned}$$

Damit ist die durch a definierte Entscheidungsfunktion gegeben als

$$1/(1 + \exp(-a)) \quad \text{mit} \quad a = <w, x> + w_0.$$

$a = 0$ beschreibt also nicht nur eine trennende Hyperebene, sondern gibt gleichzeitig eine Wahrscheinlichkeit an. Die Wahrscheinlichkeit ist folglich für $a = 0$ genau ½. Ist $a > 0$, so wird die Wahrscheinlichkeit größer als ½ und damit die Zugehörigkeit zu C_1 wahrscheinlicher.

Dieses spezielle Beispiel wirkt etwas unglücklich unter praktischen Gesichtspunkten. Dem Leser sei jedoch versichert, dass auch beide bedingten Dichten dieselbe Varianz haben könnten. Dies wurde der Einfachheit halber hier nicht behandelt. ◄

Beispiel 8.4 (Fortsetzung von Beispiel 8.3)

Gegeben seien zwei Klassen C_1 und C_2, die beide eine Binomialverteilung aufweisen. Sie sollen absolute Wahrscheinlichkeiten $\Pr(C_1)$ bzw. $\Pr(C_2)$ besitzen und verschiedene Parameter p_1 bzw. p_2. Dann ergibt sich die Wahrscheinlichkeit für C_1 als

$$\begin{aligned} \Pr(C_1|x) = {} & [n * \ln[(1 - p_1)/(1 - p_2)] + x * \ln(p_1/(1 - p_1)) - x * \ln(p_2/(1 - p_2)) \\ & + \ln[\Pr(C_1)/\Pr(C_2)]]. \end{aligned}$$ ◄

► **Bemerkung**: Die Funktion $f(p) = \ln[p/(1-p)]$ ist die sogenannte *Logit-Funktion.*

Übung 8.6: Logit-Funktion
Man zeige, dass die Logit-Funktion die Umkehrfunktion der logistischen Aktivierungsfunktion $f(x) = 1/(1 + \exp(-x))$ ist.

Übung 8.7: Fortsetzung von Beispiel 8.5
Man zeige, dass in Beispiel 8.5 aus $a > 0$ folgt, dass die Wahrscheinlichkeit, dass $\mathbf{x}$ zu C_1 gehört, größer als ½ ist.

8.1.3 Ranking für n > 2 Klassen

Von besonderem Interesse für Finanzinstitute ist ein Ranking ihrer Kunden. In diesem Zusammenhang sei insbesondere auf Abschn. 4.2 verwiesen und auf [2]. Falls es möglich ist, einen entsprechenden Klassifikator zu konstruieren, wie in Abschn. 4.2, so ergibt sich nahezu automatisch die Frage, ob man auch zu entsprechenden Wahrscheinlichkeiten kommen kann. Genauer: Kann man eine Wahrscheinlichkeitsverteilung finden, die die entsprechende Präferenzrelation erhält?

Mittels der Exponentialfamilie kann man unter gewissen Annahmen diese Frage bejahen.

Um die Präferenzrelation zu erhalten sind einige Voraussetzungen nötig. Insbesondere lässt sich die in Gl. (6.27) definierte Entscheidungsfunktion nicht verwenden. Bei ihrem Einsatz würde die Präferenzrelation im Allgemeinen nicht erhalten bleiben.

Eine Anwendung des Satzes von Bayes ist aber auch weiterhin möglich.

Eventuell ist dabei eine Einbettung des ursprünglichen Vektorraums in einen höherdimensionalen *Feature-Raum* erforderlich. Jedenfalls soll im Zusammenhang mit Kernen in Kap. 10 darauf zurückgekommen werden.

Die Behandlung von mehr als 2 Klassen erfolgt durch eine Zurückführung auf den Fall mit 2 Klassen. Dabei wird wieder die Exponentialfamilie verwendet. Man betrachtet k Klassen von Vektoren $C_1, C_2, \ldots, C_k$.

► **Definition** Gegeben sei $D: = \bigcup_{i=2}^{k} C_i \bigcup_{j=1}^{i-1} C_j$ für $i = 1, 2, \ldots, k$ und $j = 1, 2, \ldots, k - 1$

Es wird angenommen, dass die bedingte Dichte für D_i bzw. $\overline{D_i}$ (das mengentheoretische Komplement von D_i) durch Mitglieder der Exponentialfamilie gegeben ist:

$$p(x|D_i): = \beta_1 * \exp[A(\theta_{11}) + <x, \theta_{11}> + B_1(x, \varphi)]$$
$$p(x|\overline{D_i}): = \beta_1 * \exp[A(\theta_{12}) + <x, \theta_{12}> + B_1(x, \varphi)].$$

Hier seien die β_i Normalisierungsfaktoren. Zusätzlich wird angenommen, dass $c_{i-1} := A(\theta_{l1}) - A(\theta_{l2}) - \ln[\Pr(\overline{D_i}) / \Pr(D_i)]$ monoton mit i fällt.

Mit dieser Definition erhält man das folgende Resultat:

► Bedingte Wahrscheinlichkeiten

$$
\begin{aligned}
\Pr(C_1|x) &:= f(<x, \theta_{21} - \theta_{22}> + c_1) \\
\Pr(C_l|x) &:= f(<x, \theta_{l1} - \theta_{l2}> + c_l) - f(<x, \theta_{l1} - \theta_{l2}> + c_{l-1}) \quad \text{für} \quad i = 1, 2, \ldots, k \\
\Pr(C_k|x) &:= 1 - f(<x, \theta_{k1} - \theta_{k2}> + c_k - 1).
\end{aligned}
$$

Dabei ist $f(y) := [1 + \exp(-y)]^{-1}$ die logistische Aktivierungsfunktion.

Beweis: Man notiere $D_k = C_k, \overline{D_2} = C_1, \Pr(C_{i-1}|\mathbf{x}) = \Pr(\overline{C}_i|\mathbf{x}) - \Pr(\overline{C}_{i-1}|\mathbf{x})$ für $i = 2, \ldots, k$ und wende den Satz von Bayes an.

Bemerkung: Man würde hoffen, dass $\Pr(C_i|\mathbf{x}) > ½$ das folgende Ungleichungssystem impliziert:

$$
\begin{aligned}
<x, w> &> c_1 && \text{für} \quad i = 1 \\
c_{i-1} \geq <x, w> &> c_i && \text{für} \quad i = 2, 3, \ldots, k-1 \\
c_{k-1} &\geq <x, w> && \text{für} \quad i = k.
\end{aligned}
$$

Leider gilt das nur, falls die c_i hinreichend weit entfernt voneinander sind. Der Autor hat in [3] diese Bedingung präzisiert. Merkwürdigerweise korrespondiert dies mit einer Warnung in Abschn. 7.3.4. Dort wurde bei mehr als 2 Buchungsklassen gefordert, dass die Preise deutlich voneinander verschieden sein sollten, um plausible Ergebnisse zu erhalten.

Übung 8.8
Man fülle die Lücken im Beweis der bedingten Wahrscheinlichkeiten.

Bemerkung: Formal analoge Resultate wurden bereits durch Mathieson, s. [4], erzielt. Er nutzte allerdings Maximum-Likelihood-Methoden. Hinsichtlich einer Verbindung zum *Proportional-Odds-Modell* sei auf [5, S. 110] verwiesen. Diese Wahrscheinlichkeiten können genutzt werden, um *Überlebenswahrscheinlichkeiten* für Kredite und damit auch erwartete Gewinne/Verluste zu berechnen. Damit ist gemeint, dass ein Kunde alle Raten für einen Kredit zurückzahlt, vielleicht nur alle Raten bis auf die letzte zurückzahlt, etc. Dies erfordert zunächst eine Festlegung von Präferenzklassen für Kunden. In [6] werden Überlebenswahrscheinlichkeiten mittels eines *Proportional-Hazards-Modells* geschätzt, wobei statt einer logistischen Aktivierungsfunktion die Inverse einer komplementären log-log Funktion genutzt wird. Zu den Einzelheiten sei auf [5, S. 113], verwiesen.

Analoge Aussagen gelten auch für Versicherungsgesellschaften.

Warnung Angesichts der vielen Annahmen, die benötigt werden, um entsprechende Resultate zu erhalten, sind die Folgerungen mit erheblicher Vorsicht zu betrachten. Dies gilt insbesondere auch für die Geschäftsmodelle der Schufa, die ja etwa für Bankkunden bedeutende Nachteile mit sich bringen können. Leider versteckt man sich hier häufig hinter Geschäftsgeheimnissen, um Transparenz nicht herstellen zu müssen.

8.2 Lösungen der Übungsaufgaben

Übung 8.1

$$p(x|C_k) = \exp[A(\boldsymbol{\theta}_k) + B(x, \varphi) + <\boldsymbol{\theta}_k, x>], k = 1{,}2$$

für

$$f(\boldsymbol{\theta}_k, x) = \exp[B(x) + A(\boldsymbol{\theta}_k) + <\boldsymbol{\theta}_k, x>],$$

man ersetze $\boldsymbol{\theta}_k$ durch $\boldsymbol{\mu}_k$ für $k = 1{,}2$.

mit

$$A(\boldsymbol{\mu}_k) = -(1/2) * <\boldsymbol{\mu}_k, \boldsymbol{\mu}_k>$$
$$B(x) = \ln((1/(2\pi)^{(d/2)}) * \exp[(-1/2) * <x, x>])$$

Verifikation:

$$\begin{aligned}
&[\exp[A(\boldsymbol{\mu}_k) + B(x) + <\boldsymbol{\mu}_k, x>]] \\
&= (1/(2\pi)^{(d/2)}) * \exp[-(1/2) * <x, x>] * \exp[-(1/2) * <\boldsymbol{\mu}_k, \boldsymbol{\mu}_k> + <\boldsymbol{\mu}_k, x>] \\
&= (1/((2\pi)^{(d/2)}) * \exp[-(1/2)*)<x - \boldsymbol{\mu}_k, x - \boldsymbol{\mu}_k>] \quad \text{für} \quad k = 1{,}2.
\end{aligned}$$

Übung 8.2

Setze $\theta = p$. Dann folgt

$$A(\theta) = A(p) = \ln(1 - p)$$
$$<\theta, x> = x * \ln(p/(1 - p))$$

Verifikation:

$$\begin{aligned}
p(x|C_1) &= \exp[A(\theta) + B(x, \varphi) + <\theta, x>] \\
&= \exp[\ln(1 - p) + x * \ln(p/(1 - p))] \\
&= \exp[\ln(1 - p)^1 + \ln(p/(1 - p))^x] \\
&= \exp[\ln(1 - p) + \ln(p^x) - x * \ln(1 - p)] \\
&= p^x * (1 - p)^{1-x}
\end{aligned}$$

Übung 8.3

$$p(x|C_1) = \binom{n}{x} * p^x(1-p)^{n-x} = \binom{n}{x} * \exp[n * \ln(1-p) + x * \ln[p/(1-p)]].$$

Damit ergibt sich

$$\begin{aligned} A(p) &= n * \ln(1-p) \\ B(x) &= \ln\left[\binom{n}{x}\right] \\ <\theta, x> &= x * \ln(p/(1-p)) \end{aligned}$$

Verifikation wie in Übung 8.2:

$$p(x|C_1) = \exp[n * \ln(1-p) + \ln\left[\binom{n}{x}\right] + x * \ln(p/(1-p))] = \binom{n}{x} * px * (1-p)^{n-x}$$

Übung 8.4
Division durch $p(x|C_1) * Pr(C_1)$ liefert $1/(1 + p(x|C_2) * Pr(C_2)/(p(x|C_1) * Pr(C_1))) =$

$$\ln\left[\frac{p(\mathbf{x}|C_2) * Pr(C2)}{p(\mathbf{x}|C_1) * Pr(C_1)}\right]$$

Übung 8.5
Aus $p(x|C_1) = \exp[A(\boldsymbol{\theta}_1) + B(x, \varphi) + <\boldsymbol{\theta}_1, x>]$ folgt wegen

$$\begin{aligned} & p(x|C_2) * Pr(C_2)/(p(x|C_1) * Pr(C_1)) \\ &= (\exp(A(\boldsymbol{\theta}_2) + <\boldsymbol{\theta}_2, x>)/\exp(A(\boldsymbol{\theta}_1) + <\boldsymbol{\theta}_1, x>)) * (Pr(C_2)/Pr(C_1)) \\ &= \exp[A(\boldsymbol{\theta}_2) - A(\boldsymbol{\theta}_1) + <\boldsymbol{\theta}_2, x> - <\boldsymbol{\theta}_1, x> + \ln(Pr(C_2)/Pr(C_1))] \\ &= \exp[A(\boldsymbol{\theta}_2) - A(\boldsymbol{\theta}_1) + <\boldsymbol{\theta}_2 - \boldsymbol{\theta}_1, x> - \ln(Pr(C_1)/Pr(C_2))] \\ &= \exp(-a). \end{aligned}$$

Damit ergibt sich a als

$$a = A(\boldsymbol{\theta}_1) - A(\boldsymbol{\theta}_2) + <\boldsymbol{\theta}_1 - \boldsymbol{\theta}_2, x> + \ln(Pr(C_1)/Pr(C_2))$$

Dies lässt sich auch als $a = <w, x> + w_0$ schreiben mit $w = \boldsymbol{\theta}_1 - \boldsymbol{\theta}_2$ und

$$w_0 = A(\boldsymbol{\theta}_1) - A(\boldsymbol{\theta}_2) + \ln(Pr(C_1)/Pr(C_2))$$

Übung 8.6

$$y = 1/(1 + \exp(-x)) \rightarrow y * (1 + \exp(-x)) = 1 \rightarrow y + y * \exp(-x)$$
$$= 1 \rightarrow y * \exp(-x) = 1 - y \rightarrow \exp(-x) = (1 - y)/y$$

Wendet man den ln (natürlichen Logarithmus) auf beiden Seiten der Gleichung an, so ergibt sich $-x = \ln((1 - y)/y)$ oder $x = \ln(y/(1 - y))$

Übung 8.7

$1/(1 + \exp(-a)) = \frac{1}{2}$ für $a = 0$. Für $a > 0$ gilt aber $-a < 0$. Damit ist, wegen der Monotonie der Exponentialfunktion, $\exp{-a} < 0$. Damit folgt $1 + \exp{-a} < 2$ und somit $1/(1 + \exp{-a}) > 1/2$.

Übung 8.8

Aus der Definition der D_i folgt sofort, dass $D_k = C_k$ gilt. Weiterhin ergibt sich $\overline{D_2} = C_1$. Dies folgt, da $D_2 = C_k \cup C_{k-1} \cup C_{k-2} \ldots \cup C_2$.

Eine Anwendung des Satzes von Bayes zeigt, dass für $i = 2$ gilt

$$\begin{aligned}\Pr(C_1|\mathbf{x}) &= \Pr(\overline{D_2}|\mathbf{x}) = p(\mathbf{x}|\overline{D_2}) * \Pr(\overline{D_2})/(p(\mathbf{x}|\overline{D_2}) * \Pr(\overline{D_2}) + p(\mathbf{x}|D_2) * \Pr(D_2))\\ &= 1/(1 + p(\mathbf{x}|D_2) * \Pr(D_2)/p(\mathbf{x}|\overline{D_2}) * \Pr(\overline{D_2}))\\ &= \exp[A(\boldsymbol{\theta}_{21}) - A(\boldsymbol{\theta}_{22}) + <\mathbf{x}, \boldsymbol{\theta}_{21} - \boldsymbol{\theta}_{22}> + \ln\{\Pr(D_2)/\Pr(\overline{D_2})\}].\end{aligned}$$

Damit folgt $c_1 = A(\boldsymbol{\theta}_{21}) - A(\boldsymbol{\theta}_{22}) + \ln\{\Pr(D_2)/\Pr(\overline{D_2})\}$ und

$$\mathbf{w} = \boldsymbol{\theta}_{21} - \boldsymbol{\theta}_{22}.$$

Für $l = 3$ ist der Satz von Bayes anzuwenden auf

$$D_3 = C_k \cup C_{k-1} \cup C_{k-2} \ldots \cup C_3$$

und

$$\overline{D_3} = C_1 \cup C_2$$

$\Pr(C_2|\mathbf{x}) = \Pr(\overline{D_3}|\mathbf{x}) - \Pr(\overline{D_2}|\mathbf{x})$. Da $\Pr(\overline{D_2}|\mathbf{x})$ oben bereits berechnet wurde, ist nur noch $\Pr(\overline{D_3}|\mathbf{x})$ mittels des Satzes von Bayes zu berechnen. Wie oben ergibt sich

$$\Pr(\overline{D_3}|\mathbf{x}) = \exp(A(\boldsymbol{\theta}_{31}) - A(\boldsymbol{\theta}_{32}) + <\mathbf{x}, \boldsymbol{\theta}_{31} - \boldsymbol{\theta}_{32}> + \ln\{\Pr(D_3)/\Pr(\overline{D_3})\})$$

Damit folgt $c_2 = A(\boldsymbol{\theta}_{31}) - A(\boldsymbol{\theta}_{32}) + \ln\{\Pr(D_3)/\Pr(\overline{D_3})\}$ und

$$\mathbf{w} = \boldsymbol{\theta}_{31} - \boldsymbol{\theta}_{32}.$$

So wird weiter verfahren.

Es bleibt noch der Fall $l = k$ zu behandeln.

$\Pr(C_{k-1}|\mathbf{x})$ wird wie oben berechnet.

Als Letztes ergibt sich

$$\Pr(C_k|\mathbf{x}) = \Pr(C_k \cup C_{k-1} \cup C_{k-2} \ldots \cup C_1|\mathbf{x}) - \Pr(C_{k-1}|\mathbf{x}) = 1 - \Pr(C_{k-1}|\mathbf{x}).$$

Literatur

1. Bishop, C.: M.: Neural Networks for Pattern Recognition. Oxford University Press, reprinted (2013)
2. Falkowski, B.-J.: Lernender Klassifikator, Offenlegungsschrift DE 101 14874 A1, Deutsches Patent- und Markenamt, München, (14. Nov. 2002), https://register.dpma.de/DPMAregister/pat/register?AKZ=101148747, zuletzt besucht am 9. Sept. 2024
3. Falkowski, B.-J. (2005): Ranking Functions, Perceptrons, and Associated Probabilities. In: Proc. of the 9th Intl. Conference on Knowledge-Based Intelligent Information and Engineering Systems (KES 2005), Eds. R. Khosla, R.J. Howlett, L.C. Jain, LNAI 3683, Part III, Springer Verlag
4. Mathieson, M.: Ordinal Models for Neural Networks. In: Neural Networks in Financial Engineering, Proceedings of the 3rd International Conference on Neural Networks in the Capital Markets, World Scientific, (1996)
5. McCullagh, P.: Regression Models for Ordinal Data. J. Royal Stat. Soc. B **42**(2), 109 (1980)
6. Stepanova, S., Thomas, L.C.: PHAB scores: proportional hazards analysis behavioural scores. J Oper Res Soc **52**(2001), 1007 (2001)

Nicht überwachtes Lernen 9

Zusammenfassung

Zunächst werden Ähnlichkeitsmaße behandelt. Dies ist insbesondere im kommerziellen Bereich von erheblicher Bedeutung. Verkäufer aller möglichen Produkte sehen sich veranlasst, unter werblichen Gesichtspunkten ihre Klientel nach Ähnlichkeiten zu gruppieren. Dies führt schließlich zu einem Algorithmus, der seit längerer Zeit bekannt ist. Dieser sog. k-Means-Algorithmus weist noch einige Schwächen auf. Dies gilt insbesondere für eine attraktive iterative Version, die hier behandelt werden soll.

9.1 Einführung

Ähnlichkeitsmaße werden im kommerziellen Bereich benötigt, um gezielt spezielle Käufergruppen ansprechen zu können. Sie haben sehr unterschiedliche Ausprägungen. Das reicht von primitiven Maßen, die beispielsweise für Texte geeignet sind, bis zu axiomatisierten Abstandsmaßen, s. [2, 7]. Beabsichtigt ist keineswegs eine erschöpfende Aufzählung. Im einfachsten Fall führt dies zu einem Algorithmus, der bereits seit einigen Jahren bekannt ist. Dieser k-Means-Algorithmus wurde in einer besonders wegen seiner Einfachheit geschätzten Form von Duda, s. [2], entwickelt. Es handelt sich jedoch um einen der am häufigsten genutzten Algorithmen des nicht überwachten Lernens. Trotz einiger bekannter Schwächen, auf die im Kap. 10 noch einzugehen sein wird, wird er hier vorgestellt, s. [2].

9.1.1 Informelle Beschreibung

Große Firmen (man denke beispielsweise an Amazon) haben ein erhebliches Interesse daran, ihre Kunden hinsichtlich „ähnlicher" Eigenschaften zu charakterisieren *(Clustering)*

B.-J. Falkowski, *KI, Statistik und Anwendungen*,
https://doi.org/10.1007/978-3-658-49450-6_9

um dann gezielt werbliche Maßnahmen ergreifen zu können. Natürlich sind dafür präzise Definitionen etwa des Ähnlichkeitsbegriffs erforderlich. Diese werden in Abschn. 9.1.3 erfolgen. Informell können die relevanten Verfahren aber wie folgt beschrieben werden, vgl. [1].

Gegeben sei eine Ansammlung C von Objekten und eine grobe Beschreibung einer Menge A. Dann könnte mittels eines einfachen Clustering-Algorithmus die Ansammlung C in zwei Mengen unterteilt werden: Die erste würde die Objekte enthalten, die zur Menge A einen Bezug hätten, während die zweite die Objekte enthalten würde, die zur Menge A keinen Bezug hätten. Grobe Beschreibung würde hier bedeuten, dass keine vollständige Beschreibung verfügbar ist, die es gestattet, mit Sicherheit zu entscheiden, welche Objekte zu A gehören und welche nicht.

Verfeinerte *Clustering-Algorithmen* würden die Ansammlung C in mehrere Cluster ($n > 2$) unterteilen. Wiederum könnte hier erst eine grobe Beschreibung der Klassen vorliegen. Der Einfachheit halber seien aber nur zwei Klassen betrachtet. Dann sind mit dem Clustering zwei Probleme verbunden:

(a) Es müssen Eigenschaften gefunden werden, die die Objekte in A besser beschreiben.
(b) Es müssen Eigenschaften gefunden werden, die es gestatten, die Objekte in A besser von denen nicht in A außerhalb von C zu unterscheiden.

Die Eigenschaften unter a) erlauben es, die „Intra-Cluster"-Ähnlichkeit zu beschreiben, während die unter b) sicherstellen, dass man die „Inter-Cluster-Unähnlichkeit quantifizieren kann. In guten Clustering-Algorithmen versucht man beide Aspekte zu berücksichtigen.

9.1.2 Ähnlichkeitsmaße

Einige Ähnlichkeitsmaße wurden bereits im letzten Jahrhundert durch Salton, s. [7, S. 306], aber auch Duda, s. [2, S. 542–547], beschrieben. Andere Ähnlichkeitsmaße sind möglich, vgl. [3]. Heute gibt es die Möglichkeit, mit KI-Unterstützung Information Retrieval zu betreiben, s. [5]. Leider ist die Überprüfung der recherchierten Information nicht immer einfach. Deshalb soll hier kurz auf die traditionellen Methoden eingegangen werden.

Es werden zwei klassische Modelle des Information Retrieval beschrieben, die die Suche nach Textdokumenten zum Gegenstand haben.

9.1.2.1 Grundlagen

Beim klassischen Information Retrieval werden Textdokumente durch Schlüsselwörter beschrieben, die als *Index-Terme* bezeichnet werden, siehe [1]. Ein Index-Term ist also einfach ein Wort, dessen Semantik den Inhalt des Dokuments charakterisiert. Im Allgemeinen sind Index-Terme Hauptwörter. Adjektive, Adverbien und Konnektive sind in diesem Zusammenhang weniger nützlich. Allerdings könnte man alle Wörter in einer Dokumentensammlung als Index-Terme nutzen. Dies wird von einigen Web Search Engines auch tatsächlich so gehandhabt.

Bei einer gegebenen Menge von Index-Termen sind nicht alle Index-Terme gleich nützlich für die Charakterisierung eines Dokumenteninhalts. Die Entscheidung, ob ein Index-Term wichtig für die Charakterisierung eines Dokumenteninhalts ist, ist keineswegs trivial. Trotz dieser Schwierigkeit gibt es jedoch Eigenschaften eines Index-Terms, die leicht messbar und nützlich bei der Beurteilung des Potenzials dieses Terms sind. Betrachtet man etwa eine Dokumentensammlung mit 100.000 Dokumenten, dann ist ein Wort, das in allen 100.000 Dokumenten vorkommt, völlig nutzlos als Index-Term. Andererseits würde ein Wort, das nur in 5 Dokumenten erscheint, die Menge der Dokumente, die für den User interessant sind, stark einengen. Offenbar besitzen verschiedene Index-Terme unterschiedliche Relevanz hinsichtlich der Beschreibung von Dokumenteninhalten. Diese Tatsache wird dokumentiert durch die Zuordnung von Gewichten für jeden Index-Term eines Dokuments.

Sei also k_i ein Index-Term, d_j ein Dokument, und $w_{ij} \geq 0$ ein Gewicht, das mit dem Paar (k_i, d_j) assoziiert ist. Dieses Gewicht quantifiziert die Bedeutung des Index-Terms hinsichtlich der Charakterisierung des Dokumenteninhalts.

▶ **Definition** Sei t die Anzahl der Index-Terme im System und k_i ein generischer Index-Term. $K := \{k_1, k_2, \ldots, k_t\}$ ist dann die Menge aller Index-Terme. Ein Gewicht $w_{ij} > 0$ ist assoziiert mit jedem Index-Term k_i eines Dokuments d_j. Für einen Index-Term, der nicht im Dokument erscheint, gilt $w_{ij} = 0$. Mit dem Dokument $\mathbf{d}_j$ ist ein Index-Term-Vektor $\mathbf{d}_j := (w_{1j}, w_{2j}, \ldots, w_{tj})$ assoziiert. Weiterhin sei p_i eine Funktion, die durch $p_i(\mathbf{d}_j) := w_{ij}$ definiert ist. Das p_i gibt also das Gewicht, das mit dem Index-Term k_i assoziiert ist, zurück.

Man setzt üblicherweise voraus, dass die Index-Terme unabhängig voneinander sind. Dies bedeutet, dass Kenntnis des Gewichts w_{ij}, das mit dem Paar $(k_i, \mathbf{d}_j)$ assoziiert ist, keinerlei Informationen über das Gewicht w_{i+1j}, das mit dem Paar $(k_{i+1}, \mathbf{d}_j)$ assoziiert ist, liefert, vgl. auch Abschn. 6.2.6. Dabei handelt es sich offenbar um eine nicht völlig korrekte Vereinfachung. Sind nämlich beispielsweise die Index-Terme Computer und Netzwerk gegeben, so ist zu erwarten, dass das Vorkommen beider doch statistisch korreliert ist. Die genannte Voraussetzung erleichtert jedoch die Berechnung von Index-Term-Gewichten, die ansonsten sehr schwierig wäre.

9.1.2.2 Das Boole'sche Modell

Hierbei handelt es sich um ein einfaches Retrieval-Modell, das auf der Mengenlehre und der Boole'schen Algebra basiert. Dadurch wird ein Rahmen bereitgestellt, der auch für einen wenig geübten User leicht nutzbar ist. Deshalb ist dieses Modell auch heute noch häufig weit verbreitet (Suchmaschinen im Internet, Google).

Allerdings besitzt das Boole'sche Modell auch einige gravierende Nachteile. Seine Retrieval-Strategie basiert nämlich auf einem binären Entscheidungskriterium (soll heißen, dass ein Dokument nur als relevant oder nicht-relevant hinsichtlich einer Anfrage betrachtet wird). Dadurch werden mittels dieses Modells eher Daten als Informationen ermittelt. Darüber hinaus ist es für User oft schwierig ihren Informationsbedarf mittels eines Boole'schen Ausdrucks zu definieren, obwohl dieser natürlich eine eindeutige Semantik besitzt.

Im Boole'schen Modell wird untersucht, ob Index-Terme in einem Dokument vorhanden oder nicht vorhanden sind. Folglich sind die Gewichte von Index-Termen ausschließlich binär (0 oder 1). Eine Anfrage q besteht aus Index-Termen, die durch die 3 Junktoren NICHT ($\neg$), UND ($\wedge$) und ODER ($\vee$) verbunden sind. Folglich ist q ein Boole'scher Ausdruck, der auch in disjunktiver Normalform (DNF), s. Abschn. 2.4.2, angegeben werden kann. Dies führt zur folgenden

► **Definition** Im Boole'schen Modell sind die Gewichte w_{ij} aller Index-Terme binär. Eine Anfrage **q** ist ein Boole'scher Ausdruck. Sei $\mathbf{q}_{DNF}$ die disjunktive Normalform für **q**. Sei weiterhin q_{CC} irgendeine der konjunktiven Komponenten von $\mathbf{q}_{DNF}$ mit assoziiertem Vektor $\mathbf{q}_{CC}$. Dann ist die Relevanz des Dokuments d_j für die Anfrage q definiert als

$$\text{rel}(dj, q) := \begin{cases} 1 & \text{falls} \quad \exists \mathbf{q}_{CC}\colon (\mathbf{q}_{CC} \in \mathbf{q}_{DNF}) \wedge \forall k_i (p_i(\mathbf{d}_j) = p_i(\mathbf{q}_{CC})) \\ 0 & \text{sonst} \end{cases} .$$

Hierbei sind die k_i die in der Anfrage vorkommenden Index-Terme.

Falls rel($\mathbf{d}_j$,$\mathbf{q}$) = 1, dann wird im Boole'schen Modell das Dokument $\mathbf{d}_j$ als relevant hinsichtlich der Anfrage q betrachtet, andernfalls als nicht relevant.

Im Boole'schen Modell ist also ein Dokument relevant oder nicht relevant. Es gibt keine partielle Relevanz.

Beispiel 9.1: Behandlung einer Boole'schen Anfrage

Sei eine Anfrage **q** gegeben durch $k_a \wedge (k_b \vee \neg k_c)$. Dann lautet die Wahrheitstafel für diesen Boole'schen Ausdruck wie in Tab. 9.1.

Tab. 9.1 Anfrage gegeben durch Boole'schen Ausdruck

k_a	k_b	k_c	$k_a \wedge (k_b \vee \neg k_c)$
0	0	0	0
1	0	0	1
0	1	0	0
0	0	1	0
1	1	0	1
1	0	1	0
0	1	1	0
1	1	1	1

Damit ergibt sich die DNF für $\mathbf{q}$ zu

$$q_{DNF} = (k_a \wedge \neg k_b \wedge \neg k_c) \vee (k_a \wedge k_b \wedge \neg k_c) \vee (k_a \wedge k_b \wedge k_c).$$

Die assoziierten Vektoren für die $\mathbf{q}_{CC}$ lauten also

(1,0,0)
(1,1,0)
(1,1,1)

Betrachtet man nun ein Dokument $\mathbf{d}_j$ mit $\mathbf{d}_j = (0, 1, 0)$ und vergleicht es mit den $\mathbf{q}_{CC}$, so zeigt sich, dass kein $\mathbf{q}_{CC}$ existiert mit $\forall\ k_i p_i(\mathbf{d}_j) = p_i(\mathbf{q}_{CC})$, obwohl k_b im Dokument enthalten ist. Damit wird das Dokument $\mathbf{d}_j$ nicht als relevant betrachtet. ◄

Die wesentlichen Vorteile des Boole'schen Modells liegen im klaren Formalismus und in der einfachen Handhabung, Der größte Nachteil besteht darin, dass durch das exakte *Matching* oft zu viele oder zu wenige Dokumente als relevant für eine Anfrage betrachtet werden. Heute weiß man natürlich, dass die Gewichtung von Index-Termen wesentliche Verbesserungen bringt.

9.1.2.3 Das Vektorraum-Modell

Das Vektorraum-Modell wurde von Salton, s. auch [7, S. 313], eingeführt. In ihm ist ein *partielles Matching* möglich. Zu diesem Zweck werden nicht binäre Gewichte für Index-Terme wichtig. Diese Gewichte werden benutzt, um den Grad der Relevanz eines Dokuments hinsichtlich einer Anfrage festzustellen. Die gefundenen Dokumente werden entsprechend dem Grad ihrer Relevanz sortiert, sodass in diesem Modell partielles Matching, wie oben erwähnt, stattfinden kann. Durch dieses Ranking ist folglich eine wesentlich präzisere Antwort auf eine Anfrage möglich.

► **Definition** Im Vektor-Modell ist das mit einem Paar $(k_i,\mathbf{d}_j)$ assoziierte Gewicht w_{ij} positiv und im Allgemeinen nicht binär. Darüber hinaus werden die Index-Terme in einer Anfrage ebenfalls gewichtet. Sei w_{iq} das Gewicht, das mit dem Paar $[k_i,\mathbf{q}]$ assoziiert ist, wobei $w_{iq} \geq 0$ gilt. Dann ist der Anfragevektor definiert als $\mathbf{q} := (w_{1q}, w_{2q}, \ldots, w_{tq})$, wobei t die Gesamtanzahl der Index-Terme im System ist. Wie oben ist der Dokumentenvektor durch $\mathbf{d_j} := (w_{1j}, w_{2j}, \ldots, w_{tj})$ gegeben.

Damit sind ein Dokument $\mathbf{d}_j$ und eine User-Anfrage $\mathbf{q}$ durch t-dimensionale Vektoren repräsentiert. Mithilfe des Skalarprodukts lässt sich der Abstand (genauer: das Abstandsquadrat) zwischen den beiden Vektoren bestimmen:

$$|d_j - q|^2 = |d_j|^2 - 2 * \langle d_j, q\rangle + |q|^2.$$

Nimmt man an, dass beide Vektoren auf 1 normiert worden sind, so zeigt sich, dass der Abstand zwischen den Vektoren in dem Maß geringer wird, indem das Skalarprodukt zunimmt. Deswegen kann man beispielsweise die Relevanz des Dokuments hinsichtlich der Anfrage durch den Kosinus des Winkels zwischen beiden Vektoren beschreiben, d. h.

$$\mathrm{rel}(\mathbf{d_j}, \mathbf{q}) := (1/|\mathbf{d_j}|) * (1/|\mathbf{q}|) * <\mathbf{d_j}, \mathbf{q}>. \quad (9.1)$$

Andere Ähnlichkeitsmaße sind durchaus möglich, s. auch [3].

Bemerkung: Falls Ähnlichkeitsmaße eine gewisse Positivitätsbedingung erfüllen (wie etwa das Kosinus-Maß), dann können sie auch als Kerne *(kernels)* betrachtet werden, s. Abschn. 4.8, Beispiel 4.1.

Übung 9.1
Man verifiziere, dass gilt $|d_j - q|^2 = |d_j|^2 - 2 * <d_j, q> + |q|^2$.

Um dieses Modell tatsächlich einsetzen zu können, ist es natürlich notwendig, die Gewichte der Index-Terme zu berechnen. Dies kann in verschiedener Art und Weise geschehen.

Im Vektorraum-Modell wird die Intra-Cluster-Ähnlichkeit quantifiziert durch die Vorkommensfrequenz eines Terms k_i in einem Dokument d_j. Diese Termfrequenz wird als *TF-Faktor* bezeichnet und misst, wie gut dieser Term den Inhalt des Dokuments beschreibt.

Dagegen wird die Inter-Cluster-Unähnlichkeit, s. o., durch die inverse Dokumenthäufigkeit oder den *IDF-Faktor* quantifiziert. Hier ist die Motivation dadurch gegeben, dass die Terme, die in vielen Dokumenten vorkommen, wenig zur Unterscheidung zwischen relevanten und nicht relevanten Termen beitragen können, s. o.

► **Definitionen** Sei N die Gesamtzahl von Dokumenten im System und n_i die Anzahl der Dokumente, in denen der Index-Term k_i erscheint. Sei $freq_{ij}$ die Häufigkeitsfrequenz von Term k_i in Dokument $\mathbf{d}_j$. Dann ist die normalisierte Frequenz f_{ij} von Term k_i in Dokument d_j gegeben durch

$$f_{ij} := freq_{ij} / \max_l freq_{lj},$$

wobei das Maximum über alle Terme, die im Dokument $\mathbf{d}_j$ vorkommen, genommen wird.

Erscheint der Term k_i nicht im Dokument $\mathbf{d}_j$, so gilt $f_{ij} = 0$.

Weiterhin sei idf_i die inverse Dokumenthäufigkeit für k_i, beschrieben durch $freq_{ij} := \log(N/n_i)$.

Dann werden sehr gute Gewichte durch

$$w_{ij} := f_{ij} * idf_i$$

definiert.

Verschiedene Variationen dieser Formel werden in [6] beschrieben.

Für die Anfrage-Gewichte schlagen Salton & Buckley vor

$$w_{iq} := 0{,}5 * (1 + f_{iq}) * idf_i.$$

9.1.3 Der iterative k-Means-Algorithmus

Zunächst wird die ursprüngliche Form dieses Algorithmus vorgestellt, die auf Duda, s. [2, S. 548–550], zurückgeht. Dabei wird der Einfachheit halber nur eine Funktion optimiert, die quadratische Abstandsfehler berücksichtigt. Ein ähnliches Verfahren war bei der Regressionsanalyse angewandt worden, vgl. Abschn. 5.2.5.

9.1.3.1 Problemstellung

Betrachtet werden soll eine endliche Menge von Vektoren (*Samples*). Gesucht ist eine Partition (Aufteilung in paarweise disjunkte Teilmengen) dieser Vektoren, die eine noch zu definierende Fehlerfunktion minimiert. Prinzipiell handelt es sich folglich um ein kombinatorisches Problem, das in endlicher Zeit gelöst werden kann. Leider ist aber die Komplexität dieses Problems so groß, dass diese Möglichkeit nicht praktikabel ist, s. [2, S. 587], Problem 18. Will man etwa n Elemente in k *Clusters* unterteilen, so gibt es $\approx k^n * n!$ Möglichkeiten, [2, S. 548]. Duda gibt beispielsweise in [2, S. 548] an, dass, um ein optimales *Clustering* mit 5 *Clusters* aus 100 Vektoren zu finden, mehr als 10^{67} Partitionen zu untersuchen wären.

Die am häufigsten eingesetzte Methode, eine optimale Partition zu finden, nutzt die *iterative Optimierung*. Dabei wird von einer mehr oder weniger zufälligen Anfangskonfiguration ausgegangen. Danach wird ein Vektor von einem zu einem anderen Cluster bewegt, falls dadurch der Wert der Fehlerfunktion verringert wird. Leider kann es dabei passieren, dass man an einem nicht-optimalen Wert hängenbleibt. Das ist ein üblicher Nachteil bei solchen *Hill-Climbing*-Algorithmen. Im Kap. 10 soll darauf zurückgekommen werden.

Als Fehlerfunktion wird im einfachsten Fall die Quadratsumme der Einzelfehler der Cluster C_k benutzt, vgl. hierzu auch Abschn. 5.2.5.

$C_k = \sum_{i=1}^{k} S_i$. Hier ist die Anzahl der Fehler pro Cluster D_i gegeben durch

$$S_i = \sum_{\mathbf{x}\in D_i} |\mathbf{x} - \mathbf{m}_i|^2$$

mit Schwerpunkt

$$\mathbf{m}_i = \left(\frac{1}{n_i}\right) * \sum_{\mathbf{x}\in D_i} \mathbf{x}. \tag{9.2}$$

Jetzt soll versuchsweise ein Vektor $\hat{\mathbf{x}}$ von Cluster D_i zum Cluster D_j übertragen werden. Dann wird $\mathbf{m}_j$ zu

$$\mathbf{m}_j^* = \mathbf{m_j} + \frac{(\hat{\mathbf{x}} - \mathbf{m_j})}{(n_j + 1)}. \tag{9.3}$$

Um Gl. (9.3) zu erhalten, wurde Gl. (9.2) verwendet.

Dabei gibt n_j die Anzahl der Vektoren in D_j an.

S_j^* wird damit zu

$$\begin{aligned} S_j^* &= \sum_{x \in D_j} \left\{ \left| \mathbf{x} - \mathbf{m}_j^* \right|^2 + \left| \hat{\mathbf{x}} - \mathbf{m}_j^* \right|^2 \right\} \\ &= \left\{ \sum_{x \in D_j} \left| \mathbf{x} - \mathbf{m_j} - \frac{(\hat{\mathbf{x}} - \mathbf{m_j})}{(n_j + 1)} \right|^2 \right\} + \left| \frac{n_j}{(n_j + 1)} * (\hat{\mathbf{x}} - \mathbf{m_j}) \right|^2. \end{aligned} \tag{9.4}$$

Der Teil in den geschweiften Klammern von Gl. (9.4) reduziert sich auf

$$\left\{ \sum_{x \in D_j} |\mathbf{x} - \mathbf{m_j}|^2 - 2 * < \left(\frac{1}{n_j + 1} \right) * (\mathbf{x} - \mathbf{m_j}), (\hat{\mathbf{x}} - \mathbf{m_j}) > + n_j * \left| \frac{(\hat{\mathbf{x}} - \mathbf{m_j})}{(n_j + 1)} \right|^2 \right\}. \tag{9.5}$$

Da das Skalarprodukt in Gl. (9.5) Null wird (die erste Komponente wird Null, da $\mathbf{m}_j$ konstant ist und durch die Summierung über $\mathbf{x}$ genau der Schwerpunkt erzeugt wird), erhält man

$$\begin{aligned} S_j^* &= S_j + n_j * (1/(n_j + 1))^2 * |\hat{\mathbf{x}} - \mathbf{m_j}|^2 + \left| n_j/(n_j + 1) * (\hat{\mathbf{x}} - \mathbf{m_j}) \right|^2 \\ &= S_j + \left(\frac{n_j}{(n_j + 1)} \right) * |(\hat{\mathbf{x}} - \mathbf{m_j})|^2. \end{aligned} \tag{9.6}$$

Eine analoge Rechnung zeigt, falls $n_i \neq 1$ (einelementige Cluster sollen nicht entfernt werden), dass $\mathbf{m}_i$ zu

$$\mathbf{m}_i^* = \mathbf{m_i} - \frac{(\hat{\mathbf{x}} - \mathbf{m_i})}{(n_i - 1)} \text{ wird und } S_i \text{ zu} \tag{9.7}$$

$$S_i^* = S_i - \left(\frac{n_i}{(n_i - 1)} \right) * |(\hat{\mathbf{x}} - \mathbf{m_i})|^2. \tag{9.8}$$

Damit ergibt sich das sehr einfache Resultat: Man bewege einen Vektor von Cluster i zu Cluster j, falls das vorteilhaft ist. Das ist der Fall, wenn

$$\left(\frac{n_i}{(n_i - 1)} \right) * |(\hat{\mathbf{x}} - \mathbf{m_i})|^2 > \left(\frac{n_j}{(n_j + 1)} \right) * |(\hat{\mathbf{x}} - \mathbf{m_j})|^2. \tag{9.9}$$

Folglich wird man denjenigen Cluster auswählen, für den

$$\left(\frac{n_j}{(n_j+1)}\right) * |(\hat{\mathbf{x}} - \mathbf{m_j})|^2 \tag{9.10}$$

minimal ist.

In [2, S. 549–550] wird der folgende Pseudo-Code angegeben:

Basic Iterative Minimum-Squared-Error Clustering

<u>**begin**</u> <u>**initialize**</u> $n,\ k,\ \mathbf{m}_1,\ \mathbf{m}_2,\ \ldots,\ \mathbf{m}_k$

<u>**do**</u> randomly select a sample $\hat{\mathbf{x}}$

$i \leftarrow \arg\min |\mathbf{m}_i - \widehat{\mathbf{x}}|$ (classify $\hat{\mathbf{x}}$)

<u>**if**</u> $n_i \neq 1$ <u>**then**</u> compute

$$\rho_j = \begin{cases} (n_j/(n_j+1)) * |\hat{\mathbf{x}} - \mathbf{m_j}|^2 j \neq i \\ (n_j/(n_j-1)) * |\hat{\mathbf{x}} - \mathbf{m}_j|^2 j = i \end{cases}$$

<u>**if**</u> $\rho_l \leq \rho_j \forall$ **j then** transfer $\hat{\mathbf{x}}$ to D_l

recompute $C_k,\ \mathbf{m}_i,\ \mathbf{m}_l$

<u>**until**</u> no change in C_k in n attempts

<u>**return**</u> $\mathbf{m}_1, \mathbf{m}_2, \ldots, \mathbf{m}_k$

<u>**end**</u>

Übung 9.2: Verifikation Gln. (9.7) **und** (9.8)
Man verifiziere Gln. (9.7) und (9.8)

9.1.4 Bezug zu Normal Mixtures

Duda stellt in [2, S. 550] noch einen interessanten Bezug zu seinem Algorithmus 1 auf S. 527 her. Er bemerkt, dass es sich beim in Abschn. 9.1.3 beschriebenen Verfahren um eine sequentielle Version des erwähnten Algorithmus 1 handelt. Dieser Algorithmus kann dazu dienen, das Maximum-Likelihood-Verfahren zur Behandlung von *Normal Mixtures* zu beschleunigen, s. auch Abschn. 6.3.6. Allerdings sind dafür einige Approximationen nötig. Zu den Einzelheiten sei auf [2, S. 526–527] verwiesen. Zusätzlich sei auch im Vorgriff das Kap. 10 [4] erwähnt.

9.2 Lösungen der Übungsaufgaben

Übung 9.1

$$
\begin{aligned}
|\mathrm{d_j} - \mathrm{q}|^2 &= <\mathrm{d_j} - \mathbf{q}, \mathrm{d_j} - \mathbf{q}> = |\mathrm{d_j}|^2 - <\mathbf{q}, \mathrm{d_j}> - <\mathrm{d_j}, \mathbf{q}> + |\mathbf{q}|^2 \\
&= |\mathrm{d_j}|^2 - 2 * <\mathrm{d_j}, \mathbf{q}> + |\mathbf{q}|^2
\end{aligned}
$$

Dies folgt aus der Definition des Abstandsquadrats, der Bilinearität des Skalarprodukts und der Symmetrie des Skalarprodukts, s. auch Abschn. 3.3.1, Übung 9.2.

$$
\mathrm{S}_i^* = \sum_{\mathbf{x} \epsilon \mathrm{D}_i} \left\{ |\mathbf{x} - \mathbf{m}_i^*|^2 + |\hat{\mathbf{x}} - \mathbf{m}_i^*|^2 \right\} \tag{9.11}
$$

Aus Gl. (9.11) folgt unmittelbar Gl. (9.12)

$$
\mathrm{S}_i^* = \left\{ \sum_{\mathbf{x} \epsilon \mathrm{D}_i} \left| \mathbf{x} - \mathbf{m_i} - \frac{(\hat{\mathbf{x}} - \mathbf{m_i})}{(\mathrm{n_i} - 1)} \right|^2 \right\} + \left| \left(\frac{1}{(\mathrm{n_i} - 1)} \right) * (\hat{\mathbf{x}} - \mathbf{m_i}) \right|^2 . \tag{9.12}
$$

Der Teil von Gl. (9.12) in geschweiften Klammern ergibt Gl. (9.13)

$$
\left\{ \sum_{\mathbf{x} \epsilon \mathrm{D}_i} |\mathbf{x} - \mathbf{m_i}|^2 - 2 * < \left(\frac{1}{(\mathrm{n_i} - 1)} \right) * (\mathbf{x} - \mathbf{m_i}), (\hat{\mathbf{x}} - \mathbf{m_i}) > + \mathrm{n_i} * \left| \frac{(\hat{\mathbf{x}} - \mathbf{m_i})}{(\mathrm{n_i} - 1)} \right|^2 \right\}. \tag{9.13}
$$

Da das Skalarprodukt in Gl. (9.13) Null wird, erhält man

$$
\mathrm{S}_i^* = \mathrm{S_i} - \mathrm{n_i} * \left(\frac{1}{(\mathrm{n_i} - 1)} \right)^2 * |\hat{\mathbf{x}} - \mathbf{m_i}|^2 + \left| \left(\frac{\mathrm{n_i}}{(\mathrm{n_i} - 1)} \right) * (\hat{\mathbf{x}} - \mathbf{m_i}) \right|^2 . \tag{9.14}
$$

Damit ergibt sich sofort

$$
\mathrm{S}_i^* = \mathrm{S_i} - \left(\frac{\mathrm{n_i}}{(\mathrm{n_i} - 1)} \right) * |(\hat{\mathbf{x}} - \mathbf{m_i})|^2 . \tag{9.15}
$$

Es bleibt anzumerken, dass Gln. (9.11) und (9.7) übereinstimmen. Dasselbe gilt für Gln. (9.15) und (9.8).

Literatur

1. Baeza-Yates, R., Ribeiro-Neto, B.: Modern Information Retrieval. Addison-Wesley, ACM Press New York (1999)
2. Duda, R.O., Hart, P.E., Stork, D.G.: Pattern Classification. Wiley Student Edition, Reprinted (2017)

3. Falkowski, B.-J.: On Certain Generalizations of Inner Product Similarity Measures. J. Am. Soc. Inf. Sci. **49**(9), 543 (1998)
4. Falkowski, B.-J.: Bregman Divergencies, Triangle Inequality, and Maximum Likelihood Estimates for Normal Mixtures. In Poceedings of the 2022 Intelligent Systems Conference (Intellisys), Bd. 1. Springer (2023)
5. Autor unbekannt, zuletzt besucht am 09.09.2024. https://openai.com/index/chatgpt/
6. Salton, G., Buckley, C.: Term-weighting approaches in automatic retrieval. Inf. Process. Manag. **24**(5), 513 (1988)
7. Salton, G.: Automatic Text Processing. Addison-Wesley, Series in Computer Science (1989)

Kerne (engl. Kernels) 10

Zusammenfassung

Ausgehend von bereits zitierten Einbettungen von Beispielvektoren in höherdimensionale Räume werden Kerne als Verallgemeinerungen des Skalarprodukts definiert. Es stellt sich heraus, dass die früheren Begriffe für Länge, Winkel und Mittelwert in einer sehr abstrakten Version ihre Bedeutung behalten. Entscheidend dabei ist, dass die Existenz einer Einbettungsfunktion in einen hochdimensionalen Raum immer gezeigt werden kann *(Reproducing Kernel Hilbert Space)*. Um entsprechende Algorithmen entwickeln zu können, wird die explizite Form dieser Funktion glücklicherweise nicht benötigt. Insbesondere der k-Means-Algorithmus kann so vorteilhaft realisiert werden, da ansonsten die Einbettungsfunktion schwierig zu handhaben wäre.

10.1 Einführung

Kerne sind schon seit langer Zeit bekannt, s. [8], im Bereich der KI sind sie aber anscheinend erst seit Beginn des Jahrhunderts systematisch untersucht worden, s. [10]. Oben wurde bereits mehrfach darauf hingewiesen, dass eine Einbettung von Vektoren in einen hochdimensionalen Vektorraum möglich ist, s. [2, S. 329–334]. In dem einfachen Beispiel 4.1 in Abschn. 4.8 zeigte sich, dass die Einbettungsfunktion nicht immer leicht zu handhaben ist. Folglich griff man auf die seit langem bekannte Definition von Kernen zurück, um eine effiziente Darstellungsweise dieser Einbettungen zu finden. Damit verbunden war auch der weitere Vorteil, dass nicht nur Vektoren behandelt werden konnten. Vielmehr waren mittels Kernen auch allgemeine Mengen mit geringen Einschränkungen behandelbar. Die üblichen, durch das Skalarprodukt rein algebraisch definierten Begriffe von Länge, Winkel und Mittelwert ließen sich auch in Kernen definieren. Damit konnten Kerne als sehr abstrakte Versionen des Skalarprodukts gesehen werden. Sie führten zu

B.-J. Falkowski, *KI, Statistik und Anwendungen*,
https://doi.org/10.1007/978-3-658-49450-6_10

neuen Ähnlichkeitsmaßen und gestatteten Verallgemeinerungen der vorher beschriebenen Algorithmen.

10.2 Grundlegende Definitionen

Zur Motivation für die nachfolgenden Definitionen möge das folgende Beispiel dienen.

Beispiel 10.1: Einbettung von Vektoren in einen Raum von Monomen

Betrachtet wird eine Einbettung von n-dimensionalen Vektoren in einen Raum von Monomen. Sie ist wie in Gl. (10.1) gegeben.

$$\varphi(\mathbf{x}) = (1, x_1, \; x_2, \ldots, x_n, x_1^2, \; x_1 x_2, \ldots, \; x_n^i) \tag{10.1}$$

In [6, S. 488] gibt Knuth die Anzahl der verschiedenen Monome vom Grad i mit $\binom{i+n-1}{i}$ an.

Damit ergibt sich die Anzahl der verschiedenen Monome vom Grad $k \leq i$ zu $\binom{n+i}{i}$. Offenbar ist diese Abbildung im Allgemeinen sehr schwierig zu handhaben. ◄

Übung 10.1: Anzahl der Monome
Man beweise die Behauptung über die Anzahl der Monome vom Grad $k \leq i$ im Beispiel 10.1.

Hinweis: Der Beweis gelingt mittels Induktion über i.

Bei der Einführung des Skalarprodukts gelang es, die Begriffe Länge und Winkel rein algebraisch zu definieren. Das war vor allem notwendig geworden, um reelle Vektorräume behandeln zu können. Das Skalarprodukt kann jedoch weiter verallgemeinert werden.

► **Definition** Gegeben sei ein topologischer Raum X und eine Abbildung $K\colon X \times X \to R$ in die reellen Zahlen. K habe die Eigenschaften

$$K(x, y) = K(y, x) \tag{10.2}$$

für beliebige $x, y \in X$ und

$$\sum_{i=1}^{n} \sum_{j=1}^{n} \alpha_i \alpha_j K(x_i, x_j) \geq 0 \tag{10.3}$$

für beliebige natürliche Zahlen n, $(\alpha_i, x_i) \in R \times X$.

Dann ist K ein *positiv semidefiniter Kern* (PSD-Kern).

Beispiel 10.2: Skalarprodukt als trivialer Kern

Sei X ein endlichdimensionaler Vektorraum über den reellen Zahlen. Dann ist K definiert durch

$$K(\mathbf{x}, \mathbf{y}) = <\mathbf{x}, \mathbf{y}> \tag{10.4}$$

ein PSD-Kern. ◄

Die Gleichung Gl. (10.4) zeigt, dass ein PSD-Kern eine echte Verallgemeinerung des Skalarprodukts darstellt. Im Rahmen der neuen Definition wird ein Vektorraum nicht zwingend vorausgesetzt. Deshalb wurden in der obigen Definition in Gl. (10.2) auch x und y nicht fett ausgedruckt. Trotzdem wird es sich bei dem genannten topologischen Raum meistens um einen Vektorraum handeln. Die Kontinuitätsbedingung wird im hier betrachteten Zusammenhang kaum relevant sein. Dadurch kann die technische Definition eines topologischen Raums vermieden werden.

Bereits der in Abschn. 4.8, Beispiel 4.1 vorgestellte Kern zeigt, dass Kerne neue Möglichkeiten eröffnen. Einerseits geht es darum, komplizierte Berechnungen effizient durchführen zu können. Andererseits ergeben sich weitere Ähnlichkeitsmaße. Allerdings wird es nötig werden, die explizite Einbettungsfunktion φ zu eliminieren (in Abschn. 4.8., Beispiel 4.1 ist dies bereits geschehen.). In diesem Zusammenhang sei daran erinnert, dass der Zielraum der Einbettungsfunktion φ als Feature-Raum F bezeichnet wird, vgl. auch Abschn. 4.8. Im Beispiel 10.2 ist die Einbettungsfunktion die Identitätsabbildung und der Feature-Raum der ursprüngliche Vektorraum.

10.2.1 Operationen im Feature-Raum

10.2.1.1 Existenz der Einbettungsfunktion

Zunächst ist zu zeigen, dass bei gegebenem PSD-Kern K immer eine Einbettungsfunktion φ existiert. Dies ist einer abstrakten Konstruktion zu verdanken, die als *Reproducing Kernel Hilbert Space* bekannt ist, der in der obigen Zusammenfassung bereits erwähnt wurde. Der Beweis würde den gewählten Rahmen übersteigen, deshalb sei auf [11]] und [10, S. 61] verwiesen. Wesentlich ist hier, dass im Feature-Raum F ein Skalarprodukt existiert. Es gilt (unter Missbrauch der Notation, da das jeweilige Skalarprodukt dem Zusammenhang leicht zu entnehmen ist):

► **Existenz der Einbettungsfunktion φ bei gegebenem PSD-Kern L**

$$L(\mathbf{x}, \mathbf{y}) = <\boldsymbol{\varphi}(\mathbf{x}), \boldsymbol{\varphi}(\mathbf{y})> \tag{10.5}$$

In Gl. (10.4) wurden absichtlich Vektoren verwendet, da in der Folge nur noch Vektoren auftauchen. Zu Beispielen mit allgemeineren Elementen x und y sei etwa auf [10, S. 327–382] verwiesen. Zusätzlich sei noch erwähnt, dass bei der Konstruktion des Reproducing Kernel Hilbert Space auch unendlichdimensionale Hilbert-Räume auftauchen können, die hier aber nicht weiter berücksichtigt werden sollen.

10.2.1.2 Länge und Winkel

Die Länge eines Elements **x** ist im Feature-Raum durch

- **Länge im Feature-Raum**

$$|\varphi(\mathbf{x})| = \sqrt{K(\mathbf{x},\mathbf{x})} \tag{10.6}$$

definiert mit $K(\mathbf{x},\mathbf{y}) = L(\mathbf{x},\mathbf{y})$.

Beim Ziehen der Quadratwurzel ist offenbar die nicht-negative Wurzel zu nehmen.

- **Entfernung zwischen zwei Feature-Vektoren**

$$\begin{aligned} |\varphi(\mathbf{x}) - \varphi(\mathbf{y})|^2 &= |\varphi(\mathbf{x})|^2 - 2 * <\varphi(\mathbf{x}), \varphi(\mathbf{y})> + |\varphi(\mathbf{y})|^2 \\ &= K(\mathbf{x},\mathbf{x}) - 2 * K(\mathbf{x},\mathbf{y}) + K(\mathbf{y},\mathbf{y}) \end{aligned} \tag{10.7}$$

Bemerkung: Sowohl bei der Länge eines Vektors als auch bei der Entfernung zwischen 2 Punkten ist alle Information im Kern K enthalten. Die Einbettungsfunktion φ taucht nicht mehr explizit auf.

Bevor das Analogon des Kosinus eines Winkels zwischen 2 Vektoren Im Feature-Raum abgeleitet werden kann, muss die Cauchy-Schwarz-Ungleichung behandelt werden. En passant ergibt sich auch ein Beweis für die Dreiecksungleichung. Beide Ungleichungen gelten und involvieren nur implizit die Einbettungsfunktion.

10.2.1.3 Zwei wichtige Ungleichungen im Feature-Raum

- **Cauchy-Schwarz-Ungleichung** Die Cauchy-Schwarz-Ungleichung im Feature-Raum lautet

$$|<\varphi(\mathbf{x}), \varphi(\mathbf{y})>| = |K(\mathbf{x},\mathbf{y})| \le \sqrt{K(\mathbf{x},\mathbf{x})} * \sqrt{K(\mathbf{y},\mathbf{y})}. \tag{10.8}$$

Übung 10.2

Man beweise Gl. (10.8).

Hinweis: Der Beweis lässt sich mit der in Abschn. 3.2.3.2 angegebenen Methode führen.

Die Dreiecksungleichung

$$|\varphi(\mathbf{x}) + \varphi(\mathbf{y}) \leq (|\varphi(\mathbf{x})| + |\varphi(\mathbf{y})|) \tag{10.9}$$

Übung 10.3: Dreiecksungleichung
Man beweise Gl. (10.9).

Mittels der Cauchy-Schwarz-Ungleichung Gl. (10.8) lässt sich jetzt zeigen, dass über $\cos(\varphi(\mathbf{x}), \varphi(\mathbf{y})) = (\frac{<\varphi(\mathbf{x}),\varphi(\mathbf{y})>}{(|\varphi(\mathbf{x})|*|\varphi(\mathbf{y})|)})$ der Winkel zwischen zwei Vektoren im Feature-Raum definiert werden kann.

Winkel zwischen zwei Vektoren im Feature-Raum

$$\cos(\varphi(\mathbf{x}), \varphi(\mathbf{y})) = \left(\frac{< \varphi(\mathbf{x}), \varphi(\mathbf{y}) >}{(|\varphi(\mathbf{x})| * |\varphi(\mathbf{y})|)}\right) = \left(\frac{\mathrm{K}(\mathbf{x}, \mathbf{y})}{\sqrt{\mathrm{K}(\mathbf{x}, \mathbf{x})} * \sqrt{\mathrm{K}(\mathbf{y}, \mathbf{y})}}\right) \tag{10.10}$$

Übung 10.4: |Kosinus| ≤ 1
Man zeige, dass der in Gl. (10.10) definierte cosinus des Winkels zwischen zwei Vektoren im Feature-Raum, wie aus Konsistenzgründen erforderlich, die Eigenschaft

$$|\cos(\mathrm{K}(\mathbf{x}, \mathbf{y}))| \leq 1$$

besitzt.

In Abschn. 10.2.5 wird eine Kern-Version von Dudas iterativem k-Means-Algorithmus konstruiert. Dafür wird eine Definition des Schwerpunkts im Feature-Raum benötigt.

Der Schwerpunkt von Vektoren $\mathbf{x}_1, \mathbf{x}_2, \ldots, \mathbf{x}_n$ ist im Feature-Raum definiert durch

Schwerpunkt im Feature-Raum

$$\mathbf{m}_s = \left(\frac{1}{n}\right) * \sum_{i=1}^{n} \varphi(\mathbf{x_i}) \tag{10.11}$$

Bemerkung: Möglicherweise existiert kein $\mathbf{m}$ im ursprünglichen Vektorraum X, sodass gilt $\mathbf{m}_s = \varphi(\mathbf{m})$.

In der Übung 10.5 wird gezeigt, dass die Norm des Schwerpunkts der Vektoren im Feature-Raum allein durch die Kern-Werte bestimmt wird.

Übung 10.5: Schwerpunkt im Feature-Raum
Man zeige, dass gilt

$$|\mathbf{m}_s|^2 = <\mathbf{m}_s, \mathbf{m}_s> = \left(\frac{1}{n^2}\right) * \sum_{i=1}^{n}\sum_{j=1}^{n} K(\mathbf{x}_i, \mathbf{x}_j).$$

Schließlich bleibt noch die Entfernung eines Vektors $\varphi(\mathbf{x})$ vom Schwerpunkt im Feature-Raum ($\mathbf{m}_s$) zu bestimmen. Nach den vorhergehenden Übungen sollte diese Berechnung keine Schwierigkeiten bieten.

Übung 10.6
Man zeige, dass die Entfernung eines Punktes $\varphi(\mathbf{x})$ vom Schwerpunkt $\mathbf{m}_s$ im Feature-Raum gegeben ist durch

$$|\varphi(\mathbf{x}) - \mathbf{m}_s|^2 = K(\mathbf{x}, \mathbf{x}) + \left(\frac{1}{n^2}\right) * \sum_{i=1}^{n}\sum_{j=1}^{n} K(\mathbf{x}_i, \mathbf{x}_j) - \left(\frac{2}{n}\right) * \sum_{i=1}^{n} K(\mathbf{x}, \mathbf{x}_i).$$

10.2.2 Konstruktion von Kernen

Bisher wurde noch nichts über die Existenz von Kernen ausgesagt, wenn man vom Beispiel 4.1 in Abschn. 4.8 und vom trivialen Beispiel 10.2 in Abschn. 10.2 des ursprünglichen Skalarprodukts absieht. Tatsächlich kann man aber, ausgehend von einfachen Bausteinen, neue Kerne konstruieren. Das soll an einigen simplen Kernen gezeigt werden.

Beispiel 10.3

Gegeben seien zwei PSD-Kerne K_1 und K_2 als Funktionen über dem Vektorraum X mit positiven, reellen Werten. Dann ist ihre Summe ebenfalls ein PSD-Kern. ◄

Übung 10.7: Verifikation Beispiel 10.3
Man verifiziere die Behauptung in Beispiel 10.3.

Beispiel 10.4: Kern definiert mit einer Funktion

Gegeben sei eine reellwertige Funktion f mit Definitionsbereich X und ausschließlich positiven Werten. Dann ist ein Kern K über dem Vektorraum X, der durch

$$K(\mathbf{x}, \mathbf{y}) = f(\mathbf{x}) * f(\mathbf{y})$$

definiert ist, ein PSD-Kern. ◄

Übung 10.8: Verifikation Beispiel 10.4
Man verifiziere die Aussage in Beispiel 10.4.

In [10] findet man auf S. 75 eine erweiterte Liste von Kernen. Die dort aufgeführten Kerne setzen auch nicht unbedingt eine Vektorraum-Struktur für X voraus. Das folgende Beispiel erscheint in [10] auf S. 75.

Beispiel 10.5: Definition eines Kerns über ein punktweises Produkt

Seien K_1 und K_2 PSD-Kerne über einem Vektorraum X. Dann ist deren punktweises Produkt $K_1 * K_2$ ebenfalls ein PSD-Kern.

Zum Beweis sei auf [10, S. 75] verwiesen. ◄

Mithilfe des Beispiels 10.5 können zahlreiche PSD-Kerne konstruiert werden. Insbesondere zeigt Beispiel 10.1, dass die polynomialen PSD-Kerne so erhalten werden können. In Beispiel 4.1 in Abschn. 4.8 wurde ein homogenes quadratisches Polynom mit entsprechender Einbettungsfunktion vorgestellt. Es konnte durch punktweise Multiplikation des trivialen Skalarprodukt-Kerns mit sich selbst unter Anwendung von Beispiel 10.5 erhalten werden.

Allgemeiner kann ein PSD-Kern über einem Vektorraum X definiert werden durch $K(\mathbf{x}, \mathbf{y}) = c + < \mathbf{x}, \mathbf{y} >$. Dabei sei $c \geq 0$. Zur Begründung dient Beispiel 10.3.

Damit ist gezeigt, dass die im Beispiel 10.1 vorkommenden $\binom{n+i}{i}$ Monome vom Grad $\leq i$ zu einem PSD-Kern führen, der durch

► **PSD polynomiale Kerne** $K(x, y) = (c + <\mathbf{x}, \mathbf{y}>)^i$ mit $c \geq 0$, i ganzzahlig

definiert ist.

Offenbar sind die Einbettungsfunktionen sehr kompliziert und daher nicht einfach zu handhaben. Die expliziten Funktionen findet man in [9].

Übung 10.9: Relevanz von Dokumenten
Man zeige, dass konstante Funktionen c mit $c \geq 0$ einen PSD-Kern definieren.

In Gl. (9.1) in Abschn. 9.1.2.3 wurde ein Ähnlichkeitsmaß benutzt, um die Relevanz eines Dokuments zu definieren. Die Relevanz eines Dokuments war dort als

$$\mathrm{rel}(d_j, q) := (1/|d_j|) * (1/|q|) * \langle d_j, q \rangle$$

angegeben worden. Entscheidend dabei ist aber, dass, falls $\mathbf{d}_j$ und $\mathbf{q}$ auf 1 normiert sind, das Skalarprodukt mit dem cosinus des Winkels zwischen den beiden Vektoren wächst.

Durch die Verwendung von Gl. (10.4) lässt sich das Skalarprodukt über Kerne im Feature-Raum F realisieren. Durch diese Verallgemeinerung sind beispielsweise polynomiale Kerne einsetzbar.

► **Relevanzmaß im Feature-Raum**

$$K(d_j, q) := (K(d_j, d_j)^{1/2} * K(\mathbf{q}, \mathbf{q})^{1/2})$$

Dabei muss zugegeben werden, dass es vom speziellen Zusammenhang abhängt, welcher Kern verwendet wird. Polynomiale Kerne zweiten oder dritten Grades werden oft eingesetzt.

10.2.3 Kern-Version des PTA

Häufig ist es mit Schwierigkeiten verbunden, die Kern-Fassung eines bekannten Algorithmus herzustellen. Deshalb soll, als vermutlich einfachstes Beispiel, der PTA behandelt werden. Gegeben sei also ein Kern über einem Vektorraum X, sowie eine zunächst verwendete Einbettungsfunktion φ. Diese muss aber später eliminiert werden, um umfangreiche Rechnungen weitgehend zu vermeiden. Weiterhin seien zu lernende Vektoren $\mathbf{y}_1$, $\mathbf{y}_2, \ldots, \mathbf{y}_n$ gegeben mit assoziierten Vektoren $\varphi(\mathbf{y}_1), \varphi(\mathbf{y}_2), \ldots, \varphi(\mathbf{y}_n)$ im Feature-Raum F. Weiter existiere eine Lösung $\mathbf{z} = \varphi(\mathbf{y})$ im Feature-Raum F mit der Eigenschaft

$$\langle z, \varphi(\mathbf{y}_i) \rangle > 0 \text{ für } 1 \leq i \leq n.$$

Kern-Version des Perceptron-Trainings-Algorithmus (PTA)

Beginne (der Einfachheit halber; dies ist nicht obligatorisch) mit
I. $\mathbf{z}_1 := \varphi(\mathbf{0})$:
Durchlaufe die Vektoren $\varphi(\mathbf{y}_i)$ die "gelernt" werden müssen und setze
II. $\mathbf{z}_{j+1} := \mathbf{z}_j + \varphi(\mathbf{y}_j)$ falls $\langle \mathbf{z}_j, \varphi(\mathbf{y}_j) \rangle \leq 0$.

Korrektheitsbeweis

Es ist ausreichend, zu zeigen, dass der Algorithmus **II**. nur endlich oft erreicht.

Sei $\mathbf{z} > \mathbf{0}$ ein Lösungsvektor, i.e. $<\varphi(\mathbf{y}), \varphi(\mathbf{y_i})> > 0$ für alle Trainingsvektoren $\varphi(\mathbf{y}_j)$ mit

$$1 \leq i \leq n.$$

Um zu zeigen, dass der Algorithmus **II**. nur endlich oft erreicht, wird eine untere Schranke für $<\mathbf{z}_{j+1},\mathbf{z}>$ konstruiert. Dafür seien, ohne Beschränkung der Allgemeinheit, nur die Trainingsvektoren durchnummeriert, bei denen $\mathbf{z}_j$ tatsächlich verändert wird:

$$|<z_{j+1}, z>| = |<z_1, z>| + |<z_2, z>| + \ldots + |<z_j, z>| \geq j * m_1. \tag{10.12}$$

Hier ist $m_1 :=$ min über alle Trainingsvektoren $\{|<\varphi(\mathbf{y_i}), \varphi(\mathbf{y})>|$: mit $\varphi(\mathbf{y_i})$ Trainingsvektor$\}$ gesetzt worden.

Die Ungleichung in Gl. (10.12) oben ergibt sich dann sofort, da ja wegen **II**. alle Skalarprodukte negatives Vorzeichen haben.

Setzt man ferner $\mathbf{M} :=$ max über alle Trainingsvektoren $\{|\varphi(\mathbf{y_i})|^2$: mit $\varphi(\mathbf{y_i})$ Trainingsvektor$\}$, dann erhält man die Ungleichung Gl. (10.13).

$$(j * m_1)^2 \leq |<z_{j+1}, z>|^2 \leq j * \mathbf{M} * |z|^2 \tag{10.13}$$

Es gilt nämlich wegen der ersten Ungleichung in Gl. (10.12)

$$|z_{j+1}|^2 = |z_j + \varphi(\mathbf{y_i})|^2 = |z_j|^2 + 2 * <z_j, \varphi(\mathbf{y_i})> + |\varphi(\mathbf{y_i})|^2 \leq |w_j|^2 + |y_j|^2,$$

da das Skalarprodukt wegen **II.** kein positives Vorzeichen besitzt. Wiederholte Anwendung dieser Ungleichung liefert

$$|z_{j+1}|^2 \leq |\varphi(\mathbf{y_1})|^2 + |\varphi(\mathbf{y_2})|^2 + \ldots + |\varphi(\mathbf{y_j})|^2 \leq j * \mathbf{M}.$$

Folglich erhält man eine obere Grenze für j, da es auf der linken Seite von Gl. (10.13) quadratisch und auf der rechten Seite nur linear wächst. Damit ist der Beweis vollständig.

Bemerkung: Die Elimination der Einbettungsfunktion erweist sich als nichttrivial. Es ist nämlich nicht klar, ob aus der Existenz einer Lösung $\mathbf{y}$ mit $<\mathbf{y},\mathbf{y}_i> > 0$ für alle i im ursprünglichen Vektorraum X bereits folgt, dass im Feature-Raum $\varphi(\mathbf{y})$ auch eine Lösung im Feature-Raum ist. Deshalb trifft es sich gut, dass diese Aussage jedenfalls für die häufig genutzten polynomialen Kerne zutrifft. Ohne eine solche Aussage lässt sich die Einbettungsfunktion nicht eliminieren.

Jetzt kann jedoch die Elimination der Einbettungsfunktion für die Spezialfälle der polynomialen Kerne erfolgen.

Die Länge im Feature-Raum F ist wegen Gl. (10.6) gegeben durch $|\varphi(\mathbf{x})| = \mathbf{K}(\mathbf{x}, \mathbf{x})^{1/2}$.

Das Skalarprodukt im Feature-Raum F ist definiert durch $<\varphi(\mathbf{x}), \varphi(\mathbf{y})> = K(\mathbf{x}, \mathbf{y})$.

Unglücklicherweise hängt die Grenze von der Norm von **z** ab, die a priori nicht bekannt ist. Somit lässt sich leider nur wenig über die Komplexität des Kern-PTA aussagen, obwohl bei praktischen Anwendungen oft erstaunlich kurze CPU (= **C**entral **P**rocessing **U**nit) Zeiten beobachtet werden, vgl. auch [7].

Übung 10.10: Existenz einer Lösung im ursprünglichen Raum impliziert eine Lösung im Feature-Raum für polynomiale Kerne

Man zeige, dass, falls im ursprünglichen Vektorraum X eine Lösung **y** existiert, die für alle Trainingsvektoren $\mathbf{y}_1, \mathbf{y}_2, \ldots, \mathbf{y}_n$ des PTA $<\mathbf{y}_i, \mathbf{y}> > 0$ erfüllt, dann auch für polynomiale Kerne $\varphi(\mathbf{y})$ eine Lösung für die assoziierten Trainingsvektoren $\varphi(\mathbf{y}_1)$, $\varphi(\mathbf{y}_2), \ldots, \varphi(\mathbf{y}_n)$ im Feature-Raum darstellt.

10.2.4 Wahrscheinlichkeiten

Eine Anwendung des Satzes von Bayes scheint nicht direkt möglich, da die Einbettungsfunktion von hoher Komplexität ist, aber s. [3]. Falls bedingte Dichten für zwei Klassen gegeben sind, lässt sich jedoch für den Spezialfall eines quadratischen polynomialen Kerns die explizite Einbettungsfunktion angeben. Da dieser spezielle Kern häufig genutzt wird, um Overfitting zu vermeiden, macht es Sinn, sich damit zu befassen. Das ist umso mehr der Fall, als die Einbettungsfunktion unabhängig vom eigentlichen PTA im Nachhinein eingesetzt werden kann.

Die Einbettungsfunktion für den Kern $K(\mathbf{x},\mathbf{y}) = (<\mathbf{x},\mathbf{y}> + c)^2$ mit $c \geq 0$ ist in [9] angegeben als $K(\varphi(\mathbf{x}), \varphi(\mathbf{y}))$ in Gl. (10.14):

$$K(\varphi(\mathbf{x}), \varphi(\mathbf{y})) = \sum_{i=1}^{n} x_i^2 * y_i^2 + \sum_{i=2}^{n}\sum_{j=1}^{i-1}(\sqrt{2}x_i x_j) * (\sqrt{2}y_i y_j) + \sum_{i=1}^{n}(\sqrt{2c}x_i) * (\sqrt{2c}y_i) + c^2. \quad (10.14)$$

Der Beweis von Gl. (10.14) erfolgt durch Induktion über n.

$$K(\mathbf{x}, \mathbf{y}) = <\mathbf{x}, \mathbf{y}>^2 + 2 * c * <\mathbf{x}, \mathbf{y}> + c^2 = <\mathbf{x}, \mathbf{y}> * [<\mathbf{x}, \mathbf{y}> + 2 * c] + c^2. \quad (10.15)$$

Aus Gl. (10.15) folgt, für n = 2, Gl. (10.16):

$$K(\mathbf{x}, \mathbf{y}) = (x_1 y_1 + x_2 y_2) * [(x_1 y_1 + x_2 y_2) + 2 * c] + c^2. \quad (10.16)$$

Ausmultiplizieren von Gl. (10.16) ergibt

$$K(\mathbf{x}, \mathbf{y}) = (x_1^2 y_1^2 + x_2^2 y_2^2) + 2 * x_1 y_1 x_2\, y_2 + 2c * (x_1 y_1 + x_2 y_2) + c^2. \tag{10.17}$$

Werden in Gl. (10.17) im vorletzten Term in der Klammer die Summanden jeweils mit $(\sqrt{2c})^2$ multipliziert dann ergibt sich Gl. (10.14) mit $n = 2$.

Damit ist die Verankerung der Induktion gezeigt.

Es wird jetzt vorausgesetzt, dass Gl. (10.14) für n gilt. Zu zeigen ist, dass unter dieser Voraussetzung auch Gl. (10.14) für $n + 1$ gilt.

Begonnen wird mit Gl. (10.14) in allgemeiner Form für $n + 1$

$$K(\mathbf{x}, \mathbf{y}) = \left(\sum_{i=1}^{n+1} x_i y_i\right) * \left[\left(\sum_{i=1}^{n+1} x_i y_i\right) + 2 * c\right] + c^2. \tag{10.18}$$

Dies führt, um die Voraussetzung nutzen zu können, zu

$$\begin{aligned} K(\mathbf{x}, \mathbf{y}) &= \left(\sum_{i=1}^{n} x_i y_i + x_{n+1} y_{n+1}\right) * \left[\left(\sum_{i=1}^{n} x_i y_i + x_{n+1} y_{n+1}\right) + 2 * c\right] + c^2 \\ &= \sum_{i=1}^{n} x_i y_i` * \left[\left(\sum_{i=1}^{n} x_i y_i + x_{n+1} y_{n+1}\right) + 2 * c\right] \\ &\quad + c^2 + x_{n+1} y_{n+1} * \left[\left(\sum_{i=1}^{n} x_i y_i + x_{n+1} y_{n+1}\right) + 2 * c\right]. \end{aligned} \tag{10.19}$$

Aus Gl. (10.19) folgt

$$\begin{aligned} K(\mathbf{x}, \mathbf{y}) &= \sum_{i=1}^{n} x_i y_i` * \sum_{i=1}^{n} x_i y_i + 2 * c * \sum_{i=1}^{n} x_i y_i + c^2 + x_{n+1} y_{n+1} * \sum_{i=1}^{n} x_i y_i \\ &\quad + x_{n+1} y_{n+1} * \sum_{i=1}^{n} x_i y_i + (x_{n+1} y_{n+1})^2 + 2 * c * x_{n+1} y_{n+1}. \end{aligned} \tag{10.20}$$

Neuanordnung der Terme in Gl. (10.20) ergibt

$$\begin{aligned} K(\mathbf{x}, \mathbf{y}) = &\left\{\sum_{i=1}^{n} x_i y_i` * \sum_{i=1}^{n} x_i y_i + 2 * c * \sum_{i=1}^{n} x_i y_i + c^2\right\} + (x_{n+1} y_{n+1})^2 + 2 * c * \sum_{i=1}^{n} x_i y_i \\ &+ 2 * c * x_{n+1} y_{n+1}. \end{aligned} \tag{10.21}$$

Man kann jetzt die Voraussetzung auf den Inhalt der geschweiften Klammern in Gl. (10.21) anwenden und erhält so

$$\begin{aligned}K(\varphi(\mathbf{x}), \varphi(\mathbf{y})) &= \sum_{i=1}^{n}(x_i^2 * y_i^2) + \sum_{i=2}^{n}\sum_{j=1}^{i-1}(\sqrt{2}x_i x_j) * (\sqrt{2}y_i y_j)\\ &+ \sum_{i=1}^{n}(\sqrt{2c}x_i) * (\sqrt{2c}y_i) + c^2 + x_{n+1}^2 y_{n+1}^2\\ &+ 2 * x_{n+1}y_{n+1} * \left(\sum_{j=1}^{n} x_j y_j\right) + 2 * c * x_{n+1}y_{n+1}.\end{aligned} \tag{10.22}$$

Umformung von Gl. (10.22) ergibt

$$\begin{aligned}K(\varphi(\mathbf{x}), \varphi(\mathbf{y})) &= \sum_{i=1}^{n+1}(x_i^2 * y_i^2) + \sum_{i=2}^{n+1}\sum_{j=1}^{i-1}(\sqrt{2}x_i x_j) * (\sqrt{2}y_i y_j)\\ &+ \sum_{i=1}^{n+1}(\sqrt{2c}x_i) * (\sqrt{2c}y_i) + c^2.\end{aligned} \tag{10.23}$$

Aus Gl. (10.23) folgt die Behauptung.

Die recht komplizierte Einbettungsfunktion lässt sich damit als, s. [9],

► **Explizite Einbettungsfunktion für (<x,y> + c)²**

$$\varphi(\mathbf{x}) = \Big(x_n^2, \ldots, x_1^2, \sqrt{2}x_n x_{n-1} \ldots, \sqrt{2}x_n x_1, \sqrt{2}x_{n-1}x_{n-2}, \ldots, \sqrt{2}x_{n-1}x_1 \ldots,\\ \sqrt{2}x_2 x_1 \ldots, \sqrt{2c}x_n \ldots, \sqrt{2c}x_1, c\Big).$$

darstellen.

Übung 10.11: Induktion

Man zeige

$$x_{n+1}y_{n+1} * \left(\sum_{j=1}^{n} x_j y_j\right) + \sum_{i=2}^{n}\sum_{j=1}^{i-1}(x_i x_j) * (y_i y_j) = \sum_{i=2}^{n+1}\sum_{j=1}^{i-1}(x_i x_j) * (y_i y_j).$$

Ist die bedingte Dichte im Feature-Raum F gegeben durch $p(\varphi(\mathbf{x})|C_1)$, dann kann der Satz von Bayes eingesetzt werden. Damit erhält man

$$\Pr(C_1|\varphi(\mathbf{x})) = \frac{(p(\varphi(\mathbf{x})|C_1) * \Pr(C_1))}{(p(\varphi(\mathbf{x})|C_1) * \Pr(C_1) + p(\varphi(\mathbf{x})|C_2) * \Pr(C_2))}. \tag{10.24}$$

Dividiert man in Gl. (10.24) die rechte Seite durch $p(\varphi(\mathbf{x})|C_1) * \Pr(C_1)$, wie üblich, dann kann die logistische Aktivierungsfunktion genutzt werden. Man erhält als Wahrscheinlichkeit für C_1

$$\begin{aligned} &\Pr(C1|\varphi(\mathbf{x})) = 1/(1 + \exp(-a)) \\ &\text{mit} \quad a = \ln\{p(\varphi(\mathbf{x})|C_1) * \Pr(C_1)/p(\varphi(\mathbf{x})|C_2) * \Pr(C_2)\}. \end{aligned}$$

Offenbar ist dieses Verfahren recht aufwendig, aber prinzipiell möglich. Die Bedeutung, die die Elimination der Einbettungsfunktion besitzt, wird durch den Aufwand, der bereits bei einem einfachen Kern zu treiben ist, offensichtlich.

10.2.5 Der Kern-iterative-k-Means-Algorithmus

Während die Überführung des PTA-Algorithmus, abgesehen von der Einführung der Wahrscheinlichkeiten, keine besonderen Schwierigkeiten bot, ist dies bei der Kern-Version des iterativen k-Means-Algorithmus leider nicht der Fall. Insbesondere die Aktualisierungen der Schwerpunkte bereiten Schwierigkeiten. Sie erfordern einige komplexe Matrizenrechnungen.

10.2.5.1 Problemstellung

Die in Abschn. 9.1.3.1 beschriebene Problemstellung wird unter Nutzung der Einbettungsfunktion φ zunächst direkt in den Feature-Raum übertragen. Soweit möglich wird die Einbettungsfunktion dann wieder eliminiert.

Es sollen also wieder n Elemente (jetzt im Feature-Raum) in k Cluster verteilt werden. Als Fehlerfunktion wird im einfachsten Fall wieder die Quadratsumme der Einzelfehler der Cluster C_k benutzt.

$$C_k = \sum_{i=1}^{k} D_i.$$

Die Anzahl der Fehler pro Cluster D_i ist gegeben durch

$$S_i = \sum_{x \in D_i} |\varphi(\mathbf{x}) - \mathbf{m}_i|^2 \quad \text{mit Schwerpunkt} \quad \mathbf{m}_i = \left(\frac{1}{n_i}\right) * \sum_{x \in D_i} \varphi(\mathbf{x}). \tag{10.25}$$

Hier ist zu notieren, dass der jeweilige Schwerpunkt $\mathbf{m}_i$ nicht unbedingt ein Urbild im ursprünglichen Vektorraum besitzen muss. Deshalb reduziert sich Gl. (10.25) nur auf

$$S_i = \sum_{\mathbf{x} \in D_i} |\varphi(\mathbf{x}) - \mathbf{m}_i|^2 = \left\{ \sum_{\mathbf{x} \in D_i} |\varphi(\mathbf{x})|^2 - 2 * <\varphi(\mathbf{x}), \mathbf{m}_i> + |\mathbf{m}_i|^2 \right\} \tag{10.26}$$

mit $C_k = \sum_{i=1}^{k} S_i$.

Wird jetzt versuchsweise ein Vektor $\hat{\mathbf{x}}$ von Cluster D_i zum Cluster D_j übertragen, dann wird $\mathbf{m}_j$ zu

$$\mathbf{m}_j^* = \mathbf{m_j} + \frac{(\varphi(\hat{\mathbf{x}}) - \mathbf{m_j})}{(n_j + 1)}. \tag{10.27}$$

Dabei gibt n_j die Anzahl der Vektoren in D_j an. S_j^* wird damit zu

$$S_j^* = \sum_{\mathbf{x} \in D_j} \left\{ \left|\varphi(\mathbf{x}) - \mathbf{m}_j^*\right|^2 + \left|\varphi(\hat{\mathbf{x}}) - \mathbf{m}_j^*\right|^2 \right\} \tag{10.28}$$

und weiter zu

$$S_j^* = \left\{ \sum_{\mathbf{x} \in D_j} \left| \varphi(\mathbf{x}) - \mathbf{m_j} - \frac{(\varphi(\hat{\mathbf{x}}) - \mathbf{m_j})}{(n_j + 1)} \right|^2 \right\} + \left| \frac{(n_j)}{(n_j + 1)} * (\varphi(\hat{\mathbf{x}}) - \mathbf{m_j}) \right|^2. \tag{10.29}$$

Um Gl. (10.29) zu erhalten, wurde Gl. (10.27) verwendet.

Der Teil in den geschweiften Klammern von Gl. (10.29) reduziert sich auf

$$\left\{ \sum_{x \in D_j} |\varphi(\mathbf{x}) - \mathbf{m_j}|^2 - 2 * <\left(\frac{1}{(n_j + 1)} \right)' * (\varphi(\mathbf{x}) - \mathbf{m_j}), (\varphi(\hat{\mathbf{x}}) - \mathbf{m_j})> \right.$$
$$\left. + n_j * \left| \frac{(\varphi(\hat{\mathbf{x}}) - \mathbf{m_j})}{(n_j + 1)} \right|^2 \right\}. \tag{10.30}$$

Da das Skalarprodukt in Gl. (10.30) Null wird (die erste Komponente wird Null, da $\mathbf{m}_j$ konstant ist und durch die Summierung über $\mathbf{x}$ genau der Schwerpunkt erzeugt wird), erhält man

$$\left\{ \sum_{x \in D_j} |\varphi(\mathbf{x}) - \mathbf{m_j}|^2 + n_j * \left| \frac{(\varphi(\hat{\mathbf{x}}) - \mathbf{m_j})}{(n_j + 1)} \right|^2 \right\}. \tag{10.31}$$

Aus Gl. (10.31) folgt unmittelbar

$$S_j^* = S_j + \left(\frac{n_j}{(n_j + 1)} \right) * |(\varphi(\hat{\mathbf{x}}) - \mathbf{m_j})|^2. \tag{10.32}$$

Eine analoge Rechnung zeigt, falls $n_i \neq 1$ (einelementige Cluster sollen nicht entfernt werden), dass $\mathbf{m}_i$ zu

$$\mathbf{m}_i^* = \mathbf{m_i} - \frac{(\varphi(\hat{\mathbf{x}}) - \mathbf{m}_i)}{(n_i - 1)} \tag{10.33}$$

wird und S_i zu

$$S_i^* = S_i - \left(\frac{n_i}{(n_i - 1)}\right) * |(\varphi(\hat{\mathbf{x}}) - \mathbf{m_i})|^2. \tag{10.34}$$

Damit ergibt sich das sehr einfache Resultat: Man bewege einen Vektor von Cluster i zu Cluster j, falls das vorteilhaft ist. Das ist der Fall, wenn

$$\left(\frac{n_i}{(n_i - 1)}\right) * |(\varphi(\hat{\mathbf{x}}) - \mathbf{m_i})|^2 > \left(\frac{n_j}{(n_j + 1)}\right) * |(\varphi(\hat{\mathbf{x}}) - \mathbf{m_i})|^2. \tag{10.35}$$

Folglich wird man denjenigen Cluster auswählen, für den

$$\left(\frac{n_j}{(n_j + 1)}\right) * |(\varphi(\hat{\mathbf{x}}) - \mathbf{m_j})|^2 \tag{10.36}$$

minimal ist. Bis zu Gl. (10.34) wurde im Wesentlichen nur der Duda-Algorithmus in Abschn. 9.1.3.1 in den Feature-Raum übertragen. Die Veränderung in S_j kann jetzt ohne die Einbettungsfunktion beschrieben werden. Sie ist gegeben durch

$$S_j + \left(\frac{n_j}{(n_j + 1)}\right) * \left[K(\hat{\mathbf{x}}, \hat{\mathbf{x}}) + \left(\frac{1}{n_j^2}\right) * \sum_{x \in D_j} \sum_{y \in D_j} K(\mathbf{x}, \mathbf{y}) - \left(\frac{2}{n_j}\right) * \sum_{x \in D_j} K(\hat{\mathbf{x}}, \mathbf{y})\right]. \tag{10.37}$$

Wie in Gl. (10.37) kann die Veränderung in S_j ohne die Einbettungsfunktion beschrieben werden. Sie ist gegeben durch

$$S_i - \left(\frac{n_i}{(n_i - 1)}\right) * \left[K(\hat{\mathbf{x}}, \hat{\mathbf{x}}) + \left(\frac{1}{n_i^2}\right) * \sum_{x \in D_i} \sum_{y \in D_i} K(\mathbf{x}, \mathbf{y}) - \left(\frac{2}{n_i}\right) * \sum_{x \in D_i} K(\hat{\mathbf{x}}, \mathbf{y})\right]. \tag{10.38}$$

Wie oben bereits angekündigt, bereiten aber die Aktualisierungen der Schwerpunkte Probleme.

10.2.5.2 Aktualisierungen der Schwerpunkte

Es erweist sich als günstig, verschiedene Matrizen zu definieren, s. [10, S. 274]. Als Erstes wird eine Indikator-Matrix **S** definiert. Sie hat n Zeilen und k Spalten

$$\mathbf{S} = \begin{bmatrix} s_{11} & \cdots & s_{1k} \\ \vdots & \ddots & \vdots \\ s_{n1} & \cdots & s_{nk} \end{bmatrix} \tag{10.39}$$

Bei der in Gl. (10.39) beschriebenen Matrix **S** soll $s_{ij} = 1$ sein, falls $\mathbf{x}_i \in D_j$, andernfalls soll $s_{ij} = 0$ gelten. Damit hat die Matrix **S** genau eine Eins in jeder Zeile, während die Spaltensummen die Anzahl der Elemente in jedem Cluster angeben.

Weiterhin wird eine Diagonalmatrix **D** mit k Zeilen und k Spalten benötigt. Sie enthält auf den Diagonalen die zu den n_i inversen Elemente $1/n_i$ und ist gegeben durch

$$\mathbf{D} = \begin{bmatrix} \frac{1}{n_1} & \cdots & 0 \\ \vdots & \ddots & \vdots \\ 0 & \cdots & \frac{1}{n_k} \end{bmatrix}. \tag{10.40}$$

Als Letztes ist noch ein Vektor **k** (**k** wird hier als 1-spaltige Matrix betrachtet) zu definieren, der Skalarprodukte zwischen $\varphi(\hat{\mathbf{x}})$ und den n Vektoren $\varphi(\mathbf{x})$ enthält. Dieser Vektor kann also ohne die Einbettungsfunktion beschrieben werden und ist gegeben durch

$$\mathbf{k} = \begin{bmatrix} <\varphi(\hat{\mathbf{x}}), \varphi(\mathbf{x_1})> \\ \vdots \\ <\varphi(\hat{\mathbf{x}}), \varphi(\mathbf{x_n})> \end{bmatrix}. \tag{10.41}$$

Damit ergibt sich

$$\mathbf{k}^\mathbf{T}\mathbf{S}\,\mathbf{D} = \mathbf{k}^\mathrm{T} * \begin{bmatrix} s_{11} & \cdots & s_{1k} \\ \vdots & \ddots & \vdots \\ s_{n1} & \cdots & s_{nk} \end{bmatrix} * \begin{bmatrix} \frac{1}{n_1} & \cdots & 0 \\ \vdots & \ddots & \vdots \\ 0 & \cdots & \frac{1}{n_k} \end{bmatrix}. \tag{10.42}$$

Mit Gl. (10.42) folgt

$$\mathbf{k}^\mathbf{T}\mathbf{S}\,\mathbf{D} = \left[\sum_{i=1}^{n} <\varphi(\hat{\mathbf{x}}), \varphi(\mathbf{x_i})> s_{i1}, \ldots, \sum_{i=1}^{n} <\varphi(\hat{\mathbf{x}}), \varphi(\mathbf{x_i})> s_{ik} \right] * \mathbf{D}. \tag{10.43}$$

Bei Berücksichtigung der Definition von **S** ergibt sich

$$\mathbf{k}^\mathbf{T}\mathbf{S}\,\mathbf{D} = \left[\left(\frac{\mathbf{1}}{\mathbf{n_1}}\right) * \sum_{x \in D_1} <\varphi(\hat{\mathbf{x}}), \varphi(\mathbf{x})>, \ldots, \left(\frac{\mathbf{1}}{\mathbf{n_k}}\right) * \sum_{x \in D_k} <\varphi(\hat{\mathbf{x}}), \varphi(\mathbf{x})> \right]. \tag{10.44}$$

Die Einträge des Vektors in Gl. (10.43) beschreiben die Schwerpunkte der einzelnen Cluster $D_1, D_2, \ldots, D_k$. Die Einbettungsfunktion φ lässt sich aus Gl. (10.44) direkt eliminieren und man erhält

$$\mathbf{k}^T\mathbf{S}\,\mathbf{D} = \left[\left(\frac{1}{\mathbf{n}_1}\right) * \sum_{x \in D_1} K(\widehat{\mathbf{x}}, \mathbf{x}), \ldots, \left(\frac{1}{\mathbf{n}_k}\right) * \sum_{x \in D_k} K(\widehat{\mathbf{x}}, \mathbf{x})\right]. \tag{10.45}$$

Berechnet man die Transponierte des Zeilenvektors in Gl. (10.45), so erhält man (die Transponierte einer Diagonalmatrix ist die Diagonalmatrix selbst) den Spaltenvektor

$$\mathbf{DS}^T\mathbf{k} = \begin{bmatrix} \left(\frac{1}{\mathbf{n}_1}\right) * \sum_{x \in D_1} K(\widehat{\mathbf{x}}, \mathbf{x}) \\ \cdot \\ \left(\frac{1}{\mathbf{n}_k}\right) * \sum_{x \in D_k} K(\widehat{\mathbf{x}}, \mathbf{x}) \end{bmatrix}. \tag{10.46}$$

Es wird auch noch das Produkt der Ausdrücke in Gln. (10.45) und (10.46)

$\mathbf{DS}^T\mathbf{kk}^T\mathrm{SD}$ benötigt, um die Einbettungsfunktion aus Gl. (10.36) bzw. Gl. (10.37) eliminieren zu können (genauer: Es werden die j-ten Elemente des Vektors in Gl. (10.45) und die jj-ten Diagonalelemente der Matrix $\mathbf{DS}^T\mathbf{kk}^T\mathrm{SD}$ in Gl. (10.46) benötigt).

Übung 10.12: Verifikation Gl. (10.46)
Man verifiziere Gl. (10.46) durch direkte Berechnung.

Kern-Version des Basic Iterative Minimum-Squared-Error Clustering

<u>**begin**</u> <u>**initialize**</u> n, k, $\mathbf{m}_1, \mathbf{m}_2, \ldots, \mathbf{m}_k$

<u>**do**</u> randomly select a sample $\hat{\mathbf{x}}$

$i \leftarrow \arg\min |\varphi(\mathbf{m}_i) - \varphi(\widehat{\mathbf{x}})|$ (classify $\hat{\mathbf{x}}$)

<u>**if**</u> $n_i \neq 1$ <u>**then**</u> compute

$$\rho_j = \begin{cases} (n_j/(n_j+1)) * |\varphi(\hat{\mathbf{x}}) - \varphi(\mathbf{m}_i)|^2 j \neq i \\ (n_j/(n_j-1)) * |\varphi(\hat{\mathbf{x}}) - \varphi(\mathbf{m}_i)|^2 j = i \end{cases}$$

<u>**if**</u> $\rho_l \leq \rho_j \forall$ **j then** transfer $\hat{\mathbf{x}}$ to D_l

recompute C_k, $\mathbf{m}_i$, $\mathbf{m}_l$

<u>**until**</u> no change in C_k in n attempts

<u>**return**</u> $\mathbf{m}_1, \mathbf{m}_2, \ldots, \mathbf{m}_k$

<u>**end**</u>

Mithilfe von Gln. (10.36) und (10.37) kann nun die Einbettungsfunktion aus der Kern-Version des Duda-Algorithmus entfernt werden. Das Beispiel des einfachen polynomialen Kerns in Abschn. 10.2.4 zeigt, wie wichtig diese Möglichkeit ist.

Bemerkung: In Dudas ursprünglichem Algorithmus wurde darauf hingewiesen, dass der sehr elegante Algorithmus öfter in lokalen Minima hängenbleibt. Dies ist eine wohlbekannte nachteilige Eigenschaft vieler sog. *Hill-Climbing*-Algorithmen. In [4, 5] hat der Autor gezeigt, dass man durch eine sorgfältige Initialisierung hier vermutlich Abhilfe schaffen kann. Allerdings war der Autor auf Fremddaten angewiesen, s. [1], sodass noch zusätzliche Experimente notwendig erscheinen. Die in [1] berichteten Resultate ergeben jedoch ein sehr überzeugendes Bild, obwohl sie sich auf den k-Means-Algorithmus ohne Verwendung von Kernen beziehen.

10.3 Lösungen der Übungsaufgaben

Übung 10.1
Beginn der Induktion:

$$i = 1 \qquad \binom{n}{0} = 1$$

Induktionshypothese: $\binom{n+i-1}{i-1}$ = Anzahl aller Monome vom Grad $k \le i-1$.

Induktionsschritt:

$$\begin{aligned}\binom{n+i-1}{i-1} + \binom{n+i-1}{i} &= (n+i-1)!/(n! * (i-1)!) + (n+i-1)!/((n-1)! * i!) \\ &= i * (n+i-1)!/(n! * i!) + n * (n+i-1)!/(n! * i!) \\ &= (n+i) * (n+i-1)!/(n! * i!) \\ &= \binom{n+i}{i}\end{aligned}$$

Übung 10.2
Einen Beweis liefert die folgende Ungleichung, die sich aus der Bilinearität und der Symmetrie des Skalarprodukts im Feature-Raum ergibt:

$$\begin{aligned}0 \le |\varphi(\mathbf{x}) - \rho\varphi(\mathbf{y})|^2 &= <\varphi(x) - \rho\varphi(y), \varphi(x) - \rho\varphi(y)> \\ &= \rho^2 * <\varphi(y), \varphi(y)> - 2 * \rho * <\varphi(x), \varphi(y)> + |\varphi(\mathbf{x})|^2.\end{aligned}$$

Damit ist entweder $\varphi(x)$ ein Skalarvielfaches von $\varphi(y)$ (womit die Ungleichung trivialerweise als Gleichung gilt) oder die quadratische Gleichung

$$\rho^2 * <\varphi(y), \varphi(y)> - 2 * \rho * <\varphi(x), \varphi(y)> + |\varphi(\mathbf{x})|^2 = 0$$

hat keine reelle Lösung. Im letzteren Fall muss die Diskriminante

$$4 * |<\varphi(\mathbf{x}), \varphi(\mathbf{y})>|^2 - 4 * |\varphi(\mathbf{x})|^2 |\varphi(\mathbf{y})|^2$$

negativ sein. Da daraus die Cauchy-Schwarz-Ungleichung direkt folgt, ist damit der Beweis vollständig.

Es muss noch notiert werden, dass wegen $K(x, y) = <\varphi(\mathbf{x}), \varphi(\mathbf{y})>$ die Einbettungsfunktion φ eliminiert werden konnte.

Übung 10.3

Auch hier ergibt sich der Beweis unmittelbar aus der Bilinearität und der Symmetrie des Skalarprodukts im Feature-Raum:

$$\begin{aligned}
\varphi(x) + \varphi(y)|^2 &= <\varphi(x) + \varphi(y), \varphi(x) + \varphi(y)> \\
&= |\varphi(x)|^2 + |\varphi(y)|^2 + 2 * <\varphi(x), \varphi(y)> \leq |\varphi(x)|^2 + |\varphi(y)|^2 \\
&\quad + 2 * |<\varphi(x), \varphi(y)>| \leq \varphi(x)|^2 + |\varphi(y)|^2 \\
&\quad + 2 * |\varphi(x)||\varphi(y)| \\
&= (|\varphi(x)| + |\varphi(y)|)^2.
\end{aligned}$$

Daneben ist wie in Übung 10.2 zu notieren, dass die Einbettungsfunktion φ eliminiert werden konnte.

Übung 10.4

$$\begin{aligned}
|\cos(\varphi(\mathbf{x}), \varphi(\mathbf{y}))| &= |<\varphi(\mathbf{x}), \varphi(\mathbf{y})>|/(|\varphi(\mathbf{x})| * |\varphi(\mathbf{y})|) \\
&\leq |\varphi(x)| * |\varphi(y)|/(|\varphi(\mathbf{x})| * |\varphi(\mathbf{y})|) \\
&= 1.
\end{aligned}$$

Wegen $|\cos(\varphi(\mathbf{x}), \varphi(\mathbf{y}))| = |\cos(K(x, y))|$ kann auch hier die Einbettungsfunktion eliminiert werden.

Übung 10.5

$$\begin{aligned}
|\mathbf{m}_s|^2 = <\mathbf{m}_s, \mathbf{m}_s> &= <(1/n) * \sum_{i=1}^{n} \varphi(\mathbf{x}_i), (1/n) * \sum_{j=1}^{n} \varphi(\mathbf{x}_j)> \\
&= (1/n^2) * \sum_{i=1}^{n} \sum_{j=1}^{n} <\varphi(\mathbf{x}_i), \varphi(\mathbf{x}_j)> = (1/n^2) * \sum_{i=1}^{n} \sum_{j=1}^{n} K(\mathbf{x}_i, \mathbf{x}_j).
\end{aligned}$$

Übung 10.6

$$
\begin{aligned}
|\varphi(\mathbf{x}) - \mathbf{m}_s|^2 &= <\varphi(\mathbf{x}), \varphi(\mathbf{x})> + <(1/n) * \sum_{i=1}^{n} \varphi(\mathbf{x}_i), (1/n) * \sum_{j=1}^{n} \varphi(\mathbf{x}_j)> \\
&\quad - 2 * \sum_{i=1}^{n} <\varphi(\mathbf{x}), \varphi(\mathbf{x_i})> \\
&= K(x, x) + (1/n^2) * \sum_{i=1}^{n} \sum_{j=1}^{n} K(\mathbf{x}_i, \mathbf{x}_j) - (2/n) * \sum_{i=1}^{n} K(\mathbf{x}, \mathbf{x}_i).
\end{aligned}
$$

Übung 10.7
$K_1(\mathbf{x},\mathbf{y}) + K_2(\mathbf{x},\mathbf{y}) = K_1(\mathbf{y},\mathbf{x}) + K_2(\mathbf{y},\mathbf{x})$, da K_1 und K_2, nach Voraussetzung, Kerne sind. Damit ist die Summe der beiden Kerne symmetrisch.

Weiter folgt

$$
\begin{aligned}
\sum_{i=1}^{n} \sum_{j=1}^{n} \alpha_i \alpha_j \{K_1(\mathbf{x}_i, \mathbf{x}_j) + K_2(\mathbf{x}_i, \mathbf{x}_j)\} &= \sum_{i=1}^{n} \sum_{j=1}^{n} \alpha_i \alpha_j K_1(\mathbf{x}_i, \mathbf{x}_j) \\
&\quad + \sum_{i=1}^{n} \sum_{j=1}^{n} \alpha_i \alpha_j K_2(\mathbf{x}_i, \mathbf{x}_j) \geq 0.
\end{aligned}
$$

Da beide Summanden nach Voraussetzung ≥ 0 sind, ist die Summe der beiden Kerne ein PSD-Kern.

Übung 10.8
$K(\mathbf{x},\mathbf{y}) = f(\mathbf{x}) * f(\mathbf{y}) = f(\mathbf{y}) * f(\mathbf{x}) = K(\mathbf{y},\mathbf{x})$. Damit ist die Symmetrie gezeigt.

$$
\begin{aligned}
\sum_{i=1}^{n} \sum_{j=1}^{n} \alpha_i \alpha_j K(\mathbf{x}_i, \mathbf{x}_j) &= \sum_{i=1}^{n} \sum_{j=1}^{n} \alpha_i \alpha_j f(\mathbf{x}_i) * f(\mathbf{x}_j) = \left\{\sum_{i=1}^{n} \alpha_i f(\mathbf{x}_i)\right\} * \left\{\sum_{j=1}^{n} \alpha_j * f(x_j)\right\} \\
&= \left\{\sum_{i=1}^{n} \alpha_i f(\mathbf{x}_i)\right\}^2 \geq 0.
\end{aligned}
$$

Übung 10.9
Symmetrie gilt trivialerweise.

$$
\sum_{i=1}^{n} \sum_{j=1}^{n} \alpha_i \alpha_j * c = c^{1/2} * \left(\sum_{i=1}^{n} \alpha_i\right) * c^{1/2} * \left(\sum_{j=1}^{n} \alpha_j\right) = c * \left(\sum_{i=1}^{n} \alpha_i\right)^2 \geq 0,
$$

da $c \geq 0$ vorausgesetzt wurde.

Übung 10.10
Sei der Kern gegeben durch $K(x, y) = (c + <\mathbf{x}, \mathbf{y}>)^i$ mit $c \geq 0$. Dann folgt aus $<\mathbf{x}, \mathbf{y}> > 0$ unmittelbar $(c + <\mathbf{x}, \mathbf{y}>)^i > 0$.

Übung 10.11
$n = 2$:

$$\sum_{i=2}^{n+1} \sum_{j=1}^{i-1} (x_i x_j) * (y_i y_j) = x_3 y_3 * (x_1 y_1 + x_2 y_2) + x_2 y_2.$$

Allgemein:

$$\sum_{i=2}^{n+1} \sum_{j=1}^{i-1} (x_i x_j) * (y_i y_j) = x_{n+1} y_{n+1} * \sum_{j=1}^{n} x_j y_j + \sum_{i=2}^{n} \sum_{j=1}^{i-1} (x_i x_j) * (y_i y_j).$$

Übung 10.12

$$\mathbf{DS^T k} = * \begin{bmatrix} 1/n_1 & \cdots & 0 \\ \vdots & \ddots & \vdots \\ 0 & \cdots & 1/n_k \end{bmatrix} * \begin{bmatrix} s_{11} & \cdots & s_{n1} \\ \vdots & \ddots & \vdots \\ s_{1k} & \cdots & s_{nk} \end{bmatrix} * \begin{bmatrix} <\varphi(\hat{\mathbf{x}}), \varphi(\mathbf{x}_1)> \\ \vdots \\ <\varphi(\hat{\mathbf{x}}), \varphi(\mathbf{x}_n)> \end{bmatrix} \quad \text{wird zu}$$

$$\mathrm{DS^T k} = \begin{bmatrix} (1/n_1) * s_{11} & \cdots & (1/n_1) * s_{n1} \\ \vdots & \ddots & \vdots \\ (1/n_k) * s_{1k} & \cdots & 1/n_k) * s_{nk} \end{bmatrix} * \begin{bmatrix} <\varphi(\hat{\mathbf{x}}), \varphi(\mathbf{x}_1)> \\ \vdots \\ <\varphi(\hat{\mathbf{x}}), \varphi(\mathbf{x}_n)> \end{bmatrix}$$

$$\mathrm{DS^T k} = \begin{bmatrix} (1/n_1) * \sum_{\mathbf{x} \epsilon S_1} <K(\hat{\mathbf{x}}, \mathbf{x})> \\ \vdots \\ (1/n_k) * \sum_{\mathbf{x} \epsilon S_k} <K(\hat{\mathbf{x}}, \mathbf{x})> \end{bmatrix}.$$

Literatur

1. Arthur, D., Vassilitski, S.: k-means++: The Advantages of Careful Seeding. In: Proceedings of the Eighteenth Annual ISAT. Springer (2019)
2. Cover, T.M.: Geometrical and statistical properties of systems of linear inequalities with applications in pattern recognition. IEEE Trans. Electron. Comput. (1965). https://doi.org/10.1109/pgec.1965.264137
3. Falkowski, B.-J.: A Perceptron Classifier and Corresponding Probabilities. In: Soft Methods for Data Science; Advances in Intelligent Systems and Computing Nr. 456, Springer Verlag (2016)
4. Falkowski, B.-J.: Improving a Kernel k-Means Iterative Algorithm. In: Proceedings of the CISP-BMEI 2023, Eds.: Xiaoming Zhao, Quingli Li, Lipom Wang, IEEE Part Number:CFP23J14-USB

5. Falkowski, B.-J.: On a Kernel k-Means Algorithm. Journal of Engineering and Science Research, Vol. 3, Issue 10, auf Einladung verfasster Artikel, erweiterte Darstellung von [4] (2024)
6. Knuth, D.E.: Fundamental Algorithms, 2. Aufl. The Art of Computer Programming, Bd. 1. (1973)
7. Novikoff, A.B.: On convergence proofs of perceptrons. Symposium on the Mathematical Theory of. Automata, Bd. 12. Polytechnic Institute of, Brooklyn (1962)
8. Parthasarathy, K.R., Schmidt, K.: Positive Definite Kernels, Continuous Tensor Products, and Central Limit Theorems of Probability. Theory. Springer Lect. Notes Math. Vol. **272**, 1 (1972)
9. Autor unbekannt, zuletzt besucht am 09.09.2024. https://en.wikipedia.org/wiki/Polynomial_kernel
10. Shawe-Taylor, J., Cristianini, N.: Kernel Methods for Pattern Analysis. Cambridge University Press (2004)
11. Wahba;G.: Support Vector Machines, Reproducing Kernel Hilbert Spaces, and Randomized GACV. In: Advances in Kernel Methods, Support Vector Learning. MIT Press, (1999)

Anhang A: R

11

Zusammenfassung

R ist als kostenlose Software im Internet verfügbar. Es ist hier nicht beabsichtigt, eine systematische Darstellung der Möglichkeiten zu geben, die R bietet. Vielmehr hat sich der Autor auf ein Minimum beschränkt, das zum Verständnis der Anwendungen unbedingt erforderlich ist. Allerdings wird sich im Folgenden herausstellen, dass mit den durch R gegebenen Möglichkeiten oft elegante und wesentlich kürzere Lösungen als früher möglich sind. Dies trifft insbesondere auf Excel-Lösungen in [3] zu.

11.1 Laden

Die Internetseite https://cran.r-project.org (Comprehensive R Archive Network) ermöglicht den Zugang zu R. Auf der Startseite findet man die Option *Download and Install R*. Hier kann R für unterschiedliche Betriebssysteme heruntergeladen werden. Die hier verwendete Windows-Version erhält man über den Button *Download R for Windows*. Dort ist der Link *base* zu verwenden. Mittels der Setup-Datei, die über den Button *Download R-X.X.X for Windows* erreicht wird, erfolgt die Installation. Das Prozedere für MacOS wird in [2] ausführlich beschrieben. Zusätzlich wird empfohlen, R-Studio als komfortable Benutzeroberfläche von der Website[1] herunterzuladen.

[1] http://www.rstudio.com/ide/.

B.-J. Falkowski, *KI, Statistik und Anwendungen*,
https://doi.org/10.1007/978-3-658-49450-6_11

11.2 Installation

Die in Abschn. 11.1 erwähnte Setup-Datei muss geöffnet werden. Der erscheinende Setup-Assistent führt den Benutzer, was keine Schwierigkeiten bietet. Mit ihm sind verschiedene Optionen für Ordner auszuwählen. Es bietet sich jedoch an, die Default-Einstellungen zu belassen, soweit keine abweichenden Wünsche berücksichtigt werden sollen. Die Installation von R-Studio erfolgt in analoger Weise über einen Setup-Assistenten und sollte ohne Probleme durchgeführt werden können.

11.3 Arbeitsverzeichnis einrichten

Es empfiehlt sich, zunächst ein Arbeitsverzeichnis einzurichten, da sonst beim I/O stets komplette Pfadnamen anzugeben sind. Der Wechsel ins Arbeitsverzeichnis kann im R-Studio bequem über *Session-Set Working Directory Choose Directory* in der oberen Menüleiste bewirkt werden.

Der Vorteil der R-Studio-Benutzeroberfläche wird auch offensichtlich. Der Pfadname wurde nämlich durch R-Studio erzeugt mittels *Session-Set Working Directory Choose Directory* und die Menüführung.

11.4 R als Taschenrechner

R lässt sich sehr bequem auch als Taschenrechner nutzen, soweit nur einige syntaktische Besonderheiten berücksichtigt werden (im Folgenden wird die R-Studio-Oberfläche ohne weiteren Kommentar genutzt.) Eine diesbezügliche Einführung erlaubt die Tab. 11.1.

► **Besonderheiten in R** Bereits hier müssen einige Eigenheiten berücksichtigt werden. Insbesondere ist in R das Komma als Trennzeichen bei Funktionen vorgesehen. Damit muss ein Dezimalkomma, wie üblicherweise in Excel verwendet, durch einen Punkt notiert werden. Das muss beim Einlesen von Excel Dateien unbedingt beachtet werden.

Tab. 11.1 Auflistung einiger Zeichen in R (inklusive der Semantik)

Zeichen	Bedeutung	Zeichen	Bedeutung
==	gleich	!=	ungleich
>	größer	<	kleiner
>=	größer gleich	<=	kleiner gleich
+	Addition	sum(x)	Summe
*	Multiplikation	sqrt(x)	Wurzel
-	Subtraktion	abs(x)	Absolutbetrag
/	Division	log(x)	nat. Logarithmus
^	Potenzierung	exp(x)	Exponentialfunktion

Tab. 11.2 Wichtige logische Junktoren in R

&	UND
|	ODER
!	NICHT
1	TRUE (WAHR)
0	FALSE (FALSCH)

Da sehr bald mit Wahrheitstafeln und entsprechenden Wahrheitswerten gearbeitet wird, seien diese in der Tab. 11.2 zusammengefasst. Dabei tauchen die Wahrheitswerte TRUE bzw. FALSE auf. Sie werden üblicherweise mit 1 bzw. 0 kodiert.

 # R-Programm für Tab. 11.2[2]

```
# Dies ist ein Kommentar, der überlesen wird.
# Die [1] zeigt in R das Ergebnis des unmittelbar darüberstehenden
   Programmstücks an und nicht etwa eine Referenz.
2 == 3 # Für das "=" muss in R ein doppeltes Gleichheitszeichen
   verwendet werden
[1] FALSE
3>2
[1] TRUE
```

Beispiel 11.1: Vektoren

Ein Vektor wird in R als Zeilenvektor dargestellt. Er kann an eine Variable x zugewiesen werden über x <- c(1,2,3) oder x = c(1,2,3). Etwas überraschend muss x nochmals eingegeben werden, um das Resultat sichtbar zu machen. ◀

 # R-Programm für Beispiel 11.1

```
x = c(1,2,3) # Vektor
x
[1] 1 2 3
```

Beispiel 11.2

Die elementaren Rechenoperationen bieten keine besonderen Überraschungen. ◀

[2] Alle R-Programme sind auch in Form von digitalem Zusatzmaterial online auf SpringerLink abrufbar. Das Zusatzmaterial ist auf der Produktseite zum Buch unter der Vorschau zu Kap. 1 zu finden.

 # R-Programm zu Beispiel 11.2

```
#Insbesondere gilt
2^3
[1] 8
9*7
[1] 63
sqrt(16)
[1] 4
```

Beispiel 11.3: Multiplikation eines Vektors mit einem Skalar

Die Multiplikation eines Vektors mit einem Skalar ist komponentenweise definiert, s. Abschn. 3.3.1. ◀

 # R-Programm für Beispiel 11.3

```
x <- c(1, 2, 3, 4, 5)
lambda <- 3
lambda*x
[1] 3 6 9 12 15
```

Beispiel 11.4: Addition zweier Vektoren

Die Addition zweier Vektoren erfolgt ebenfalls komponentenweise, s. Abschn. 3.3.1. ◀

 # R-Programm für Beispiel 11.4

```
x <- c(1,2,3)
y <- c(2,3,4)
x+y # Addition von Vektoren
[1] 3 5 7
```

Beispiel 11.5: Koordinatenweise Multiplikation und Division von Vektoren

Interessanter im Hinblick auf spätere Anwendungen (insbesondere die Programmierung der Chi-Quadrat-Funktion) ist, dass auch Vektoren koordinatenweise miteinander multipliziert und dividiert werden können. ◀

 # R-Programm für Beispiel 11.5

```
# Multiplikation von Vektoren
x <- c(1,2,3)
```

```
y <- c(2,3,4)
x*y
[1] 2 6 12
# Division von Vektoren
x <- c(2,3,4)
y <- c(4,9,16)
y/x
[1] 2 3 4
```

Bereits hier soll gezeigt werden, wie ein sog. Paket (*Package*) installiert und geladen werden kann. Dies ist auch deshalb angeraten, da Packages zu jeder Sitzung mit R neu geladen werden müssen. In R-Studio im Fenster rechts unten (obere Menüleiste) ist *package* anzuklicken. Durch *Install* und *Update* in der unmittelbar darunter befindlichen Menüleiste kann das entsprechende Package installiert bzw. geladen werden. Bei Verwendung von *Install* empfiehlt es sich, die Default-Einstellung zu belassen. Ist das Package installiert, so erscheint es in der Update-Liste. Dort muss es bei jeder neuen Sitzung wieder geladen werden (falls benötigt).

11.5 Funktionen

Die Syntax einer Funktion kann in R sehr einfach beschrieben werden. Es handelt sich um das folgende Schema, s. Abschn. 1.3.

Beispiel 11.6: Eine Funktion

An *raten* wird also die Funktion (*function*) zugewiesen. Hier sind die Parameter gemäß

```
raten <- function(j,m,n,r){if (j==0) then (return(n*r)) else (return(r*((1+j/m)^n-
    1)/(j/m)));}
```

zu besetzen.

Danach folgt eine öffnende geschweifte Klammer gefolgt von den Anweisungen, die jeweils mit einem Semikolon abgeschlossen werden müssen.

Allerdings kann das letzte Semikolon bei einer einzelnen Anweisung entfallen. Die Bedeutung der Kontrollstrukturen sollte klar sein. Nach einem Rautezeichen kann auch noch ein Kommentar eingefügt werden.

Schließlich erfolgt der Aufruf der Funktion über raten(0.06,12,24,250). Insgesamt ergibt sich also folgendes Programm. ◄

 # R-Programm für Beispiel 11.6

```
# Beispiel einer Funktion (Dies ist ein Kommentar)
# Die Kontrollstrukturen (if...then...else...) sind selbsterklärend
# nach return ist der Rückgabewert aufgeführt
raten <- function(j,m,n,r){if (j==0) then (return(n*r)) else (return(r
    *((1+j/m)^n-1)/(j/m)));}
raten(0.06,12,24,250)
[1] 6357.989
```

Beispiel 11.7: Mehrere Funktionen

Selbstverständlich können auch mehrere Funktionen nebeneinander erscheinen, wie in Beispiel 1.2, das auch hier den Lösungsansatz lieferte. ◄

 # R-Programm für Beispiel 11.7

```
zinseszins <- function(k,i,m,n){return(k*(1+i/m)^n);} #
    zinseszinsfunktion
raten <- function(j,m,n,r){if (j==0) then (return(n*r)) else (return(r
    *((1+j/m)^n-1)/(j/m)));} # ratenfunktion
zinseszins(10000,0.06,12,24)+raten(0.06,12,24,250) #Kombination beider
     Funktionen
[1] 17629.59
```

Beispiel 11.8: Das Skalarprodukt

Ein weiteres häufig benötigtes Beispiel liefert das Skalarprodukt. In diesem Beispiel erscheint die ebenfalls häufig benötigte Summenfunktion *sum* mit der selbsterklärenden Bedeutung. ◄

 # R-Programm für Beispiel 11.8

```
x <- c(1,2,3)
y <- c(2,3,4,5)
skalarprodukt <- function(w1,w2){if (length(w1) == length(w2)) (return
    (sum(w1*w2)));print("Fehler: Dimensionen der Vektoren sind nicht
    kompatibel.")}
skalarprodukt(x,y)
[1] "Fehler: Dimensionen der Vektoren sind nicht kompatibel."
```

11.6 Tabellen und Data-Frames

In der beschreibenden Statistik tauchen häufig Tabellen auf. Eigentlich werden sie durch Aneinanderreihungen von Vektoren konstruiert (mittels *cbind*). Hier sollen aber diese technischen Details unterdrückt werden.

Beispiel 11.9: Verschiedene Häufigkeiten

Die Vektoren für Noten und Häufigkeit bedürfen keiner weiteren Erklärung. Ähnliches gilt für die relative Häufigkeit, die mittels der Summenfunktion erhalten wird. Als nächstes wird die Funktion *cumsum* eingeführt. Sie dient der Konstruktion einer empirischen Wahrscheinlichkeitsverteilung. Schließlich werden die erhaltenen Resultate zusammengefasst in einem *data.frame.* Ein solcher data.frame ist durchaus mit einem Excel-Arbeitsblatt vergleichbar. Er wird wieder auftauchen, wenn das Laden von Daten aus Excel-CSV-Dateien behandelt wird. ◄

 # R-Programm für Beispiel 11.9

```
noten <- c(1,2,3,4,5)
häufigkeit <- c(18,22,40,30,32)
relative.häufigkeit <- (häufigkeit/sum(häufigkeit))
relative.häufigkeit
[1] 0.1267606 0.1549296 0.2816901 0.2112676 0.2253521
relative.summen.häufigkeit <- cumsum(relative.häufigkeit)
relative.summen.häufigkeit
[1] 0.1267606 0.2816901 0.5633803 0.7746479 1.0000000
relative.summen.häufigkeits.tabelle <-
data.frame(noten,häufigkeit,relative.häufigkeit,relative.summen.
    häufigkeit)
relative.summen.häufigkeits.tabelle
noten häufigkeit relative.häufigkeit relative.summen.häufigkeit
1 1 18 0.1267606 0.1267606
2 2 22 0.1549296 0.2816901
3 3 40 0.2816901 0.5633803
4 4 30 0.2112676 0.7746479
5 5 32 0.2253521 1.0000000
```

Beispiel 11.10: Definitionen abfragen

Sollten die Einzelheiten der Definition gewisser Funktionen vergessen worden sein, so kann man sie durch Eingabe von beispielsweise ?log jederzeit in R-Studio wieder abfragen. Man erhält dann detaillierte Informationen im rechten Fenster von R-Studio. ◄

#R-Programm für Beispiel 11.10

```
?log
```

Beispiel 11.11: Chi-Quadrat-Funktion in R

Am Beispiel der χ^2-Funktion zeigen sich die Vorteile der in R definierten Vektoren-Operationen. Sie erlauben eine bestechend einfache Realisierung der χ^2-Funktion, verglichen etwa mit Excel. Hier werden in der Definition der χ^2-Funktion sowohl die komponentenweise Definition der Multiplikation von Vektoren wie auch die der Division von Vektoren genutzt. ◀

 # R-Programm für Beispiel 11.11

```
chi = function(x,y,n){z=((x-y)^2)/y;return(n*sum(z))}
# x, y, n Parameter
#Aufruf mit
chi(c(0.23, 0.24, 0.04, 0.05, 0.04, 0.17, 0.12, 0.06, 0.03, 0.02), c
    (0.24, 0.216, 0.06, 0.048, 0.036, 0.16, 0.144, 0.04, 0.032, 0.024)
    ,1000)
[1] 25.69444
```

Während mit der χ^2-Funktion ein statistischer Zusammenhang zwischen 2 nominalen Größen untersucht wurde, geht es im Rahmen der Regression über eine andere spezielle Art des Zusammenhangs zwischen numerischen Größen.

11.7 Regression

Bereits im Programmcode Abschn. 5.2.5 wurde die explizite Berechnung der Regressionsgeraden durchgeführt. Dies diente ausschließlich zur Illustration der prinzipiellen Möglichkeiten.

Beispiel 11.12: lm-Funktion in R

Bei praktischen Anwendungen ist jedoch die in R vorhandene Funktion *lm* vorzuziehen. Die in Abschn. 5.2.5 gegebene Situation befasst sich mit dem Zusammenhang zwischen Alter und Einkommen, die beide durch entsprechende Vektoren gegeben sind. Die Berechnung der Regressionsparameter erfolgt durch Aufruf von lm(einkommen~alter). Dabei muss darauf geachtet werden, dass vor der Tilde die abhängige Variable (einkommen) stehen muss. Erst nach der Tilde erscheint die unabhängige Variable (alter). ◀

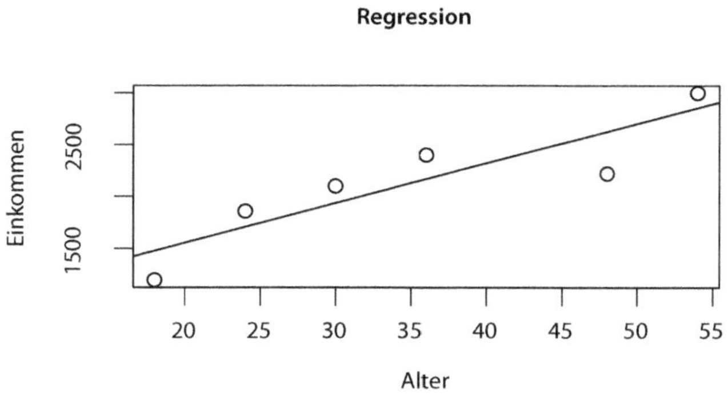

Abb. 11.1 Graphische Darstellung Regression

#R-Programm für Beispiel 11.12

```
alter <- c(18,24,36,30,48,54)
einkommen <- c(1200,1860,2400,2100,2220,3000)
lm(einkommen~alter)

Call:
lm(formula = einkommen ~ alter)

Coefficients:
(Intercept)    alter
    793.0      38.2
```

Erfreulicherweise stimmen die im Programm ermittelten Parameterwerte mit denen in Abschn. 5.2.5 überein.

Nach Laden des Packages Mosaic kann das Ergebnis auch graphisch dargestellt werden, s. Abb. 11.1.

Der Programmcode zur Erzeugung der Abb. 11.1 war wie im R-Programm für Abb. 11.1 gegeben (nach Ermittlung der Parameterwerte!). Für die Abbildung wurde die Zoom-Funktion im R-Studio genutzt.

 # R-Programm für Abb. 11.1

```
plot(alter,einkommen,type="p", main="Regression", ylab="einkommen",
    xlab="alter", col="black", lwd=2) # graphische Darstellung
abline(lm(einkommen alter))
```

Die *plot*-Funktion weist folgende Besonderheiten auf: alter und einkommen beziehen sich auf die oben definierten Vektoren; type="p" bedeutet, dass ein Punktdiagramm erzeugt werden soll; main="Regression" gibt den Titel an; ylab="einkommen", xlab="alter" bezeichnen die y- bzw. x-Achse; col="black", lwd=2 bezeichnen Farbe und Größe der Punkte.

Mit *abline* wird nachträglich die Regressionsgerade eingefügt. Diese Aufgabe wurde bereits in Übung 5.6 behandelt. Dort wurde aber eine Lösung über das Einlesen einer CSV-Datei verlangt. Das ist hier noch nicht zwingend erforderlich, wird aber im nächsten Abschnitt ausführlich beschrieben.

11.8 Einlesen von Daten

Bereits in Abschn. 5.2.6 wurde das Einlesen von CSV-Dateien grob beschrieben (Excel-Tabellen können in diesem Format gespeichert werden).

Beispiel 11.13

Die benötigte Datei (hier „Regression_Umsatz.csv") sollte im Arbeitsverzeichnis vorhanden sein. Deshalb sollte man zunächst über *Session* ins Arbeitsverzeichnis wechseln. Das ist nicht zwingend erforderlich. Ansonsten wäre aber die explizite Angabe von Pfadnamen nötig

Die doppelten Hochkommata sind zwingend erforderlich, wie in Abschn. 5.2.6 ebenfalls bereits erwähnt. Dadurch wird der durch verschiedene Bedeutungen der Kommata in Excel bzw. R bestehende Konflikt vermieden.

read.csv2 ist zwingend erforderlich, wie ebenfalls in Abschn. 5.2.6 bereits erwähnt.

Statt test.tab kann ein anderer Name gewählt werden. Man ist in der Namenswahl im Wesentlichen frei (Ausnahme: reservierte Namen).

Bevor mit der eingelesenen Datei (dem data.frame) gearbeitet werden kann, muss sie aktiviert werden durch attach(test.tab).

Das benötigte Package Mosaic ist bei jeder neuen Sitzung wieder zu laden. ◄

 # R-Programm für Beispiel 11.13

```
setwd("C:/Users/Falkowski/R für Einsteiger") # Ins Arbeitsverzeichnis
    wechseln
test.tab = read.csv2("Regression_Umsatz.csv") # Tabelle als data.frame
     einlesen
attach(test.tab) # Datei aktivieren
```

Die Statistikfunktionen sind jeweils nach demselben Muster aufgebaut. Als erste Funktion ist die Wahrscheinlichkeit für einen bestimmten Punkt bzw. die Dichte im Fall der Normalverteilung angegeben.

#R-Programm für Tab. 11.3

```
dbinom(2,size=10,prob = 0.05)
[1] 0.0746348
# Dabei wurde nach der Wahrscheinlichkeit gefragt, dass genau zweimal
    ein α-Fehler
```

Tab. 11.3 Einige wichtige Statistikfunktionen in R

dbinom	pbinom	qbinom	Binomialfunktion
dhyper	phyper	qhyper	Hypergeometrische Funktion
dnorm	pnorm	qnorm	Normalverteilung
factorial(n)	–	–	Fakultätsfunktion
choose(n,k)	–	–	Binomialkoeffizient

```
# beim 10-maligem unabhängigen Testen einer Hypothese aufgetreten ist.
     Die
# Wahrscheinlichkeit für einen α-Fehler wurde mit 0.05 festgesetzt.
pbinom(2,size=10,pro=0.05)
[1] 0.9884964
# Hier wurde nach der Wahrscheinlichkeit gefragt, dass weniger als 3
    α-Fehler
# aufgetreten sind.
# Schließlich kann auch nach der Quantile gefragt werden. Die Quantile
     ist hier definiert
# als der kleinste x-Wert, mit dem pbinom(x,size=10,pro=0.05) größer
    ist
# als 0.5987369
dbinom(0,size=10,prob = 0.05)
[1] 0.5987369
qbinom(0.599,size=10,0.05)
[1] 1
#Man notiere, dass die Quantile eine Art Umkehrfunktion darstellt.
#Die Funktion für den Binomialkoeffizienten choose(n,k) verhindert
    Speicherüberläufe
```

 # R-Programm für Tab. 11.3

```
# Es wird auf Beispiel 6.13 in Abschn. 6.3.3 zurückgegriffen.
    Berechnet wird zunächst
# die Wahrscheinlichkeit, dass unter 4 gezogenen Kugeln sich genau
    zwei weiße
# befinden.
dhyper(2,5,7,4) # Wkeit für 2 W, insges. 5W,7S, bei 4 gezogenen
[1] 0.4242424
phyper(2,5,7,4) # Wkeit für 0,1,oder 2 W, insges. 5W,7S, bei 4
    gezogenen
[1] 0.8484848
qhyper(0.5,5,7,4) # Quantile, insges. 5W,7S, bei 4 gezogenen
[1] 2
```

Hinsichtlich der Normalverteilung sei auf Abschn. 7.2 und die Beispiele 7.2 und 7.3 verwiesen. Bemerkenswert scheint hier, dass es sich bei qnorm um eine echte Umkehrfunktion handelt. Daneben bleibt noch anzumerken, dass bei pnorm die Parameter Mittelwert und Standardabweichung angegeben werden müssen.

In der Fallstudie Abschn. 5.2.6 werden mittels einer Filter-Funktion *filter* schließlich die saisonalen Komponenten berechnet. Diese Funktion ist im Package Mosaic vorhanden. Sie erlaubt auch Abfragen unter Nutzung von Wahrheitswerten. Damit können data.frames für primitive Datenbank-Fragestellungen genutzt werden, was ja in Excel ebenfalls möglich ist.

 # R-Programm für Tab. 11.3

```
# Mosaic laden nicht vergessen
setwd("C:/Users/Falkowski/R für Einsteiger") # Ins Arbeitsverzeichnis
    wechseln
test.tab = read.csv2("Regression_Umsatz_red.csv") # Datei als Data
    Frame einlesen
attach(test.tab) # Datei aktivieren
filter(test.tab,test.tab$Zeitpunkt > 10)
Quartal Umsatz Zeitpunkt SK
1 3 9.5 11 -3.5949
2 4 17.3 12 3.8059
3 1 12.7 13 -1.1933
4 2 14.6 14 0.3075
5 3 11.2 15 -3.4917
6 4 19.0 16 3.9091
7 1 13.8 17 -1.6901
8 2 15.5 18 -0.3893
9 3 13.4 19 -2.8885
10 4 20.0 20 3.3123
```

Die folgenden Empfehlungen sollten jedenfalls beachtet werden, da andernfalls häufig Fehler resultieren. Sie sind gerade für den nicht geübten Nutzer bisweilen schwer zu entdecken.

► Hilfreiche Empfehlungen

- Leerzeichen zwischen Befehlsteilen bzw. zwischen Operatoren und Objektnamen verwenden
- Objekte mnemotechnisch günstig benennen und einheitliches Schema wählen
- Komplexe Berechnungen in einzelne Schritte aufteilen
- Kommentare hinter #-Zeichen einfügen
- Das Dezimaltrennzeichen ist der Punkt und nicht das Komma!
- R ist *case-sensitiv* (Groß- und Kleinschreibung beachten)
- **Bei Fehlermeldungen zunächst Schreibweise überprüfen**

- Argumente von Funktionen sind durch Kommata zu trennen
- Zeichenketten müssen fast immer in Anführungszeichen stehen

Da, wie zu Beginn dieses Kapitels bereits ausgeführt, keineswegs eine erschöpfende Darstellung von R beabsichtigt ist, sollen hier noch einige Literaturhinweise gegeben werden. Für einen Anfänger in R ist sicher [2] zu empfehlen. Die Darstellung ist klar und übersichtlich. Auch [4] fällt in diese Kategorie. Dort findet man aber auch weitergehende Programmierhinweise. Eine weitgehend erschöpfende Darstellung befindet sich in [1], die aber nahezu 1000 Seiten umfasst.

Literatur

1. Field, A., Miles, J., Field, Z.: Discovering Statistics Using R. SAGE (2012)
2. Luhmann, M.: R für Einsteiger, 3. Aufl. Beltz (2013)
3. Quatember, A.: Statistik ohne Angst vor Formeln, 4. Aufl. Pearson Deutschland (2014)
4. Wollschläger, D.: R kompakt, 2. Aufl. Springer Spektrum (2016)

Anhang B: Induktionsbeweise und Matrizenmultiplikation

12

Zusammenfassung

Da im Haupttext mehrfach Induktionsbeweise gefordert sind, soll hier nochmals das Prinzip erläutert werden. Dies erscheint wichtig, da nach der Erfahrung des Autors in diesem Bereich bisweilen Verwirrung herrscht. Studierende sind manchmal der Meinung, dass etwas angenommen wird, was erst noch zu beweisen ist. Zusätzlich wird auch noch die Matrizenmultiplikation behandelt, da sie doch öfter benötigt wird und bei Studierenden oft wenig Übung vorausgesetzt werden kann.

12.1 Induktionsbeweise

Das Gauß-Beispiel

Als wohlbekanntes Beispiel möge das folgende dienen. Seine Lösung wird C. F. Gauß im Schüleralter zugeschrieben, der die Lösung für n = 100 ohne vollständige Induktion fand. Er argumentierte angeblich wie folgt:

$$\begin{aligned} 1 + 100 &= 101, \\ 2 + 99 &= 101, \\ 3 + 98 &= 101, \\ &\dots, \\ 50 + 51 &= 101. \end{aligned}$$

Es gibt genau 50 solcher Paare. Folglich ist die Summe 50 * 101 = 5050.
Zweifellos handelt es sich um eine geniale Idee. ◄

Hier kann jedoch viel einfacher vorgegangen werden, da nur eine Verifikation der Formel gefragt ist. Man vergleiche hierzu auch Abschn. 10.2.4 und insbesondere die Ab-

B.-J. Falkowski, *KI, Statistik und Anwendungen*,
https://doi.org/10.1007/978-3-658-49450-6_12

leitung der Einbettungsfunktion für den Kern $K(\mathbf{x}, \mathbf{y}) = (<\mathbf{x}, \mathbf{y}> + c)^2$ mit $c \geq 0$, wo auch nur noch eine Verifikation gefordert war.

Bei einem Induktionsbeweis wird zunächst eine *Verankerung* der Induktion gezeigt. Im Gauß-Beispiel ist zu zeigen, dass die Formel für $n = 1$ gilt. Dies ergibt sich aber sofort, da $n(n + 1)/2$ für $n = 1$ $1 * 2/2 = 1$ ist.

Der entscheidende Schritt besteht darin, dass man annimmt, die Formel gelte für n. Unter dieser Voraussetzung ist zu zeigen, dass sie dann auch für $n + 1$ gilt. Man versucht also, sich wie auf einer Treppe von n zu $n + 1$ „hochzuhangeln".

Bevor man zum allgemeinen Fall voranschreitet, soll zunächst das Prozedere für den Übergang von $n = 1$ zu $n = 2$ erläutert werden:

Für $n = 2$ lautet die Formel $2 * (2 + 1)/2 = 2 * 2/2 + 2 * 1/2 = 2 + 2 * 1/2$. Wegen der bewiesenen „Verankerung" ist aber bekannt, dass $2 * 1/2 = 1$ ist. Deswegen kann man hier die Korrektheit der Formel folgern. Die bewiesene Verankerung erlaubt also den Treppenschritt.

Es sei also die Formel für $n + 1$ betrachtet.

$$(n + 1) * (n + 2)/2 = (n + 1) * n/2 + (n + 1) * 2/2 = (n + 1) * n/2 + (n + 1).$$

Nach Voraussetzung gilt aber $(n + 1) * n/2 = n(n + 1)/2 = 1 + 2 + 3 + \ldots n$.

Damit ist gezeigt, falls die Voraussetzung (Formel gilt für n) gilt, so gilt auch die Schlussfolgerung (Formel gilt für $n + 1$).

Für $n = 100$ ergibt die Formel, wie nicht anders zu erwarten $100 * 101/2 = 50 * 101 = 5050$.

Beispiel 12.1: Vollständige Induktion (s. Gauß-Beispiel)
Man zeige mittels vollständiger Induktion

$$1 + 2 + 3 + \ldots + n = n(n + 1)/2.$$

12.2 Matrizenmultiplikation

Da Matrizenprodukte im Haupttext eine wesentliche Rolle spielen, soll hier nochmals im Detail auf sie eingegangen werden. Dabei können Matrizen als Verallgemeinerungen von Vektoren gesehen werden. Sie werden allgemein als rechteckige Tableaus mir einer bestimmten Zahl von Zeilen und Spalten beschrieben. Genauer: Eine Matrix ist in einem Rechteck angeordnet. Ihre Einträge sind doppelt indiziert. Dabei gibt der erste Index die relevante Zeile an, während der zweite Index die Spalte bezeichnet. Als Beispiel möge die in Abschn. 10.2.5.2, Gl. (10.38) definierte Matrix **S** dienen.

Beispiel 12.2: Matrix

$$\mathbf{S} = \begin{bmatrix} s_{11} & \cdots & s_{1k} \\ \vdots & \ddots & \vdots \\ s_{n1} & \cdots & s_{nk} \end{bmatrix}.$$

Die Matrix **S** hat hier n Zeilen und k Spalten. ◄

Es sind noch zwei wichtige Spezialfälle zu erwähnen. Als Beispiel für einen Spaltenvektor diene der Vektor **k** aus Abschn. 10.2.5.2, Gl. (10.41). Indem man diesen Vektor *transponiert*, erhält man einen Zeilenvektor ($\mathbf{k}^T$).

Beispiel 12.3: Zeilen und Spaltenvektoren

Eine Matrix mit nur einer Zeile ist ein Zeilenvektor, Eine Matrix mit nur einer Spalte ist ein Spaltenvektor.

$$\mathbf{k} = \begin{bmatrix} <\varphi(\hat{\mathbf{x}}), \varphi(\mathbf{x}_1)> \\ \vdots \\ <\varphi(\hat{\mathbf{x}}), \varphi(\mathbf{x}_n)> \end{bmatrix}, \mathbf{k}^T = [< \varphi(\hat{\mathbf{x}}), \varphi(\mathbf{x}_1), \ldots, <\varphi(\hat{\mathbf{x}}), \varphi(\mathbf{x}_n)>]. ◄$$

Bemerkung: Auch allgemeine Matrizen können transponiert werden, indem man einfach Spalten und Zeilen vertauscht. Hat also eine Matrix **A** die Einträge a_{ij}, dann besitzt die transponierte Matrix $\mathbf{A}^T$ die Einträge a_{ji}.

Bei Matrizen bestimmter Dimensionen können Produkte definiert werden. Insbesondere kann eine Matrix **A** mit k Spalten mit einer Matrix **B** mit k Zeilen multipliziert werden. Das Produkt hat die Dimension i * j falls die erste Matrix **A** die Dimension i * k und die zweite Matrix **B** die Dimension k * j hatte.

Beispiel 12.4: Matrizenprodukte

$$\mathbf{k}^T\mathbf{S} ◄$$

Die Einträge des Matrizenprodukts sind über das Skalarprodukt definiert.

Seien **A** und **B** mit Dimension i * k bzw. k * j gegeben. Dann ist der ij-Eintrag des Produkts gegeben durch $<\mathbf{a}_i, \mathbf{b}_j>$, wobei mit $\mathbf{a}_i$ bzw. $\mathbf{b}_j$ der i-te Zeilenvektor von **A** bzw. der j-te Spaltenvektor von **B** bezeichnet wurde.

Anhang C: Excel und VBA

13

Zusammenfassung

Die geschickte Nutzung der Möglichkeiten, die Excel bietet, ist zum Verständnis der Excel-Beispiele von erheblicher Bedeutung. Während vieler Vorlesungen des Autors stellte sich heraus, dass keineswegs alle Studierenden das System effizient handhaben können. Interessanterweise ergab sich, dass bei Bildbeschreibungen, die durch eine KI erzeugt wurden, auch diese kläglich scheiterte. Die Fehler konnten erst bei der Kontrolle beseitigt werden. Zusätzlich wurde auch noch ein VBA-Schema hinzugefügt, um dem interessierten Leser die selbstständige Simulation einer einfachen Turing-Maschine zu ermöglichen.

13.1 Relative versus absolute Referenzierung in Excel

Bei einer absoluten Referenzierung wird die referenzierte Zelle beim Kopieren mit der Maus nicht verändert. Beim relativen Referenzieren wird die referenzierte Zelle beim Kopieren mit der Maus entsprechend ihrer jeweiligen neuen Position verändert.

Beispiel 13.1: Absolute versus relative Referenzierung in Excel

In Abb. 13.1 wurde in Zelle D5 zunächst die Zelle B3 absolut referenziert mittels = $B$3. Beim Kopieren blieb die so referenzierte Zelle B3 unverändert in Spalte D.

In E5 wurde die Zelle B3 relativ referenziert. Dabei wird die Zelle B3 entsprechend ihrer Position aufgefasst als 4 Zellen nach links und 2 Zellen nach oben. Beim Kopieren wird sie folglich entsprechend verändert. ◄

In Abb. 13.1 wurde in Zelle D5 zunächst die Zelle B3 absolut referenziert mittels = $B$3. Beim Kopieren blieb die so referenzierte Zelle B3 unverändert in Spalte D.

B.-J. Falkowski, *KI, Statistik und Anwendungen*,
https://doi.org/10.1007/978-3-658-49450-6_13

Abb. 13.1 Absolute versus relative Referenzierung

Absolute versus relative Referenzierung				
	1		Absolute R.	Relative R.
	2			
	3		1	1
	4		1	2
	5		1	3
	6		1	4
	7		1	5
	8		1	6
	9		1	7
	10		1	8

Absolute versus relative Referenzierung				
	1		Absolute R.	Relative R.
	2			
	3		=$B$3	=B3
	4		=$B$3	=B4
	5		=$B$3	=B5
	6		=$B$3	=B6
	7		=$B$3	=B7
	8		=$B$3	=B8
	9		=$B$3	=B9
	10		=$B$3	=B10

Abb. 13.2 Formelsicht absolute versus relative Referenzierung

In E5 wurde die Zelle B3 relativ referenziert. Dabei wird die Zelle B3 entsprechend ihrer Position aufgefasst als 4 Zellen nach links und 3 Zellen nach oben. Beim Kopieren wird sie folglich entsprechend verändert.

Die Formelsicht ist der Abb. 13.2 zu entnehmen.

Bemerkung: Die Art der Referenzierung kann in Excel für eine Zeile oder Spalte separat erfolgen. Hier wurde aus Bequemlichkeitsgründen darauf verzichtet.

Zu weiterführenden Einzelheiten sei auf [1] verwiesen.

13.2 VBA

Zur Erstellung des Programms in Abschn. 2.5.3 wurde der folgende VBA-Rahmen benutzt:

Benötigte VBA-Syntax (Kommentare sind durch Rem gekennzeichnet!):

VBA-Rahmen

```
Sub TM_times_two_p()
Dim i, j, k, ende, symbol_read, position As Integer
Rem Variablendeklaration
Dim state As String
Dim s As Boolean
```

```
Rem Initialisierung von Variablen
i = 1
j = 1
position = 3
ende = 20
Rem ""s steht für ""stop
s = False
Rem "While-"Schleife
While Not s
Rem Band, Zustand und Stellung Lesekopf kopieren
Rem "For-"Schleife
For k = 0 To ende
Rem Referenzierung von Zellen
  Cells(i + 3, j + k).Value = _
  Cells(i, j + k).Value
  Cells(i + 4, j + k).Value = _
  Cells(i + 1, j + k).Value
Next k
Rem Ende der „For-"Schleife
Rem Zustand und gelesenes Symbol initialisieren
state = Cells(i + 1, 1).Value
symbol_read = Cells(i + 1, position).Value
Rem Nach rechts bis zum Ende der expandierten Binärzahl laufen
Rem Muster Kontrollstruktur mit Bi (B1 und B2)Boolesche Bedingungen
If B1 And B2 Then
  Anweisungen
End If
Rem 1 Schritt nach links
Rem Letzte 1 löschen und 1 Schritt nach links
Rem Zweite 1 löschen und ein Schritt nach rechts
Rem Zusätzliche 0 drucken
Rem Ende Symbol drucken
$i = i + 3$
Wend
Rem Ende „While-"Schleife
End Sub
```

Zur Erstellung des eigentlichen Programms kann über *Ansicht-Makros-Zeigen* in der Excel-Arbeitsmappe ein leeres Makro aufgerufen werden. Es kann danach über *Erstellen* gefüllt und mittels *Ausführen* zur Ausführung gebracht werden, siehe Abb. 13.3, wo die Multiplikation der expandierten Binärzahl 2. mit 2 dargestellt ist.

Zustand		Lk												
0		0	0	0	0	0	1	0	0	1	1	0	0	0
Zustand			Lk											
0		0	0	0	0	0	1	0	0	1	1	0	0	0
Zustand				Lk										
0		0	0	0	0	0	1	0	0	1	1	0	0	0
Zustand					Lk									
0		0	0	0	0	0	1	0	0	1	1	0	0	0
Zustand						Lk								
0		0	0	0	0	0	1	0	0	1	1	0	0	0
Zustand							Lk							
0		0	0	0	0	0	1	0	0	1	1	0	0	0
Zustand								Lk						
1		0	0	0	0	0	0	0	0	1	1	0	0	0
Zustand									Lk					
0		0	0	0	0	0	0	1	0	1	1	0	0	0
Zustand										Lk				
0		0	0	0	0	0	0	1	0	1	1	0	0	0
Zustand											Lk			
1		0	0	0	0	0	0	1	0	0	1	0	0	0
Zustand												Lk		
10		0	0	0	0	0	0	1	0	0	0	0	0	0
Zustand													Lk	
11		0	0	0	0	0	0	1	0	0	0	1	0	0
Zustand														Lk
0		0	0	0	0	0	0	1	0	0	0	1	1	0

Abb. 13.3 Multiplikation der expandierten Binärzahl 2 mit 2

Literatur

1. Falkowski, B.-J.: Business Computing. Springer (2002)

Stichwortverzeichnis

B.-J. Falkowski, *KI, Statistik und Anwendungen*,
https://doi.org/10.1007/978-3-658-49450-6

GPSR Compliance

The European Union's (EU) General Product Safety Regulation (GPSR) is a set of rules that requires consumer products to be safe and our obligations to ensure this.

If you have any concerns about our products, you can contact us on ProductSafety@springernature.com

In case Publisher is established outside the EU, the EU authorized representative is:

Springer Nature Customer Service Center GmbH
Europaplatz 3
69115 Heidelberg, Germany

Batch number: 10769504

Printed by Printforce, the Netherlands